GÜTERSLOHER
VERLAGSHAUS

Gütersloher Verlagshaus. Dem Leben vertrauen

Thorsten Schröder

KONTRASTprogramm

Mittendrin statt nur berichten

Gütersloher Verlagshaus

Bibliografische Information der Deutschen Nationalbibliothek

Die Deutsche Nationalbibliothek verzeichnet diese Publikation in der Deutschen Nationalbibliografie; detaillierte bibliografische Daten sind im Internet über http://dnb.d-nb.de abrufbar.

FSC
Mix
Produktgruppe aus vorbildlich bewirtschafteten Wäldern und anderen kontrollierten Herkünften

Zert.-Nr. SGS-COC-001940
www.fsc.org
© 1996 Forest Stewardship Council

Verlagsgruppe Random House FSC-DEU-0100
Das FSC-zertifizierte Papier *Munken Premium* für dieses Buch liefert Arctic Paper Munkedals AB, Schweden.

1. Auflage

Umschlagmotiv: © Thorsten Schröder, Hamburg
Druck und Einband: GGP Media GmbH, Pößneck
Printed in Germany
ISBN 978-3-579-06759-9
www.gtvh.de

Inhalt

KONTRASTPROGRAMM

Die Angst reist mit

Mein Herz raste. Es hämmerte in meiner Brust. Ist es richtig, was wir hier machen, fragte ich mich? Panik kroch in mir hoch und schien sich in jede Nervenzelle einzunisten. Ich hatte plötzlich Angst um mein Leben.

Innerhalb einer Sekunde war meine große Vorfreude auf die Reise nach Rumänien geplatzt und hatte sich ins Gegenteil verkehrt. Meine erste Tour auf dem Fahrrad drohte hier an der Grenze zwischen Ungarn und Rumänien abrupt zu enden, weil uns ein britischer Trucker mit Schauergeschichten über rumänische Räuber und Banditen Angst eingejagt hatte.

Auf der anderen Seite des Schlagbaums schien unser Verderben zu liegen, auf dieser Seite wartete ich mit meinen Kumpels Stevie, Markus und Thomas bei den Rädern darauf, von den Beamten kontrolliert und über die Grenze gelassen zu werden. Aber wollte ich überhaupt noch rüber?

Etwa 50 Meter sowie fünf Autos und zwei mit Whiskey beladene Lastwagen trennten uns noch vom Schlagbaum. Es würde sicher nicht mehr lange dauern, bis er sich auch für uns öffnete.

Ich dachte über die Worte des Truckers nach. Weil es in der Schlange nicht voranging, hatte er sein Führerhaus verlassen und war gelangweilt auf und ab geschlendert, die Hände in den Hosentaschen vergraben. Als er uns sah, war er langsam zu uns gekommen.

»Hallo, wollt ihr etwa mit dem Rad da rüber?«, hatte er gefragt und sich unsere Räder genauer angesehen.

»Ja, aber nur als Durchgangsstation«, war meine Antwort. »Unser Ziel ist Istanbul.«

Er sah uns erst erstaunt an und schüttelte dann verständnislos den Kopf. »Ich fasse es nicht. Sagt jetzt nicht, ihr wollt dort auch noch wild campen?!«

»Na klar, haben wir doch auch in Ungarn gemacht. Das hat ganz gut funktioniert«, mischte sich Markus ein.

Der Trucker blickte nachdenklich von einem zum anderen. »Seid ihr lebensmüde?«, fragte er nach einer kurzen Pause.

»Das ist verdammt gefährlich!«

»Wieso?«, wollte ich genauer wissen. »Was ist denn so gefährlich?« Kaum ausgesprochen, fühlte ich mich unbehaglich. Bereits beim Anblick der bewaffneten Grenzsoldaten hatte mich dieses Gefühl beschlichen. »Wir jedenfalls sind sehr vorsichtig geworden. Neuerdings fahren wir immer mit zwei Lastwagen und vier Mann rüber. Kollegen von uns sind neulich überfallen worden. Einer wurde sogar erstochen.«, meinte der Trucker.

Das saß! Ich schluckte und spürte, wie sich mir die Kehle zuschnürte. Rumänien hatte für mich zwar immer auch etwas Unheimliches und Nebulöses an sich, weil ich damit die Romanfigur des blutsaugenden Grafen Dracula aus den dunklen Karpaten und den erst kürzlich hingerichteten Diktator Ceausescu verband. Dennoch hatte ich bisher vor allem schöne Landschaften und lächelnde Menschen vor Augen, wenn ich an das Land dachte. Sie wurden nun schlagartig verdrängt von düster dreinschauenden Männern, die uns mit hasserfülltem Gesicht an den Kragen wollten. Erstaunlich, was wenige Worte auslösen können. Da standen wir vier und warteten freudig darauf, endlich durchgelassen zu werden und Rumänien frohen Mutes entdecken zu können – und dann dieser Schock!

Ich fragte mich, ob uns der unrasierte Mittvierziger in Jeans und Holzfällerhemd ein Ammenmärchen auftischte. Vermutlich nicht. Warum sollte er uns Angst machen wollen?

Wir erfuhren, dass er schon öfter in Rumänien unterwegs gewesen war. Als er sich von uns verabschiedete, sagte er noch einmal mit eindringlicher Stimme, er könne uns nur warnen: »Überlegt euch das gut!«

Vor ein paar Wochen hatte ich schon einmal ähnliche Töne gehört. Ich erinnerte mich plötzlich an das Gespräch mit meinem Onkel Klaus aus Schwerin, damals noch DDR. Als ich ihm von meinen Urlaubsplänen erzählte, reagierte auch er erschrocken. »Passt bloß auf euch auf!«, warnte er mich, »es hat dort immer wieder Überfälle auf DDR-Bürger gegeben. Rumänien ist gefährlich.«

Na, na, na, hatte ich bei mir gedacht. Das waren sicher die

üblichen Geschichten, die man sich über ungeliebte Nachbarn erzählte. So wie sich bei uns Westdeutschen hartnäckig das Vorurteil hielt, dass Italiener gerne mal klauen, waren für die Menschen in der DDR eben die Rumänen ganz üble Gesellen.

Ich hatte nur gelächelt wegen dieser scheinbar bösen Unterstellungen meines Onkels gegenüber seinen sozialistischen Brüdern und Schwestern. Ich glaubte nicht recht daran und wollte mir mein eigenes Bild machen. Ich nahm die mahnenden Worte also nicht ernst, was sich jetzt offenbar bitter rächte.

Schön blöd war ich gewesen, nicht auf ihn gehört zu haben. Wenn uns etwas zustößt, dachte ich, dann ist klar, was passieren wird. »Ich habe ihn noch gewarnt«, hörte ich meinen Onkel sagen, »aber er wollte ja nicht auf mich hören.« Wieso habe ich einem Menschen nicht geglaubt, der Rumänien kennen muss? Schließlich konnten er und die anderen DDR-Bürger bis zur Öffnung der Mauer nur in den Bruder-Ländern Urlaub machen. Sie sind zwangsläufig absolute Fachleute in Sachen Sowjetunion, Bulgarien, Ungarn und Rumänien.

Mir wurde flauer, je länger ich darüber nachdachte. Jetzt wäre es mir am liebsten gewesen, wenn uns die Rumänen die Einreise verweigert hätten.

Dabei hatte ich es vor lauter Spannung kaum abwarten können, dieses Land endlich zu erkunden. Rumänien liegt zwar geografisch und kilometermäßig von Hamburg, wo ich lebe, nur so weit entfernt wie das Mittelmeer. Aber gefühlt war es eine Reise zu einem fremden Planeten einer weit entfernten Galaxie; eine Reise in eine völlig unbekannte, bisher verschlossene und uneinsehbare Welt.

Wir hatten uns im August 1990 zu dieser sechswöchigen Radtour über 2.500 Kilometer von Ungarn bis ins türkische Istanbul zusammengetan, um kurz nach dem Fall des Eisernen Vorhangs Osteuropa näher kennen zu lernen. Jetzt erschien mir die Tour wie eine gefährliche Schnapsidee, die allerdings vielversprechend begonnnen hatte.

Drei Tage lang hatten wir uns in Ungarn eingeradelt. Im beschaulichen Kecskemet, einer etwa 100 Kilometer südlich von

Budapest gelegenen kleinen Stadt, stiegen wir gut gelaunt aus der Bahn und starteten unsere abenteuerliche Reise.

Vor mir lagen meine ersten Kilometer auf einer Urlaubstour mit meinem schwarzen Trekkingrad. Mithilfe seiner 21 Gänge wollte ich die Berge bewältigen. Mein nigelnagelneues Gefährt rollte auf breiten Reifen, damit ich auch auf sandigen und steinigen Pisten vorankam. An speziellen Gepäckträgern hingen vorne und hinten jeweils zwei Packtaschen, die vollgestopft waren mit den allernötigsten Klamotten: einer langen Hose, zwei T-Shirts, zwei Unterhemden und -hosen, einem Sweat-Shirt und einem dicken Pullover. Sogar Handschuhe und einen Schal hatte ich dabei, denn ich konnte nicht einschätzen, wie kalt es hoch oben im Gebirge sein würde. Außerdem Regenhose, Regenjacke und Regengamaschen, um die Schuhe zu schützen, denn ich hatte nur dieses eine Paar dabei. Mit im Gepäck waren zudem Kocher, Wasserfilter, Zahnbürste, Zahnpasta, Vitamin-C-Tabletten, einige Kilogramm Müsli und Nudeln – und was man sonst noch unbedingt brauchte auf einer Tour, bei der nicht an jeder Ecke ein Supermarkt stand und wir nicht immer problemlos nachkaufen konnten, was wir brauchten. Hinter meinem Sattel lag quer über dem Gepäckträger meine Isomatte, in der ein Zelt eingerollt war.

Insgesamt schleppte ich 20 Kilogramm auf dem Rad herum. Durch das ungewohnte Gewicht rollte ich die ersten Meter ziemlich wackelig. Ich schlingerte und kippte fast um, bevor ich es endlich schaffte, den Lenker in der Balance zu halten. An das Gewicht und die Lastenverteilung mit zwei schweren Taschen neben den Vorderreifen musste ich mich erst einmal gewöhnen.

Es war aber auch ein ganz neues Gefühl von Freiheit: Wir hatten alles dabei, was wir zum Leben brauchten. Ein ganzer Hausstand hing am Fahrrad. Und nicht zuletzt konnten wir mit unserem Gefährt überall hinfahren, wo es so etwas wie einen Weg gab. Wir waren unabhängig.

Von Kecskemet aus radelten wir gen Osten zunächst vor allem durch weites, ödes Land – Puszta eben. »Puszta« bedeutet sinngemäß unbewohntes, ödes Land. Je weiter wir fuhren, desto grüner wurde die Landschaft. Am Straßenrand tauchten

Apfelbäume auf und auf Feldern und in Gärten wuchsen Tomaten, Peperoni, Kürbisse, Mais und Sonnenblumen. Große Schafherden grasten auf kargen Weideflächen. Besonders auffällig waren die Ziehbrunnen, deren lange, schmale Holzstämme wie bei einer Schranke hoch- und runterbewegt werden, um Wasser aus der Tiefe zu schöpfen. Die ländliche Idylle wurde nur manchmal durch Lastwagen gestört, die uns beim Überholen in Staubwolken hüllten.

Ich hatte zwar ein Fahrrad mit vielen Gängen, doch in der großen ungarischen Tiefebene waren die völlig überflüssig. Das Terrain war flach und weit überschaubar, Häuser standen hier nur vereinzelt. Ab und an stiegen wir von unseren Rädern, pflückten Äpfel von den Bäumen am Wegesrand und legten uns für eine kurze Pause ins Gras. Für mich fühlte es sich wie ein kleines Paradies an. Neben den leckeren Äpfeln und dem Gemüse wuchs hier auch Wein. Dicke Trauben hingen an den vollen Reben und zum ersten Mal sah ich mit eigenen Augen, wie Frauen und Männer bei der Weinlese fröhlich lärmend mit hochgekrempelten Hosenbeinen und geschürzten Röcken, mit nackten Füßen in einem Riesenbottich Unmengen an Trauben zerstampften, um daraus Weißwein zu machen. Als wären wir in einer anderen, einer vergangenen Welt, in der noch Ruhe und Beschaulichkeit das Leben bestimmt.

Wir überholten Pferdegespanne, die gemächlich vor sich hin trotteten. Und wenn wir Durst hatten oder eine kleine Abkühlung brauchten, hielten wir kurzerhand an einer der altertümlichen Pumpen, die von Zeit zu Zeit an den Bürgersteigen auftauchten. Wir betätigten den Schwengel und pumpten tief aus der Erde eiskaltes, erfrischendes Wasser. Es schmeckte köstlich und bevor wir weiterradelten, füllten wir damit unsere Flaschen.

Wir näherten uns bei schönem Wetter allmählich dem Grenzübergang Nagylac. Normalerweise fühle ich an Grenzen ein wohliges Kribbeln. Sie machen mir deutlich, dass etwas ganz anderes auf mich zukommt. Es beginnt etwas Neues. Mich erwarten eine andere Sprache, anderes Geld, andere Menschen und eine andere Kultur. Spannend!

Doch dann dieser Kontrast: Soldaten mit Maschinengewehren im Anschlag patrouillierten auf und ab; sie wirkten martialisch und einschüchternd.

Ich erklärte mir das waffenstarrende Auftreten damit, dass in diesem August 1990 noch alles neu und fragil war. Der Eiserne Vorhang war erst im vorigen November gefallen und die Rumänen hatten sich kurz darauf ihres jahrzehntelang herrschenden Diktators Ceausescu samt Ehefrau entledigt. Da musste sich ein Land erst einmal wieder stabilisieren.

Noch bis vor Kurzem kamen hauptsächlich DDR-Bürger, Ungarn und Menschen aus anderen sozialistischen Ländern über die Grenze. Jetzt aber war sie für fast alle offen; auch für die ehemaligen Staatsfeinde aus den kapitalistischen Ländern, also auch für meine Freunde und mich. Wir vier konnten uns sicher rühmen, zu den ersten westlichen Touristen zu gehören, die Rumänien besuchen wollten. Erst recht gehörten wir garantiert zu den ersten Fahrradtouristen.

Bei dem Gedanken, gleich die Grenze hinter mir zu lassen, kribbelte es vor lauter Aufregung schon im Bauch. Die Spannung stieg – bis der Trucker mir sämtliche Illusionen nahm. Rumänien konnte mir urplötzlich gestohlen bleiben.

Ich schaute meine drei Mitradler an und hoffte, dass einer von ihnen zugab, die Hosen voll zu haben und etwas sagte wie: »So gefährlich ist es da drüben? Dann lasst uns umdrehen.« Aber keiner äußerte solche Bedenken. Hatten sie Fluchtgedanken wie ich und trauten sich auch nicht, diese auszusprechen? Unter echten Kerlen ist es nicht immer einfach einzugestehen, dass man Angst hat. Oder waren die wirklich so cool? Sie schienen sich ernsthaft Gedanken zu machen, was zu tun sei. Als wenn das nicht sonnenklar war!

Offenbar musste ich sie aufklären über das einzig Wahre in dieser Situation. Ich stehe natürlich nicht so gerne als Angsthase da. Mann oder Maus, heißt es schließlich immer. Und ich antworte gerne mit: »Mann natürlich.« Aber sollte ich uns etwa aus falsch verstandener Eitelkeit ins Verderben radeln lassen? Nein, natürlich nicht. Schließlich wollte ich noch zu Ende studieren und für die Zeit danach hatte ich auch einiges geplant.

Journalist wollte ich werden. Als Journalist ist man natürlich neugierig und will immer alles ganz genau wissen. Diese Neugier war sicher ein Grund, weshalb ich mich überhaupt auf diese Radtour eingelassen hatte. Aber in Lebensgefahr wollte ich mich nicht begeben. Also wagte ich vorsichtig, meine Bedenken in Worte zu fassen: »Tja, dann sollten wir wohl besser nicht weiterfahren! Wenn wir die Worte des Truckers jetzt einfach ignorieren, könnte uns die Fahrt hinterm Schlagbaum schlecht bekommen. Viele Wege führen nach Istanbul, wir müssen ja nicht unbedingt durch Rumänien.« Erwartungsvoll schaute ich einem nach dem anderen in die Augen, aber weder Stevie noch Thomas oder Markus sagten: »Thorsten, du hast recht! Danke, dass du aussprichst, was wir alle denken. Rumänien müssen wir uns wohl abschminken.«

Sie grübelten weiter und es schien mir, sie wussten nicht recht, was sie von den Warnungen des Briten halten sollten.

»Kann es für uns wirklich so gefährlich sein?«, unterbrach Markus unser Schweigen. »Wir sind keine Trucker, die wertvolle Ware im Laster mitbringen.«

»Aber wir sind reiche Menschen aus dem Westen – reich jedenfalls im Vergleich zu nahezu jedem Rumänen«, meinte ich und versuchte noch einmal für ein Umfahren des Landes zu werben. »Wir sind Westler, die zumindest ein tolles Rad unterm Hintern haben und ein bisschen Bargeld steckt auch in unseren Portemonnaies. So ein kleiner Überfall auf uns würde sich sicher schon lohnen. Da müssen wir nicht mit einem dicken Laster durch die Gegend fahren.«

Der Trucker hatte bemerkt, wie wir miteinander diskutierten und mischte sich ein. »Wenn ihr unbedingt da durchfahren wollt, dann seid auf keinen Fall im Dunkeln unterwegs«, beschwor er uns. »Zeltet unter keinen Umständen irgendwo am Wegesrand, sonst werdet ihr garantiert überfallen und wenn ihr Pech habt, passiert vielleicht noch viel Schlimmeres!«

»Dann campen wir eben nicht irgendwo im Grünen, sondern fahren besser von Stadt zu Stadt«, sagte Stevie, »schlafen wir eben nur auf organisierten Campingplätzen.«

Thomas und Markus hüllten sich in Schweigen. »Herrje«,

schoss es mir durch den Kopf, »sehen die denn nicht, dass wir da nicht lebend durchkommen?« Ich machte einen erneuten Versuch mit einem, wie ich meinte, schlagenden Argument. Ich zückte die Landkarte, breitete sie über den Packtaschen an meinem Hinterrad aus und wies auf die großen Distanzen zwischen den Orten hin.

»Hier«, sagte ich und deutete mit dem Finger auf einen Punkt auf der Karte, »von hier bis Arad schaffen wir es wohl noch problemlos, das ist eine Strecke von 50 Kilometern. Wir haben heute ja noch Zeit. Aber nach Deva sind es weitere 150 Kilometer. Wie sollen wir das bitteschön hinkriegen?«

Noch hatte ich die Hoffnung, dass meine Mitstreiter einsahen, wie aussichtslos das Unterfangen war. Aber selbst mit diesem Einwand hatte ich keinen Erfolg.

»Wir haben in Ungarn doch auch lange Strecken geschafft. Das kriegen wir dann auch in Rumänien hin«, versuchte mich Markus zu überzeugen. Ich musste zugeben, dass er recht hatte, denn was wir in Ungarn hingelegt hatten, erinnerte mich an das Mannschafts-Zeitfahren bei der Tour de France. Zeitweilig sind wir wie auf der Perlenkette aufgereiht durch die Landschaft gerast und hatten uns mit der Führungsarbeit abgewechselt: Jeder von uns fuhr ein paar Kilometer vorne im Wind, damit die anderen ihre Kräfte schonen konnten. Dann ließ sich der vorn Fahrende zurückfallen und schloss sich hinten wieder an. Wir waren nun einmal jung, Anfang 20 und fit.

Mich überzeugte das nicht ganz, Thomas und Stevie schon. Sie fanden, wir sollten auf diese Art und Weise versuchen, zumindest ein paar Tage durch Rumänien zu fahren – wenn wir schon mal da waren.

Krampfhaft überlegte ich, ob es nicht doch noch eine gute Möglichkeit gab, wie wir dieses Horror-Land vermeiden konnten. Aber mir fiel nichts ein.

Die Stimmungslage war eindeutig: Stevie, Markus und Thomas wollten rüber nach Rumänien und ich wollte nicht der Spielverderber sein, der die anderen von ihrer Tour abhielt.

Wenigstens sind wir zu viert unterwegs, beruhigte ich meine angespannten Nerven. Das gab mir ein bisschen mehr Sicherheit und ein etwas besseres Gefühl. Trotzdem glaubte ich, Teil eines Selbstmordkommandos zu sein.

Ich wollte und konnte den Gedanken nicht aufgeben, so schnell wie möglich aus Rumänien herauszukommen. Bei der Vorstellung, die nächsten sieben Tage – so war es geplant – durch ein Land voller potenzieller Killer zu radeln, war mir unbehaglich.

»Also gut«, sagte ich, »was haltet ihr davon, wenn wir die geplante Strecke notfalls abkürzen und gegebenenfalls schon nach vier Tagen Rumänien verlassen, wenn wir merken, dass es wirklich gefährlich ist?«

Darauf ließen sich die anderen ein. Außerdem beschlossen wir als Sicherheitsvorkehrung, uns nicht einfach auf dem nächstbesten Platz irgendwo in der Landschaft niederzulassen, sondern nur auf organisierte Campingplätze zu gehen. Das bedeutete allerdings ein überaus sportliches Fahren, um diese Städte rechtzeitig zu erreichen. Maßnahme Nummer eins des Überlebenskampfes: Wir mussten heute noch vor Sonnenuntergang in etwa fünf Stunden die 50 Kilometer bis zum offiziellen Campingplatz in Arad schaffen.

Nachdem wir kurz darauf die Formalitäten an der Grenze erledigt hatten, was erstaunlich schnell und unkompliziert ging, öffnete sich für uns der Schlagbaum ins Land meiner jetzt sicher schlaflosen Nächte. Aus dem Traum war ein Albtraum geworden. Aber da musste ich durch. Das hatte ich mir selbst eingebrockt.

Angespannt saß ich auf dem Sattel und wünschte mich plötzlich an einen schönen Strand in Frankreich oder Spanien, an den Atlantik oder das Mittelmeer. Sonne tanken, baden und abends wird gut gegessen und getrunken, diese Vorstellung von Urlaub ging mir durch den Kopf. Das würde ich jetzt glatt gegen Rumänien eintauschen. Aber so sehr ich auch davon träumte, es gab kein Zurück mehr.

Viel Neues im Osten

In diesem Moment bereute ich, dass ich einige Monate zuvor nicht einfach »Nein« gesagt hatte, als Stevie und ich bei einem Bierchen in seiner kleinen Wohnung zusammensaßen und er von der Idee einer Radtour in Osteuropa redete.

Warum hatte ich nicht gesagt, dass ein Urlaub in Ländern wie Rumänien und Bulgarien total hirnrissig ist und ich die schönsten Wochen des Jahres sicher nicht in einer Region verbringen werde, in der die Fußballer noch Trikots aus Baumwolle tragen und offenbar irgendein altes Mütterchen damit beauftragt wird, an langen Winterabenden Schriftzüge wie »Dinamo« oder »Universitatea« daraufzusticken. Welch eine Rückständigkeit. Außerdem hörte ich immer nur: Im restlichen Ostblock ist es noch viel schlimmer als in der DDR. Auweia! Die DDR kannte ich von meinen Besuchen bei Verwandten, unter anderem bei Tante und Onkel in Schwerin. Da gab es ein fades, braun gefärbtes Getränk, das das Pendant zu unserer Coca-Cola sein sollte. Welch ein Witz! Allerdings habe ich »drüben« bei Tante Renate den allerbesten Streuselkuchen meines Lebens gegessen. Aber das zählte nicht wirklich als Beweis angeblicher sozialistischer Überlegenheit.

Mir fiel in der DDR immer besonders auf, dass auf den Straßen komische Plastik-Autos fuhren, die laut knatterten. Noch dazu musste man ein solches Auto bestellen und mindestens acht Jahre auf die Auslieferung warten. Solche Zustände konnten von einem anderen Land mitten in Europa noch negativ gesteigert werden? Unglaublich! Wer macht da schon freiwillig Urlaub? Und dann auch noch mit dem Fahrrad!

Jetzt, da ich hier auf meinem Trekkingrad saß und in die Pedale trat, sah in Rumänien alles eigentlich ganz normal aus, aber vielleicht war es nur die Ruhe vor dem Sturm. Wir fuhren auf einer gar nicht mal so schlechten, geteerten Allee mit üppigen Laubbäumen am Straßenrand. Ich hatte befürchtet, wir würden hier ein Geschicklichkeitsfahren um unzählige Schlaglöcher herum machen müssen, aber dem war nicht so.

Wohin das Auge auch blickte, gab es weites Ackerland. Menschen waren erst mal keine zu sehen. Und wo keine Menschen sind, dachte ich bei mir, können auch keine Gauner, Ganoven und Räuber sein. Sehr beruhigend! Ich spürte, wie meine Anspannung vom Fahrtwind hinweggeweht wurde und so konnte ich meinen Gedanken nachhängen, die wieder in die Vergangenheit wanderten.

»Es ist doch spannend im Osten«, hatte Stevie damals gesagt, als er mir von seinem Plan erzählte. Ich hörte ihm gebannt zu, denn immerhin konnte er auf die Erfahrung zweier Radtouren durch Schottland und Norwegen zurückgreifen. Weil es ihm Spaß gemacht hatte, wollte er auch den nächsten Urlaub auf dem Rad verbringen. Ich spürte, wie mich seine Begeisterung ansteckte. »Der Eiserne Vorhang ist weg, endlich kann man da mal rüber«, sprudelte es begeistert aus ihm heraus, »wir gucken uns an, wie es dort aussieht. Markus und Thomas kommen auch mit.«

Ich musste nachdenken. Warum hatte Stevie nicht vorgeschlagen, durch das Altmühltal zu radeln, durch die Provence in Frankreich, die Toskana in Italien oder durch Cornwall in England? Da hätte ich sofort zugesagt und ich hätte jetzt keinen Grund die Reise zu bereuen. Schließlich gibt es in diesen Ländern genügend Möglichkeiten einzukehren, mal eine gemütliche Pause bei Kaffee und Kuchen einzulegen oder ein leckeres kühles Bier zu trinken. Und Campingplätze finden wir dort auch mehr als genug – mit warmen Duschen. Ging das alles auch im Osten?

Stevie hatte sich eine Ostblock-Tour in den Kopf gesetzt und eine grobe Route ausgearbeitet. Erstaunlich, dass ich angesichts der merkwürdigen Reiseziele nicht sagte, er könne mit den anderen beiden gerne losfahren. Aber ohne mich! Stattdessen kam ich ins Grübeln und überlegte, ob ich nicht mitradeln sollte. Vielleicht war es ja ganz spannend, durch Länder wie Rumänien und Bulgarien zu reisen, die sich gerade erst vom Sozialismus befreit hatten.

Dass die Grenzen zu den bis vor wenigen Monaten verschlossenen osteuropäische Ländern nun durchlässiger waren, bedeutete für mich zunächst einmal, dass die Menschen, die dort so lange eingeschlossen waren, nun die westliche Welt entdecken konnten; wenn sie denn das nötige Kleingeld für eine solche Reise hatten. Zumindest aber waren Kontakte möglich. Europa rückte näher zusammen. Westliche Politiker und Wirtschaftsbosse konnten nun unproblematisch gen Osten reisen. Aber ich selbst kam in den Überlegungen nicht vor. Nicht im Traum war mir in den Sinn gekommen, dass auch für mich gelten könnte: Osteuropa, ich komme! Schon gar nicht mit dem Fahrrad. Denn ich fange gern klein an, wenn ich mich auf etwas Neues einlasse. Nur nichts überstürzen. Jeder Schritt auf ungewohntem Terrain will wohlüberlegt sein, damit ich das Gefühl habe, die Situation überblicken zu können. Dieses Motto übertrage ich auf viele Bereiche, auch bei meiner Arbeit bei der »Tagesschau«. Da war es am Anfang sehr gut zu wissen, dass ich nicht sofort die Hauptausgabe um 20 Uhr spreche, sondern mit den dreiminütigen Ausgaben am Morgen anfange – zu einer Uhrzeit, zu der nicht die zehn Millionen Menschen zuschauen, die abends einschalten.

Ich fand eine Radtour in den osteuropäischen Teil Europas, in dem gerade große Umwälzungen stattfanden, ziemlich gewagt. Das war in etwa so, als würde ich meine Karriere beim Fernsehen nicht nur gleich mit der Hauptausgabe der Tagesschau starten, sondern als blutiger Anfänger auch noch eine große Samstagabend-Unterhaltungsshow moderieren.

Strandurlaub? Nein, danke!

Dass ich dem Reisevorschlag von Stevie trotzdem nicht abgeneigt war, lag auch an meiner teilweise dunklen Urlaubsvergangenheit. Mit meinen Eltern und meinen beiden Schwestern fuhr ich früher entweder an die Ostsee nach Pelzerhaken oder an die Adria nach Pula ins damalige Jugoslawien. Es war das immer gleiche Muster: nach dem Frühstück ab zum Strand. Dort wird gebadet, gespielt, gelesen und sich gesonnt, damit man schön gebräunt in die Heimat zurückkehren kann. An den nächsten Tagen wiederholt sich alles so oder so ähnlich. Und das jeweils drei bis vier Wochen lang im Sommer.

Als Kind hatte ich viel Spaß daran, im Meer herumzuplanschen und führte diese Variante noch fort, als ich alt genug war, ohne meine Eltern zu verreisen. Ich kannte ja nichts anderes. Mit dem Interrail-Ticket fuhr ich an die französische Atlantikküste und ans Mittelmeer nach Spanien. Später düste ich mit dem ersten eigenen Auto wieder ans Wasser, bevorzugt nach Frankreich. Urlaub bedeutete schließlich Sonne, Strand und Meer. Schade nur, dass ich mich dabei mittlerweile nach spätestens zwei Wochen wahnsinnig langweilte.

So war es auch einmal im französischen Arcachon am Atlantik. Eine geschlagene Woche früher als geplant hatte ich die Nase gestrichen voll. Ich wollte nach Hause, und der Freund, mit dem ich unterwegs war, hatte zum Glück nichts dagegen. Er hatte wohl keine Lust, mit einem miesepetrigen Typen wie mir seinen kostbaren Urlaub zu verbringen. Was bin ich doch für ein heimatverbundener Mensch, mutmaßte ich damals, einer, der sein Glück bei seinen Wurzeln in vertrauter Umgebung findet.

Als ich Stevie gegenübersaß und mit ihm über Urlaub sprach, hatte ich zum ersten Mal darüber nachgedacht, ob eine Radtour nicht doch spannend sein könnte. Es war ein Abenteuer und nicht ohne Risiko. Noch nie war ich sechs Wochen lang weg aus Deutschland, noch nie war ich mit dem Rad zweieinhalbtausend Kilometer am Stück unterwegs, noch nie war ich mit Stevie, geschweige denn mit Markus und Thomas, die ich nicht gut kannte, so lange auf Achse. Noch dazu musste ich mir erst einmal ein tourentaugliches Fahrrad kaufen. Nicht gerade billig, der Spaß! Zumal ich als Student nicht viel Geld hatte.

Doch all diese Unklarheiten brachten mich nicht davon ab, mich mit der Idee, mit diesem Wagnis anzufreunden. Ich wusste überhaupt nicht, ob der Schuss nicht komplett nach hinten losgehen würde, aber ich wollte es ausprobieren. Nach dem Frust der bisherigen Urlaube konnte es nur besser werden.

Es ging mir nicht um eine Selbstfindungsreise, die mich zu meinem Ich führen sollte, es gab keine Sehnsucht nach einer inneren Wandlung. Für mich war es weniger die Suche nach dem Sinn des Lebens oder innere Einkehr, als vielmehr die Suche nach dem Sinn des Reisens. Dass sich daraus schließlich eine andere Sicht auf viele Dinge des Lebens ergab, war mir überhaupt nicht klar. Nach kurzer Bedenkzeit sagte ich damals zu Stevie noch am selben Abend: »Also gut, ich bin dabei.«

Die harte Realität

Ein paar Monate später fuhr ich also durch Rumänien und wünschte mir, dieses »Ja« rückgängig machen zu können. Während ich noch mit meiner Entscheidung haderte, wurde ich langsam aus diesen Gedanken zurückgeholt in die Gegenwart. Was ich zu sehen bekam, ließ den Gedanken an die Gefährlichkeit des Landes vorerst ganz schnell verfliegen, denn jetzt tauchten die ersten Rumänen auf – und die sahen überhaupt nicht bedrohlich aus. Auf den Feldern beobachteten wir Frauen und Männer, die hart arbeiteten. Ich fühlte mich an alte Schwarz-Weiß-Bilder erinnert, auf denen gezeigt wird, wie vor vielleicht einhundert Jahren die Äcker in Deutschland bestellt wurden. Und jetzt geschah das direkt vor meiner Nase. Kein Trecker fuhr über die Felder wie bei uns, keine Maschine surrte und von technischer Hilfe gab es weit und breit keine Spur. Vier Frauen ernteten das Stroh auf den Feldern in reiner

Handarbeit. Schwungvoll schleuderten sie mit ihren Heugabeln das Heu hinauf auf den Holzwagen, auf dem zwei Männer halb lagen, halb standen und das Heu entgegennahmen und stapelten. Es war eine vollkommen andere Welt, und ich fühlte mich zurückversetzt in eine Zeit, die doch lange vorbei war. Die DDR war gegen das, was ich sah, das reinste Silicon-Valley. Wo war ich denn hier gelandet? Es kam mir vor wie ein Freilichtmuseum.

Versteckte Kamera

Wir hielten am Wegesrand. Während wir unseren Durst löschten, schauten wir zwischen den Bäumen hindurch auf diese romantisch anmutende Szene. Wie gern hätte ich meine Kamera hervorgeholt, doch ich traute mich nicht. Ich hatte das Gefühl, ich könnte diese rechtschaffenden Menschen in ihrer Würde verletzen, wenn ich sie fotografiere. »Nur weil ich ein Tourist aus dem goldenen Westen war, gab es mir noch lange nicht das Recht, sie wie Ausstellungsstücke anzuglotzen und es faszinierend zu finden, wie sie im Schweiße ihres Angesichts ihr täglich Brot verdienen und sich mit altertümlichen Gerätschaften den Rücken krumm schufteten«, dachte ich.

Ich kam mir schäbig vor, weil für mich dieser Urlaub ein Vergnügen, ein Spaß war und ich meinte die Gedanken der Bauern lesen zu können: »Der ist in ein paar Wochen wieder an seinem reich gedeckten heimatlichen Tisch. Unsere Sorgen kennt er nicht, aber er meint, uns wie Tiere im Zoo fotografieren zu müssen.« Auf diese möglichen Gefühle wollte ich Rücksicht nehmen und ließ den Fotoapparat tief unten in der Packtasche. Ich hatte Mitleid.

Aber wie kam ich eigentlich darauf, dass es den Menschen, die dort hinten ackerten, schlecht ging? Vielleicht war ihre Arbeit, so anstrengend sie auch sein mochte, eine Erfüllung für sie. Vielleicht hatten sie alles, was sie zum Leben brauchten und waren zufrieden, vielleicht sogar glücklich. Nur weil es mir wie Schinderei vorkam, mussten die Landarbeiter nicht genauso fühlen wie ich. Verwirrend!

Auf späteren Touren habe ich diese Verwirrung einfach aufgeklärt: Ich fragte diejenigen, die ich ablichten wollte, ob sie damit einverstanden waren. Sie sollten wissen, dass ich sie ernst nahm. Gerade in fernen Ländern interessieren mich insbesondere die Menschen, sodass ich versuche, mit ihnen ins Gespräch zu kommen – und sei es nur mit Händen und Füßen. So fotografiere ich meistens diejenigen, mit denen ich gerade geredet habe, zu denen ich also wenigstens eine kleine persönliche Beziehung aufgebaut habe. Weil ich sie nicht nur im Vorübergehen und als Kuriositäten ablichte, entstehen ganz andere Bilder. Sie blicken vertrauter in die Kamera, es wird ein persönlicheres Foto.

Das hat auch zur Folge, dass ich immer mit vielen Adressen heimkehre von Einheimischen, die die Fotos als Andenken haben möchten. Nach meinen Reisen mache ich fleißig Abzüge von den Bildern und verschicke sie an meine Urlaubsbekanntschaften.

Leben wie vor hundert Jahren

Wir radelten weiter Richtung Arad vorbei an Bäumen und Feldern. Im sanften Abendrot sahen wir, wie sich die Feldarbeiter auf den Weg in den Feierabend machten. Wir ließen uns Zeit, weil wir wussten, wir würden die Stadt problemlos vor Einbruch der Dunkelheit erreichen.

Obwohl wir gemächlich und entspannt radelten, waren wir doch viel schneller als das Fahrzeug, dem wir uns nun näherten. Wieder bot sich ein außergewöhnlicher Anblick: Auf einem hölzernen Fuhrwagen, gezogen von zwei braunen Pferden mit schwarzer Mähne, saßen hinten auf der Ladefläche zwei ältere Frauen, die ihre Beine herunterbaumeln ließen. Ihre Oberkörper und ihre Köpfe schaukelten ruckartig hin und her, denn der Fuhrwagen lief etwas unrund. Sie trugen Kopftücher, Kittelschürzen und ihre Beine steckten in schwarzen Gummistiefeln. Offenbar waren sie mit ihren Männern, die vorn auf dem Kutschbock saßen, unterwegs zu einem der Gehöfte, die vereinzelt inmitten der unzähligen Felder links und rechts der

Straße verstreut lagen. Die Frauen behielten uns fest im Blick und lächelten uns freundlich zu. Wie es aussah, unterhielten sie sich über uns. Wir grüßten von Weitem mit einem »Buna ziua« und hofften, dies einigermaßen verständlich ausgesprochen zu haben. Es war laut unserem Sprachführer der rumänische Ausdruck für »Guten Tag«. Wir hatten natürlich vor der Reise die wichtigsten Begriffe wie »Hallo« (Salut), »Auf Wiedersehen« (La revedere), »Ja« (Da), »Nein« (Nu), »Danke« (Mulțumesc), »Bitte« (Poftim), »Milch« (Lapte), »Brot« (Pâine) und »Wasser« (Apâ) gelernt. Die Frauen grüßten zurück mit einem noch breiteren Lächeln, hoben ihre Hände und winkten uns zu.

Jetzt drehten sich auch die beiden Bauern zu uns um. Sie sagten irgendetwas, aber ein Gespräch war leider nicht möglich. Zum einen trennte uns die Sprache, zum anderen verursachten die metallbeschlagenen Räder auf dem Asphalt einen Heidenlärm, der jeden Versuch eines Gesprächs zunichtemachte.

Die Frauen auf dem Pferdefuhrwerk waren schon ein besonderer Anblick. So also sah der Berufsverkehr zur Rush-Hour in Rumänien aus.

Als wir das vorsintflutliche Gefährt hinter uns gelassen hatten, kam ich ins Grübeln. Diese freundlichen rumänischen Bauern hatten mich milde gestimmt. Ich musste mir eingestehen, dass die Menschen nicht dem Bild entsprachen, das ich seit der Begegnung mit dem Trucker hatte. Ich spürte, wie ein Teil der großen Anspannung von mir abfiel.

Als wir kurz nach dieser anheimelnden Begegnung auf ein paar Mädchen und Jungen trafen, hielten wir an, um mit ihnen zu plaudern. Sie hatten uns schon aus der Ferne bemerkt, ihren Ball liegen gelassen und uns mit großen Augen angesehen, als kämen wir von einem anderen Stern. Als wir neben ihnen stoppten, fragte ein Knirps freundlich auf Rumänisch, woher wir kommen und wohin wir wollen. Ich war überrascht, denn ich konnte die Wörter verstehen. Sie klangen nach Latein. Mir wurde klar, dass ihre Sprache aus dem Lateinischen hervorgegangen sein musste. Gut, dass ich das kleine Latinum gemacht hatte. Ich antwortete den Kindern, wir seien aus dem Westen, genauer gesagt aus der Bundesrepublik Deutschland. Das konnte ich natürlich nicht in einen perfekten rumänischen Satz kleiden. Stattdessen deutete ich mit dem Zeigefinger auf uns und sagte »Germania«. Woraufhin sie uns mit weit aufgerissenen Augen weitere Fragen stellten, die ich halbwegs entschlüsseln konnte. Unsere Antworten fielen nicht sonderlich eloquent aus, also mussten unsere pantomimischen Fähigkeiten herhalten, um beispielsweise zu erklären, was das komische Teil am Vorderrad sein sollte (es war der Dynamo) oder wie viele Kilometer wir schon gefahren waren. Wir hatten eine Menge Spaß mit den Kindern und fühlten uns wohl bei ihnen. Langsam bekam ich das Gefühl, dass ich mich mit Land und Leuten durchaus versöhnen könnte.

»Zappzerapp« heißt »Klauen«

Gut im Zeitplan erreichten wir noch vor der Dämmerung Arad, doch der Anblick am Eingang zur Stadt ließ uns erschaudern. Schon von Weitem erkannten wir eine lange Menschenschlange. Als wir näherkamen, sahen wir, dass sich die Leute um einen Hydranten scharten, aus dem pausenlos Wasser lief. Sie hielten Eimer darunter oder wuschen sich direkt an dieser Quelle – offenbar die einzige weit und breit. Die vielen Hochhäuser, die hier standen, waren noch im Rohbau. Es fehlten Fenster und Türen, die Balkone hatten keine Brüstung; es zeigte sich der nackte Beton. Die Häuser waren noch nicht verputzt und dennoch wohnten hier schon Menschen ganz ohne Strom und fließendes Wasser.

Während wir Ausschau nach unserem Zeltplatz hielten, mussten wir durch das Zentrum von Arad. Wenn es nicht so heruntergekommen gewesen wäre, hätte man es als schön und altehrwürdig bezeichnen können. Mit viel Geld und noch mehr Arbeit hätte man die verfallenen und zerstörten Gebäude sicher wieder instand setzen können. Hier lagen viele Schönheiten brach, die es sich lohnen würde zu sanieren.

Etwas außerhalb der Innenstadt fanden wir den Campingplatz, unseren sicheren Zufluchtsort für die Nacht. So hofften wir zumindest. Doch als wir uns am Empfang des Zeltplatzes anmeldeten, wurden wir in die offenbar gefährliche Realität zurückgeholt. Der Zeltplatzwärter warnte uns sehr eindringlich vor Dieben. »Zappzerapp«, sagte er und machte dabei eine Handbewegung, die so viel heißen sollte wie: Vorsicht, hier wird geklaut! Die gute Stimmung, die sich am Tage aufgebaut hatte, war getrübt.

Als wir unsere Zelte aufgestellt hatten, fiel uns ein junger Mann auf, der sich für uns und unsere Fahrräder auffällig unauffällig interessierte. Mit eingefrorenen Gesichtszügen drehte er im Laufe des Abends mehrere Spazierrunden um unseren Platz. Immer wieder warf er höchst neugierige Blicke in unsere Richtung.

Mir war unwohl und ich stellte mir die unbehagliche Frage, ob dieser etwa 20-jährige Kerl ein potenzieller »Zappzerappler« war. Wollte er gucken, was wir dabeihaben, um uns später zu beklauen? Wollte er wissen, wann wir ins Bett gehen, um dann zuzuschlagen? Oder war es einfach nur Interesse, weil er noch nie radurlaubende Wessis gesehen hatte?

Der dubiose Kerl erleichterte uns die Entscheidung, als wir zum Ausklang des Tages beratschlagten, was nun zu tun war. Der britische Trucker hatte offenbar recht gehabt. Hier war es zu gefährlich: Wir mussten so schnell wie möglich aus diesem Land heraus. Wir beschlossen, unsere Rumänien-Durchquerung auf das Notwendigste zu reduzieren. Nur ja keine unnötige Zeit in diesem Land der Kriminalität verbringen, war unser einhelliger Gedanke. Aus sieben Tagen Aufenthalt wurden vier. Vier Tage Lebensgefahr oder zumindest Gefahr, überfallen und ausgeraubt zu werden – musste das wirklich sein? Es musste, wenn wir unseren Reiseplan nicht komplett über den Haufen werfen wollten. Wir wollten nun so schnell wie möglich nach Bulgarien.

Als ich in meinen Schlafsack stieg, war an Nachtruhe für mich nicht zu denken. Während die anderen friedlich und leicht schnarchend schlummerten, spitzte ich die Ohren. Zu sehr wähnte ich mein schönes, neues und teures Fahrrad in Gefahr. Jedes noch so kleine Geräusch nahm ich wahr, hielt dann den Atem an, und wenn ich mir nicht sicher war, ob ich eine knackende Zange am Fahrradschloss hörte, schlüpfte ich aus dem Schlafsack, öffnete den Reißverschluss am Zelt und lugte hinaus. Doch es war kein Zappzerappler zu sehen.

So quälte ich mich durch eine unruhige Nacht. Als ich am nächsten Morgen nach viel zu wenig Schlaf wie gerädert aus dem Zelt kroch, stellte ich erleichtert fest, dass nichts abhandengekommen war. Ich atmete tief durch.

Nach dem Frühstück stieg ich völlig übermüdet auf mein Fahrrad. Ich mochte gar nicht an die bevorstehende Aufgabe denken: Bis zur nächsten größeren Stadt Deva, wo unser sicherer Campingplatz lag, waren 150 Kilometer zurückzulegen. Das Motto des Tages lautete also: Kilometerfressen! Das war zu viert relativ gut möglich. Wie wir es schon in Ungarn geübt hatten, rasten wir über den Asphalt. Windschatten-Fahren war angesagt. Regelmäßig wechselten wir uns bei der Führungsarbeit ab. Jeder fuhr mal vorne im Wind und ließ sich zurückfallen, wenn die Kräfte nachließen, und ein anderer musste das hohe Tempo halten.

Einerseits wurde der Tag von dem Gedanken bestimmt, rechtzeitig die Stadt zu erreichen, auf der anderen Seite staunte ich immer wieder über das, was ich hier sah. Unglaublich, dass es zu den einfachen Wasserpumpen in Ungarn noch eine Steigerung gab. Unser Trinkwasser holten wir aus alten gemauerten Brunnen, die in den Dörfern standen. An schweren Eisenketten hingen Eimer, die wir in die Tiefe fallen ließen, bis nach ein paar Sekunden ein Platschen zu vernehmen war. Wir warteten kurz, bevor wir den Eimer, gefüllt mit dem frischen, kühlen Nass, wieder nach oben kurbelten. Meist waren wir dabei nicht allein. Einige Rumänen beobachteten uns neugierig, doch ins Gespräch kamen wir leider nicht. Die Sprachbarriere und die Scheu waren auf beiden Seiten zu groß. Für das Verhalten der Rumänen hatte ich eine Erklärung: Vermutlich waren sie so zurückhaltend, weil ihnen unter dem Ceausescu-Regime jeder Kontakt zu Westlern verboten war.

Das eben noch flache Land wurde nun welliger und in der Ferne erhob sich eine dunkle Silhouette am Horizont, die mit etwas Fantasie wie die Höcker schlafender Kamele wirkte. Da waren sie, die Karpaten! Als ich sie erblickte spürte ich, wie Adrenalin in mir aufstieg: Ich freute mich riesig darauf, mich bald durch dieses imposante Gebirge zu kämpfen. Dabei vergaß ich sogar kurzzeitig die möglichen Gefahren, die hier in Rumänien lauerten.

Jetzt endlich konnte ich die verschiedenen Gänge an meinem Fahrrad gut gebrauchen und schaltete hin und her, je nachdem, ob es hinauf ging oder die Straße abschüssig war.

Die Stadt Deva erreichten wir kurz vor Sonnenuntergang nach kraftraubenden 173 Kilometern – deutlich mehr als wir erwartet hatten. Noch ein paar Kilometer mehr und ich wäre vom Rad gefallen, denn als ich abstieg, knickten mir fast die Beine weg. Ich war mit den Kräften völlig am Ende. Außerdem tat mein wundgescheuerter Hintern weh und mein Rücken war verspannt. Aber immerhin waren wir in Sicherheit.

Dieses Mal verlebten wir einen ruhigen und entspannten Abend auf dem Campingplatz. Hier in Deva gab es keine dubiosen Typen, die wie in Arad um uns herumschlichen, hier ernteten wir nur neugierige Blicke. Aber warum sollte es den Rumänen mit uns anders ergehen als uns mit ihnen?

Ein Bett neben dem Kornfeld

Am nächsten Tag setzten wir unseren Plan dennoch um: Wir verließen die Ost-Route und nahmen die Abkürzung, die schnurstracks Richtung Süden, Richtung Jugoslawien und Bulgarien führte. Schon bisher konnten wir uns nicht über zu viel Verkehr beklagen, doch als wir den Abzweig genommen hatten, tauchten wir endgültig in ruhiges Landleben ein. Alles, was hier auf der schmaler gewordenen Straße fuhr, waren Pferdegespanne und nur selten ein Auto der Marke Dacia, der eine Art Volkswagen in Rumänien war.

Die Landschaft reckte sich immer mehr in den Himmel. Waren die Karpaten gestern lediglich dunkle Schemen in der Ferne, so waren wir nun mittendrin und fuhren rauf und runter. Vor allem rauf. Ich spürte die Anstrengung in meinen

Oberschenkeln aber kaum, denn es war einfach zu schön. Wir waren alle so gepackt von der malerischen Kulisse, dass wir kein Wort sprachen; keiner gab einen Mucks von sich, nur tiefe, regelmäßige Atemzüge.

Noch waren die Täler weit, aber wir ahnten schon, dass die Hügel bald zu Bergen würden und wir noch steilere Anstiege zu bewältigen hatten.

Ich genoss die Einsamkeit und machte nur einzelne kleine Häuser aus, die sich in die urwüchsige Landschaft einfügten. Fast alle hatten einen Garten, in dem allerlei Obst und Gemüse wuchs: Tomaten, Gurken, Kürbisse, Melonen, Äpfel und Birnen.

Sattgrüne Täler begleiteten uns. Die sanften, mal bewaldeten und mal als Anbaufläche für Mais benutzten Karpatenhügel schoben sich ineinander. Wir begegneten Frauen und Männern beim Heuen und inhalierten den frischen Duft. In dieser Abgeschiedenheit wagten wir, wieder wild zu campen.

Keiner von uns vieren hatte die Befürchtung, hier überfallen zu werden; zu beschaulich war dieser »Radltag« verlaufen. Auf einer der vielen Weiden hämmerten wir, etwas versteckt hinter zwei Birken, unsere Zeltheringe in den Boden. Spaghetti und Müsli hatten wir genug bei uns, und Wasser konnte ich direkt von einer Quelle holen. Wir waren rundum versorgt.

Geschenk mit Folgen

Während die anderen anfingen, das Essen zu kochen, ging ich zurück zur Straße und weiter zur ausgeschilderten Quelle. Ich musste nicht weit laufen mit unseren Wasserflaschen unterm Arm, nur ein paar Meter eine Böschung hinab. Hinter den Bäumen und Büschen, die wir von der Straße aus gesehen hatten, war die Quelle versteckt, aus der das Wasser zwischen den Steinen heraussprudelte.

Überrascht stellte ich fest, dass ich nicht allein war. Eine Frau von vielleicht 30 Jahren saß bereits dort und ließ große Flaschen volllaufen. Erstaunt schaute sie mich an und grüßte schüchtern. Bevor ich auch nur daran denken konnte, mit der Frau zu sprechen, sammelte sie ihre gefüllten Flaschen zusammen und verschwand. Ich kniete mich an der Quelle nieder und schöpfte mit meinen zu einer Schale geformten Händen das köstlich frische Wasser, um es zu trinken und mich damit frisch zu machen. Ein unglaublich schönes Gefühl, sich die dicke Schweißschicht aus dem Gesicht zu waschen und mit kühlem, kristallklarem Bergwasser den Durst zu löschen. Ich fühlte mich ganz schnell wieder munter. Gestärkt nahm ich nun eine Wasserflasche nach der anderen zur Hand und machte mich daran, sie volllaufen zu lassen. Das brauchte seine Zeit. Als ich fast fertig war mit meiner Arbeit, hörte ich leichte Schritte hinter mir. Die Frau, die vorhin so schnell weg war, stand wieder vor mir. Ich staunte nicht schlecht, als sie mir mit scheuem Blick und ein paar rumänischen Worten eine prall gefüllte Tüte mit Äpfeln überreichte. Ich freute mich riesig über dieses Geschenk. Schließlich war die Frau mit dem schmalen Gesicht und den dunklen Haaren extra noch einmal hierher zurückgekehrt, um mir das Präsent zu übergeben. Was für eine Geste! Sie lächelte, während ich mich überschwänglich bedankte – und schon war sie wieder verschwunden. Die Rumänen schienen extrem zurückhaltende, aber wahnsinnig gastfreundliche Leute zu sein, wenn man sie ließ. Die Zeit Ceausescus war nun zum Glück vorbei und diese Frau schien keinen Gedanken an das ehemalige Kontaktverbot ihres Staatspräsidenten mehr zu verschwenden.

Willkommen in Rumänien

Freudestrahlend kam ich zu meinen Freunden zurück, die schon die Zelte auf unserem Wildcampingplatz aufgebaut hatten.

»Heute gibt es leckeren Nachtisch, Männer! Seht mal, was ich hier habe. Mir hat gerade eine Frau jede Menge Äpfel geschenkt«, sagte ich und hielt stolz die Tüte in die Höhe. Ich stellte die Wasserflaschen ab. »Ich weiß gar nicht, wovon der Trucker an der Grenze gesprochen hat, die Menschen sind doch ungeheuer freundlich hier«, fuhr ich fort. »Wollen wir nicht doch noch länger in Rumänien bleiben?« Ich bereute es plötzlich, dass wir den Weg abgekürzt hatten, um schnell aus dem Land herauszukommen. Doch mittlerweile waren wir so weit im Süden, dass es Unsinn gewesen wäre, die neue Route wieder über den Haufen zu werfen. Für mich war diese Begegnung an der Quelle ein Schlüsselerlebnis. Meine Vorbehalte waren fast völlig verflogen, ich hatte keine großen Sorgen mehr vor dem Unbekannten und Fremden, sondern war gespannt, was wir noch alles erleben würden.

Was ein paar grüne Äpfel alles bewirken konnten. Die simple Geste hatte meine Einstellung verändert. Stellvertretend für alle Rumänen gab mir die Frau das Gefühl, in Rumänien willkommen zu sein.

Ich ließ noch einmal die Erlebnisse von der Grenze bis hierher Revue passieren: Die Menschen, die wir getroffen hatten, waren alles andere als Furcht einflößend – und jetzt auch noch diese einmalige Begegnung. Natürlich waren nicht plötzlich alle Rumänen gute Menschen, genauso wenig wie sie zuvor alle böse waren. Vor allem Letzteres wurde mir aber erst jetzt bewusst. Ich erinnerte mich daran, was ich schon in Ungarn in mein Tagebuch eingetragen hatte: »Die Leute in den ländlichen Gegenden, durch die wir jetzt fahren, sind wesentlich freundlicher. Während vor allem in Budapest auf unsere Nachfragen meistens gar nicht eingegangen worden war, versuchen die Menschen auf dem Land uns zu helfen, wo sie nur können.« Es gab offenbar einen Unterschied zwischen der Stadt- und der Landbevölkerung. Das war hier in Rumänien wohl nicht anders als in Ungarn. Mir fiel die alte Dame ein, die uns kurz vor der Grenze nach Rumänien im ungarischen Örtchen Mako den Morgen versüßt hatte. Wir waren dort am Abend zuvor auf einer kleinen Rasenfläche mit unseren Zelten inmitten der Häuser in Mako gestrandet, weil wir nichts anderes gefunden hatten. Als wir am nächsten Morgen unsere Sachen zusammenpackten, um weiterzufahren, öffnete sich das Fenster eines schon etwas verfallenen Häuschens. Zwischen vergilbten Gardinen tauchte eine Frau auf und rief uns zu sich. Sie hatte vier Tassen Kaffee auf ein Tablett gestellt und reichte es heraus. Sogar Stevie trank den Kaffee, obwohl er eigentlich Teetrinker ist. Das ist Gastfreundschaft! Das alles hatte ich nach den Worten des Truckers schon völlig vergessen.

Wie es aussah, hatte ich mich ins Bockshorn jagen lassen. Naja, der Lastwagen-Fahrer hatte es ja gut gemeint mit seiner Warnung. Eines stand für mich jetzt aber fest: Hier war es nicht gefährlicher als anderswo.

Auf die Freundschaft

Ich begann, diese ungewöhnliche Urlaubsreise zu genießen. Als wir Jugoslawien und Bulgarien erreichten, trafen wir auch hier auf uns wohlgesonnene, freundliche Menschen. Im serbischen Teil des damals noch existierenden Vielvölkerstaates Jugoslawien lud uns ein Bauer ein, auf seiner Wiese das Zelt für die Nacht aufzuschlagen – wir müssten den Platz allerdings mit seinen Kühen teilen, meinte er. Das machte uns natürlich gar nichts aus und wir nahmen das Angebot gerne an. Als wir vier Radler nach dem abendlichen Spaghetti-Essen gemütlich beisammensaßen, kam der Bauer noch einmal zu uns zurück: Er hatte einen Eimer voller Pflaumen dabei und schenkte sie uns.

In Bulgarien luden uns zwei ältere Herren zu einem Stehumtrunk auf der Straße ein, kurz nachdem wir von Jugoslawien aus über die Grenze gekommen waren. Wir hatten sie nur nach dem Weg gefragt, doch als wir ihnen erzählten, dass wir aus Deutschland kommen, war die Begeisterung groß. Flugs holte der Mann mit dem Schnauzer und dem runden Gesicht eine Flasche selbst gebrannten Feigenschnaps aus dem Häuschen, um bei einem ordentlichen Schluck zu plaudern. Der andere, ein schmaler Mann mit vielen Falten, sprach leidlich Deutsch, da er ein paar Jahre in der DDR gelebt hatte. Er musste übersetzen, was sein Nachbar uns zu erzählen hatte. Wir erfuhren, dass dessen Sohn ebenfalls in der DDR gewesen war und dort irgendeine Medaille beim Tanzen gewonnen hatte.

»Aha«, gab Stevie anerkennend von sich und trank darauf noch einen Klaren. Ich prostete den beiden Bulgaren ebenfalls fröhlich zu und stürzte das scharfe Zeug in einem Zug herunter.

Inzwischen gingen wir ganz vertraut miteinander um. Als kurz darauf der Mann mit dem tanzenden Sohn noch eine Karaffe Wein aus seinem Haus holte, war alles perfekt. Gut gelaunt und aufgeräumt standen wir lässig mitten auf dem Gehweg und tranken auf die internationale Freundschaft. Während der Schnaps nur etwas für Hartgesottene war, war der Wein vom Feinsten. Vor allem, wenn man wie wir seit Tagen nur Wasser getrunken hatte, das höchstens ab und an mit einer Vitamintablette geschmacklich aufgemotzt wurde. Nach diesem spontanen Beisammensein fuhren wir deutlich beschwingt weiter.

Mittlerweile war ich ganz und gar auf dieser Reise angekommen und fühlte mich sauwohl. Der Schock an der Grenze war von den schönen Erlebnissen verdrängt worden und nur noch eine Episode. Jetzt war ich froh, dass ich damals beim Bierchen mit Stevie »Ja« gesagt hatte. Es war eine gute Entscheidung gewesen. Und das war kein voreiliges Urteil, denn dieser Eindruck verstärkte sich auf den verbleibenden 1.600 Kilometern bis nach Istanbul zunehmend.

Klar, wenn man gerade erst einen kleinen Teil der Tour hinter sich gebracht hat, kann noch viel passieren, was die Reise mühsam und unangenehm werden lässt. Wenn es Momente gab, in denen ich dachte: »Bloß weg hier«, dann waren die ganz schnell wieder vorbei. Denn es blieb während der restlichen vier Wochen, die wir weiter von Bulgarien über Griechenland in die Türkei unterwegs waren, eine grandiose Reise mit phänomenalen Eindrücken für die Ewigkeit und nur kleinen Unannehmlichkeiten: Ab und an regnete es mal etwas zu lang und heftig, vor allem in Griechenland mussten wir bei großer Hitze eine Reihe steiler Anstiege erklimmen und manchmal dauerte es gefühlt einen Tag zu lang, bis wir unsere staubigen und verschwitzten Klamotten waschen konnten.

Tour der Strapazen

Die Wasserquelle in Rumänien war für mehrere Tage die letzte Möglichkeit, uns selbst mal wieder eine Körperwäsche von Kopf bis Fuß zu genehmigen und unsere Kleidung zu waschen. Danach wurde es für mich von Tag zu Tag unangenehmer, in die Radlerhose zu steigen, die Socken anzuziehen, und das T-Shirt überzustreifen. Schließlich trug ich diese Klamotten den ganzen Tag bei körperlicher Ertüchtigung in herrlicher, aber schweißtreibender Augustsonne. Ich hatte nur wenige Sachen zum Wechseln dabei, denn ich wollte nicht allzu viel mit mir herumschleppen. So wurden Hose, T-Shirt und Socken jeden Tag starrer vor Schmutz und Schweiß. Die weißen Salzränder waren kein sonderlich schmückendes Ornament. Nach ein paar Tagen fasste ich meine Klamotten nur noch mit spitzen Fingern an. Aber wenn ich die Sachen erst wieder am Leibe trug, passten sie sich meiner Körperform an und alles war halb so wild. Nur durfte ich meine Nase nicht allzu dicht daran halten und von anderen Menschen hielt ich einen Sicherheitsabstand.

Manche Strecken machten uns arg zu schaffen, weil sie alles andere als einsam waren. In Griechenland legten wir einen wahren Horrortrip hin, weil wir keinen anderen Weg in die Hafenstadt Thessaloniki fanden als über die Autobahn. Entweder war das Straßennetz in der Gegend so dürftig und ausschließlich auf den Autoverkehr ausgerichtet oder wir hatten einfach den ruhigeren Weg übersehen. Mit wachsender Unruhe blickten wir auf unsere Landkarte, doch wir fanden einfach keine schöne Strecke, es blieb nur die Autobahn. Alternativ gab es einen Umweg über zig Kilometer, der übers Land geführt hätte. Aber dann hätten wir unsere Fähre zur Insel Lesbos nicht mehr erwischt. Also rauf auf die Autobahn. Mit einem sehr mulmigen Gefühl bogen wir ein. Wir fuhren dicht hintereinander auf dem Standstreifen und rasten so schnell wir nur konnten. Diesen Horror wollten wir ganz schnell hinter uns bringen. Autos und Lkw bretterten vorbei. Ich spürte ihren Luftzug, wenn sie uns überholten. Dieser permanente Lärm von auf uns zukommenden Autos war furchterregend. Das Motorengeräusch der Wagen, die sich näherten, wurde immer lauter und wenn es in meiner unmittelbaren Nähe war, befürchtete ich immer wieder, dass gleich Bremsen quietschen, ein Auto ins Schleudern gerät und uns ummäht. Ich fühlte mich völlig schutzlos und hatte Angst, dass irgendein Autofahrer von uns langsamen, schwer bepackten Radlern so überrascht ist, dass er falsch reagiert und uns über den Haufen fährt. Zum Glück ging alles gut. Was mich am meisten erstaunte: Uns überholte sogar die Polizei ohne uns anzuhalten und von der Autobahn zu verscheuchen. Ich fand das sehr merkwürdig! Sollte die Fahrt auf dem Standstreifen für Radfahrer gar erlaubt sein? Nach dem Motto: Freie Fahrt für freie Radler?

Wir waren heilfroh und erleichtert, als wir die endlos scheinende Strecke über die Autobahn endlich unbeschadet überstanden hatten und in Thessaloniki waren. Zwar herrschte auch dort jede Menge Verkehr und wäre ich vom ruhigen Land kommend hier eingetroffen, wäre ich genervt gewesen vom Lärm und Gestank. Nach der gruseligen Autobahnfahrt war die Stadtfahrt jedoch das reinste Vergnügen und Erholung pur.

Von der Hafenstadt aus setzten wir mit der Fähre nach Lesbos über, von dort ging es weiter in die Türkei, in die Hafenstadt Ayvalik. Nun waren es noch etwa 300 Kilometer bis zur Fähre in Bandirma, die uns über das Marmara-Meer an unser Ziel bringen würde: nach Istanbul. Auf unseren letzten Radreisetagen begegneten uns in den türkischen Dörfern immer wieder Menschen, die uns zu sich winkten; wir sollten uns zu ihnen gesellen. Meist waren es ältere Herren, die in der Sonne auf einen Schwatz beieinandersaßen. Diese Unterbrechungen wurden fast zur Gewohnheit, denn es lebte offenbar in jedem Dorf jemand, der eine Zeit lang in Deutschland gearbeitet und viel von damals zu erzählen hatte.

Jeder musste das Treffen mit uns gebührend bei einem obligatorischen Gläschen des zuckersüßen Chais, einem Tee, feiern. Wir konnten uns vor Einladungen kaum retten und genossen in vollen Zügen die uns entgegengebrachte Aufmerksamkeit und Gastfreundschaft.

So interessant die Männergespräche auch waren, fragten wir uns doch, ob es denn in der Türkei überhaupt keine Frauen gebe. Gesehen hatten wir bisher nur wenige, doch all die Kinder, die im Freien spielten und immer sofort in großer Zahl neugierig unsere Fahrräder umlagerten, waren der Beweis: Hier mussten auch Frauen existieren. Wir vermuteten, dass sie in der türkischen Machowelt brav im Hause zu bleiben hatten und sich um Kinder und Küche kümmern mussten, während sich viele Männer am liebsten in den Bars aufhielten, um mit ihren Geschlechtsgenossen ein Schwätzchen zu halten, Fernsehen zu gucken oder Karten zu spielen.

Auch in Istanbul wurden wir oft zu einem Chai eingeladen. Doch hier stand etwas ganz anderes dahinter; hier ging es ums Geschäft. Mit einem leckeren Tee in lockerer Atmosphäre versuchten Geschäftsleute, uns ihre Waren anzudrehen, doch weder die Teppiche, noch die Lederjacken konnten wir gebrauchen.

Der Weg ist das Ziel

Istanbul war eine faszinierende Stadt, keine Frage. Doch unser Aufenthalt hier war lediglich ein angenehmer Ausklang der Tour, bei der ich das Erlebte noch einmal Revue passieren ließ. Nicht Istanbul hat mich für den Rest meines Lebens beeindruckt, sondern die Wochen zuvor, der Weg nach Istanbul.

Die traumhaften Landschaften hatten mich begeistert; vor allem hatte es mir das Rila-Gebirge in Bulgarien angetan mit seinem dichten Wald, den sanften Hügeln, den weiten, grünen Tälern und den klaren Flüssen. Das Zeltaufschlagen mitten in der Natur hatte für mich etwas Archaisches. Wir hatten das große Glück gehabt, viele herrliche Wildcampingplätze zu finden – oftmals direkt neben einem klaren Fluss oder einem gurgelnden Bach, an dem wir uns wuschen und mit Wasser versorgen konnten. Wir hatten alles, was wir zum Leben brauchten. Es waren sechs Wochen, die mich in eine völlig unbekannte Welt katapultiert hatten, die mir ganz neue Einblicke in die östlichen Länder Europas ermöglichten und mich nah an die Menschen herangebracht hatten. In Istanbul konnte ich das Fazit meiner ersten Urlaubsreise auf dem Rad ziehen. Es waren unvergessliche Wochen mit einmaligen Eindrücken von Mensch und Natur – und ich hatte auch mich selbst von einer neuen Seite kennen gelernt. Ich hatte gesehen, dass ich auch mal ohne großen Komfort zurechtkomme. Ich brauchte kein Hotelzimmer, kein weiches Bett, keine Cocktails, kein schickes Abendessen. Mir reichte die Einfachheit zu meinem Glück. Und ich musste nicht immer bespaßt werden. Ich konnte auch die Ruhe genießen. Und das mir, der früher immer zu hören bekam, er sei ein »unruhiger Geist« oder gar ein »Zappelphilipp«.

Mit einem wissenden Lächeln auf den Lippen dachte ich nun zurück, an die Zeit vor dieser Reise. Damals war ich mir nicht darüber im Klaren gewesen, ob ich zu solch einer Tour überhaupt in der Lage sein würde. Der Sprung ins eiskalte Wasser hatte sich aber gelohnt. Eines war sicher: Das wollte ich wieder machen, denn die Welt ist schließlich groß und will erkundet werden. Wenn diese Tour durch ein paar Länder im Osten Europas so viel Spannendes und Neues für mich enthielt, was gab es dann sonst noch alles zu entdecken?

Ausland durch den »Weltspiegel«

Schon früher hatte ich mich für das Ausland interessiert und gerne den »Weltspiegel« in der ARD geschaut. Doch nun musste ich feststellen, dass es ein großer Unterscheid war, ob ich ein Land durch die Mattscheibe betrachte oder es selbst erlebe. Beim Weltspiegel-Gucken registriere ich die Fakten und lege sie im Wissensspeicher ab. Bin ich dagegen selbst vor Ort, kann ich eine Situation nachempfinden und viel eher mitfühlen, weil ich als Betrachter mittendrin bin. Wenn ich die Menschen in Rumänien mit einfachen Werkzeugen auf den Feldern arbeiten sehe, dann geht es mir näher, als wenn mir das ein Reporter erzählt. Durch das Medium entsteht immer eine gewisse Distanz. Ich wollte von nun an nicht nur Reportagen ansehen, sondern auch mittendrin sein.

Seit dieser Reise 1990 habe ich viele Touren mit dem Rad

unternommen. Sogar meine Freundinnen, mit denen ich im Laufe der Jahre zusammen war, haben manchmal solche Urlaube mitgemacht. Ich unternahm mit ihnen Touren durch Frankreich, Portugal, Spanien und Neuseeland. Die vermeintlich gefährlicheren Reisen in Afrika, Asien und Südamerika waren Stevie und mir vorbehalten. Wir beide liegen mit unseren Vorstellungen über eine Radtour sehr nah beieinander und können uns bei vielen Fragen ohne große Diskussion einigen.

Auch heute noch suchen wir unsere Ziele danach aus, wo wir spektakuläre Natur und kraftspendende Ruhe finden oder wo wir eine fremde Kultur kennen lernen. Am liebsten ist mir eine Kombination aus beidem.

Bei meinen Reisen durch Frankreich, Norwegen, Neuseeland oder Patagonien in Chile und Argentinien ging es vor allem um die Natur. Bei Pakistan, China und Afrika standen zwar die Menschen und ihre Kultur im Mittelpunkt, aber schöne Landschaften gab es trotzdem.

Infrage kamen aber nur Ziele die man innerhalb von ein paar Wochen bereisen konnte, denn mehrmonatige Urlaube waren und sind bei mir kaum drin. Dafür ist das Team der Tagesschausprecher und der Moderatoren bei NDR-Aktuell zu klein. Andererseits sind vier Wochen für Fernreisen das absolute Mindestmaß.

MENSCHEN

»Hallo, ich bin Gerlinde«

Schade, dass ich nicht die jeweilige Sprache unseres Urlaubslandes beherrsche. Denn deutsch, französisch und englisch wurde nur in wenigen unserer Reiseziele gesprochen. Es wäre schön, könnte ich mich ohne Sprachbarrieren mit den Einheimischen austauschen. Ersatzweise müssen meist Hände und Füße herhalten.

Immerhin klappte es einige Jahre nach der Premierentour mit der verbalen Verständigung in Rumänien. Denn 1997 führte Stevie und mich eine Tour zurück in dieses osteuropäische Land. Ich hatte mir nach meiner ersten Reise geschworen, noch einmal zurückzukommen – diesmal ohne Vorurteile und Bedenken. Wir radelten durch Siebenbürgen und waren unterwegs in Richtung Hermannstadt oder Sibiu, wie es jetzt heißt. Dort lebten viele Deutschstämmige, deren Zahl sich allerdings seit dem Fall des Eisernen Vorhangs stark reduziert hatte. Viele von ihnen hatten sich auf den Weg in die Bundesrepublik gemacht. Die deutschen Gemeinden in Rumänien wurden immer kleiner. Aber es gab sie noch, die deutschsprachigen Menschen. Die 23-jährige Gerlinde gehörte dazu. Mit ihr kamen wir ins Gespräch, als wir an ihrem Kiosk in dem Ort Carta, auf Deutsch Kerz, Streichhölzer fürs Kochen kauften.

Gerlinde erzählte uns in perfektem Deutsch, wie es ihr erging. »Früher«, sagte sie, »lebten in der Gemeinde an die hundert deutsche Familien. Jetzt sind es nur noch fünf. Die meisten sind nach Deutschland übergesiedelt – auch weil sich Rumänen und Deutsche nicht immer gut verstanden haben. Ich will aber hierbleiben, obwohl das Leben in Rumänien nicht leicht ist. Mit meiner Arbeit im Kiosk verdiene ich umgerechnet 50 Mark. Da bleibt zum Sparen nichts übrig. Lebensmittel sind teuer geworden. Ein Brot kostet etwa 1 Mark – und mit dem Zug in die nahe gelegene Stadt Sibiu zu fahren, kann ich mir auch kaum leisten. Aber ich wohne bei meinen Eltern, deshalb komme ich mit dem Geld noch zurecht. Ich habe Freunde hier, Lillie und Marius. Die haben es noch schwerer. Keiner der beiden hat einen festen Job und so kommen sie mit ihren zwei kleinen Kindern Julia und Andrej mehr schlecht als recht über die Runden. Sie sagen, dass früher alles besser war, weil jeder seine Arbeit hatte und von dem Geld gut leben konnte. Jetzt sind die Fabriken geschlossen und es gibt viele Arbeitslose. Marius verdient nur mit Gelegenheitsjobs etwas Geld für sich und seine Familie. Morgen zum Beispiel: Da geht's für ihn wieder raus zur Kartoffelernte.«

Für mich ist es am spannendsten, wenn mir die Leute direkt erzählen, was bei ihnen los ist. Genau das liebe ich an meinen Fahrradtouren: die Menschen zu erleben, wie sie sind. Einen unverstellten Blick auf sie zu bekommen, das macht eine solche Reise aus.

Wir radeln nicht dorthin, wo die Einheimischen auf Touristen warten, dann schnell ihre traditionellen Gewänder hervorkramen, sie überwerfen und Tänze aus längst vergangenen Tagen zur Belustigung der Reisenden aufführen. Solche folkloristischen Darbietungen interessieren mich nicht, wenn sie nicht echt sind. Ich bin zwar Tourist, aber kein Kunde. Ich möchte einfach nur Gast sein. Entweder wir erleben vor Ort eine Tradition, die weiterhin existiert, oder wir erleben sie nicht. Ich möchte etwas von dem wirklichen Leben erfahren und keinen romantisierenden Blick aufsetzen.

Traditionen in Swasiland

Im schwarzafrikanischen Swasiland zum Beispiel lebt die Tradition fort, zumindest sonntags. Als wir an einem Sonntag Ende 2005 dort waren, hatten sich viele Swasiländer in Schale geschmissen und traditionelle Kleidung angezogen. So auch der Mittdreißiger, der uns auf der Straße begegnete und uns mit einem strahlenden Lachen grüßte. Er hatte ein rot-schwarz-weißes, großes Tuch um den Oberkörper geworfen, dessen Enden über der rechten Schulter zusammengeknotet waren. Auf seinem ordentlich gemusterten Tuch war der traditionelle Kampfschild der Swasiländer aufgedruckt. In seiner Hand hielt er einen hölzernen Stock mit einem Knauf am oberen Ende, wie ein Zepter. Aber das machte er nicht, weil er Touristen etwas bieten wollte und damit ein bisschen Geld verdienen konnte. Es gehörte zu seinem Leben dazu.

Wenn Hirten tanzen

Auch die singenden Hirten von Lesotho haben nicht extra für mich ein kleines Schauspiel hingelegt, nein, die waren einfach so, wie sie sich zeigten: Stevie und ich waren im Dezember 2005 in Afrika mit dem Fahrrad unterwegs, genauer gesagt in der Nähe von Malealea im Süden von Lesotho. Der kleine Staat, der ungefähr so groß ist wie Belgien und vollständig von Südafrika umschlossen ist, wird Königreich im Himmel genannt, weil dort alles in einer Höhe von mindestens eintausend Metern über dem Meeresspiegel liegt. Wir hatten zwar einen Ruhetag eingelegt, dennoch hatte ich mich aufs Fahrrad gesetzt, um einmal ohne das schwere Gepäck und ganz gemächlich die nähere Umgebung zu erkunden.

Ich radelte auf staubiger, unbefestigter Piste durch ein weites Tal und hatte dabei eine grandiose Sicht auf die bis zu 3.000 Meter hohen Drakensberge. Ich beschloss, eine Pause einzulegen, lehnte mein Rad an die Bergwand und kletterte auf allen vieren den steilen Hang hinauf. Ich setze mich ins karge Gras und ließ meinen Blick über das wunderbare Panorama der zerklüfteten, schroffen, grau-grünen Berge in der Ferne und die vielen mit Gras bewachsenen Hügel schweifen. Atemberaubend schön! Wie bei einem Flickenteppich lagen einige braune Flächen dazwischen – das waren die Felder, auf denen Ackerbau betrieben wurde. Unten im Tal standen vereinzelt Sträucher und Büsche. Ich sog die frische Luft ein und lauschte der Stille.

Während ich vor mich hin träumte, vernahm ich plötzlich Musik. Ich spitzte die Ohren und registrierte zweistimmigen Gesang; zunächst noch in weiter Ferne, dann kam er langsam immer näher. Sehen konnte ich zunächst niemanden. Doch schließlich tauchten hinter dem Hügel, um den die Straße herumführte, zwei Jugendliche auf: einer lang und dürr, der andere einen Kopf kleiner. Beide trugen eine Mütze, helle Gummistiefel und Jeans. Der Kleinere hatte ein löchriges T-Shirt an

und über seinen Schultern lag ein für die Region sehr typischer braun-beiger Umhang mit Tierfellmuster. Der große Dürre trug ein quergestreiftes T-Shirt und ein blaues Sweatshirt war um seine Hüften geschlungen.

Mit tänzelnden Schritten und dazu lautstark singend, kamen sie den Weg entlang. Es waren zwei Hirten. Ihnen folgten ungefähr 15 braun-weiße Kühe, die sich am Buschwerk zu schaffen machten.

Bis zu diesem Moment kannte ich Hirten nur als regungslos in der Gegend herumstehende Männer, die höchstens mal einen Stein nach ihren Tieren warfen. So vergnügte Exemplare wie diese hatte ich noch nie gesehen. Was die zwei da zeigten, war eine richtig tolle Show.

Sie könnten als die »Singing herders« auftreten, dachte ich und hätten sicher großen Erfolg damit. Zweistimmig sangen sie ihre afrikanischen Lieder, was einfach grandios klang. Sie bewegten sich dabei so geschmeidig, dass ich sicher war: Das animiert das liebe Vieh dazu, die beste Milch zu produzieren, die man sich nur vorstellen kann. Welche Kuh bekommt schon solch ein Unterhaltungsprogramm geboten? Begeistert lauschte ich heimlich den beiden.

Lange blieb ich unentdeckt, doch als die beiden Hirten mein Fahrrad unten am Weg sahen, blieben sie stehen, schauten sich um und erspähten mich. Ich stand auf und lief zu ihnen hinunter. Als ich vor ihnen stand, den Daumen hob und so etwas sagte wie »very good music«, da lachten sie. Englisch konnten sie nicht, aber sie beherrschten ja die universelle Sprache der Musik. Als ich anfing ein paar Tanzschritte auf das schotterige Parkett zu legen, lachten sie noch mehr, fingen wieder an zu singen und ermunterten mich weiterzumachen. Ich reihte mich ein und tanzte mit ihnen die staubige Straße entlang.

Ich hoffte, dass die Kühe durch meine Tanzeinlage nicht weniger oder schlechtere Milch gaben. Mir machte es einfach Spaß mit den beiden Hirten aus Lesotho die holprige Piste entlangzutänzeln. Wieder war kein Gespräch möglich, aber wir verstanden uns auch ohne große Worte.

Mein geordnetes Leben

Solche Begegnungen bringen mich näher an Menschen, die mir normalerweise völlig fremd bleiben würden. Es ist ein Gefühl, Schranken zu durchbrechen. Schranken, die durch die unterschiedliche Herkunft entstehen, durch die unterschiedliche Sprache, unterschiedliche Kulturen.

Auf der einen Seite sind es Jugendliche aus einem Land, in dem es offenbar nicht selbstverständlich ist, dass zwei junge Kerle in die Schule gehen, anschließend ihre Hausaufgaben erledigen und dann ihre Freizeit genießen. Stattdessen müssen offenbar auch sie ihren ganz praktischen Teil dazu beitragen, dass die Familie über die Runden kommt. Auf der anderen Seite stand ich als Mann aus Europa, der sich einen Flug nach Afrika und vier Wochen Nichtstun leisten konnte.

Wie komplett unterschiedlich Lebenswege sein können! Ich habe das Privileg, im wohlhabenden Teil der Erde aufgewachsen zu sein. In was für geordneten Bahnen bei mir alles verlief: Schule mit Abitur, Studium der Volkswirtschaftslehre, mein erster Job bei Radio FFB im bayerischen Fürstenfeldbruck, dann die Ausbildung beim NDR, anschließend Reporter und Nachrichtenredakteur beim Radio und jetzt Tagesschau-Sprecher und Moderator. Alternativ hätte ich wohl auch einen Job in der Hamburger Wirtschaftsbehörde bekommen, nachdem ich dort ein Praktikum absolviert hatte. Verschiedene Wege tun sich auf, um eine Ausbildung zu machen und einen Beruf zu erlernen. Uns bieten sich viele Möglichkeiten. Nun kann ich neben dem Beruf meinen Hobbys nachgehen und in den Urlaub fahren. Zum Beispiel nach Lesotho zu den beiden Kuhhirten.

Für sie verläuft das Leben ganz anders. Weil es offenbar in erster Linie ums tagtägliche Überleben geht, gibt es für sie Wichtigeres als ihre persönliche Entwicklung, ihre Ausbildung und ihre Interessen. Wer weiß, welche hervorragenden Talente und Fähigkeiten außer Tanzen und Singen bei ihnen brach liegen? Vielleicht steckten sogar kleine Genies in den beiden. Aber das werden wir höchstwahrscheinlich nie erfahren, denn sie sind in eine Welt hineingeboren, in der sie nicht entdeckt werden können und kein Musikmanager sie auf die große Konzertbühne holt.

Vielen Menschen bleibt nichts anderes übrig, als sich um ihr Vieh zu kümmern, ihre Felder zu bestellen oder mit einem anderen einfachen Job ihren Lebensunterhalt zu bestreiten. Mehr geht oftmals nicht.

Umso schöner war es zu sehen, dass die beiden Jugendlichen gut gelaunt ihre Kühe hüteten und mich beim Singen und Tanzen freudig in ihrer Mitte aufgenommen haben.

Arm aber glücklich?

Sind die Menschen, die wir auf den Touren treffen, glücklicher als wir in Deutschland? Diese Frage drängt sich auf, wenn ich auf Radreisen in ärmeren Regionen bin und oft in strahlende Gesichter blicke. Nicht nur die Hirten, auch andere Afrikaner in Swasiland und Lesotho vermittelten eine große Lebensfreude. Stevie und ich empfanden auch in Asien, vor allem in Laos, die Einheimischen als sehr gelassen und entspannt. Viele hatten ein Lächeln auf den Lippen, obwohl ihr Leben ganz sicher nicht nur fröhlich und leicht ist.

Die Menschen sind sicher überhaupt nicht glücklich, wenn ihnen die grundlegenden Dinge des Lebens fehlen: Wenn sie nicht ausreichend zu essen haben, kein sauberes Wasser und kein stabiles Dach über dem Kopf. Doch vielleicht litten die meisten Menschen, die wir trafen, diesen Mangel nicht, hatten das Überlebenswichtige und wirkten deshalb so zufrieden. Deutlich zufriedener zumindest als viele bei uns zu Hause, die oft viel zu griesgrämig dreinschauen. Oder täuschte das? Wir haben keine empirischen Erhebungen gemacht und es sind keine gesicherten Erkenntnisse, sondern nur Eindrücke, die wir von unseren Urlaubsreisen mitgenommen haben.

Vielleicht schaffen sie es, sich mit den Umständen gut zu arrangieren und nicht permanent mit ihrem Schicksal zu hadern. Dabei hätten sie vermutlich viel mehr Grund als wir, auf den Staat und seine Institutionen zu schimpfen, weil die Behörden sie häufig mit ihren Problemen alleinlassen. Sie scheinen sich aber zu sagen: Wir machen das Beste aus der Situation und versuchen zurechtzukommen. Wir helfen uns selbst.

Wenn diese Selbsthilfe gut funktioniert und sie sehen, dass sie die Herausforderungen aus eigener Kraft meistern, dann erwächst daraus vielleicht ein Gefühl der Zufriedenheit, vielleicht sogar des Glücks.

Auf sehr viel kleinerer Ebene erfahre ich das auf meinen Radtouren auch bei mir: Wenn ich am Ende einer Reise heil ans Ziel gekommen und durch schöne Landschaften gefahren bin, ausreichend zu essen und zu trinken organisieren konnte und immer ein Nachtlager gefunden habe, dann bin ich rundum zufrieden und kann sagen: Das habe ich trotz mancher Widrigkeiten zusammen mit meinem Reisepartner gut hinbekommen!

Sicher liegt es auch an der Gemeinschaft der Menschen in den Dörfern, dass sie glücklicher wirken. Sie sind angewiesen auf Oma, Opa, Mutter, Vater, Schwester, Bruder, Tante, Onkel und Nachbarn. Sonst hilft ihnen ja keiner. Da ist das soziale Netz geradezu überlebenswichtig. Das tägliche Miteinander ist intensiver als bei uns. In Swasiland sahen wir eines Abends in der Dämmerung eine Ansammlung von vielleicht 20 Leuten, die sich um ein kleines TV-Gerät scharte. Dazu surrte ein Generator eintönig vor sich hin und ich fragte mich, ob die Zuschauer überhaupt hören konnten, was aus dem Fernseher kam. Auch wenn kein Strom fließt, was in Afrika häufig vorkommt, und kein Fernsehgerät die abendliche Unterhaltung übernimmt, sitzen Alt und Jung beieinander. Das war früher so und hat sich in vielen Entwicklungsländern bis heute nicht geändert. Wenn dann hellhäutige Europäer auf Fahrrädern ins Dorf kommen, sind sie eine große Attraktion; selbst wenn sie nur einen kurzen Stopp einlegen, weil sie Wasser brauchen oder im kleinen Straßenladen Eier kaufen, um sich die Spaghetti zu verfeinern. Dann kommen alle Kinder gelaufen und ebenso viele Erwachsenen, die gerade nichts besser zu tun haben. Ich glaube, der zufriedene und sehr freundliche Eindruck, den wir von vielen Menschen gewonnen haben, ist zum Teil schlicht die Freude darüber, dass etwas Spannendes im Dorf passiert, wo sonst nicht viel los ist.

Denn nicht nur ich zehre von der Tanzeinlage mit den Hirten aus Lesotho, auch die beiden Showtalente haben davon sicher ihren Familien und Freunden begeistert erzählt. Auch für sie war es vermutlich ein einmaliges Erlebnis. Zumal die beiden vermutlich ebenso wenig wie viele ihrer Landsleute sonderlich weit herumkommen und gerade mal die Dörfer der näheren Umgebung kennen. Da kann es etwas sehr Besonderes sein, Fahrradtouristen aus Deutschland zu treffen.

Ich glaube aber auch, dass wir auf unseren Reisen deshalb in so viele freundliche Gesichter blicken konnten, weil intensives menschliches Miteinander auf Dauer beglückender ist als ein neues Auto oder die neue Einbauküche. In unserer westlichen Welt versuchen wir aber manchmal genau damit uns ein Ersatzglück zu basteln, denn viele vermissen den Zusammenhalt. Aber das ist wohl der Preis, den wir für unseren Wohlstand zahlen. Wir sind zu Einzelkämpfern geworden und boxen uns allein durch. Jeder kümmert sich zunächst um sich selbst, dann folgen in der Rangliste die Familie und irgendwann auch Freunde und Bekannte. Und wenn etwas schiefgeht, dann können wir meistens sicher sein, dass uns der Staat zumindest mit dem Nötigsten zur Seite springt. Wir sind also nicht darauf angewiesen, dass uns andere Menschen beistehen. Möglich, dass wir auch deshalb die anderen nicht immer als Mitmenschen sehen, sondern oft als Konkurrenten. Es wäre doch besser, den Egoisten und Hedonisten in uns öfter mal ruhen zu lassen, auch wenn es in dieser Ellenbogengesellschaft nicht leicht fällt. Mir hilft es bei der Beurteilung der eigenen Lage, einen etwas hinkenden Vergleich anzustellen: wenn ich meine Situation mal nicht am Status der Nachbarn, Bekannten, Freunde und Verwandten messe, sondern an dem der Menschen in ärmeren Ländern. Stattdessen wird viel zu schnell geschimpft, sich beklagt und griesgrämig dreingeschaut; sicher auch deshalb, weil ich in meiner Umgebung immer jemanden finde, der mehr hat als ich. Wenn ich mich nur daran orientiere, dann fällt es schwerer, sich über Erreichtes zu freuen.

Laotische Idylle

In Laos sah es häufig nach Idylle aus. Die Straße, die aus der Hauptstadt Vientiane in den Norden bis an die Grenze zu China führt, ist ein einziges großes Dorf. Eine so ruhige Hauptstraße habe ich noch nie erlebt. Sie ist vor allem Fußweg und Spielplatz sowie Tummelplatz für Hühner und Hängebauchschweine. Die Dörfer lagen oft in schöner Landschaft: Die auf mannshohen Pfählen stehenden Häuser aus dunklem Holz und mit Wänden aus dünnen Bambusmatten oder breiten Brettern standen verteilt zwischen Bäumen und Büschen. Sanfte grüne Hügelketten bildeten die Kulisse.

Scharen von Kindern liefen herum, die auch ohne Playstation ihren Spaß hatten. Wenn sie uns vorbeifahren sahen, dann erschallte aus allen Ecken und Enden des Dorfes ein lautes »Sabai Dii«, was so viel heißt wie »Hallo«. Wir grüßten natürlich zurück, obwohl es schon etwas anstrengend wurde, als wir über

mehrere Kilometer durch bewohntes Gebiet fuhren und die permanenten »Sabai Dii«-Rufe kein Ende nehmen wollten.

Die Laoten standen bis zu den Knien im Flusswasser, um sich selbst oder ihre Wäsche zu waschen. In vielen Dörfern gab es eine zentrale Wasserquelle, die oftmals so aussah: Als Untergrund dient eine Betonfläche von vielleicht vier Quadratmetern, an deren Rand ein Betonpfeiler aus dem Boden ragt. Aus diesem wiederum lugt das Ende eines Wasserschlauchs. Hier holten sich die Menschen mit ihren Eimern das Wasser ins Haus oder sie wuschen sich an Ort und Stelle. Wir bedienten uns natürlich auch und sorgten immer für einen kleinen Menschenauflauf. Vor allem die Kinder kamen in Massen, aber auch Erwachsene näherten sich und warfen einen Blick auf uns und unsere Fahrräder. Mal sprachen sie uns an, mal fragten wir etwas, zum Beispiel, ob wir den Brunnen benutzen durften oder ob wir auf dem richtigen Weg sind. Das machten wir manchmal auch nur, um ein wenig mit den Leuten ins Gespräch zu kommen.

Stress schien es hier nicht zu geben. Die Atmosphäre erinnerte mich an Heinrich Bölls Geschichte von dem ärmlich gekleideten Fischer, der gemütlich in seinem Boot döst und von einem Touristen angesprochen wird. Der macht ihm den Vorschlag, er solle aktiv werden, mit dem Boot hinausfahren, eine Menge Fisch fangen, mit dem Verkauf Geld verdienen, um sich weitere Boote zu kaufen, noch mehr Geld verdienen, noch mehr und bessere Boote kaufen und noch mehr Fische fangen, um richtig reich zu werden. Dann könnte er ganz gemütlich auf seinem Boot liegen und aufs Meer blicken. Der Fischer antwortete, dass er genau das schon jetzt mache.

Die Uhren ticken anders

Der Drang nach immer mehr hat uns erst zu dem Reichtum gebracht, den wir haben. Aber wozu die ganze Hektik, wenn ich mich auch an den kleinen und einfachen Dingen des Lebens erfreuen kann? Ich hatte gemerkt, dass ich genau das zu Hause viel zu selten tat. Auf Tour freute ich mich plötzlich unbändig über scheinbar banale Dinge wie einen Gebirgsbach mit sauberem Wasser, und über den klaren Sternenhimmel. Und worüber freue ich mich zu Hause? Da habe ich für Kleinigkeiten oft keinen Sinn. Stattdessen hetze ich durch das Leben und klage über Stress. Viele von uns arbeiten ruhelos und meinen, von allem immer mehr zu brauchen, um zufrieden zu sein: mehr Geld, ein schickeres Auto, eine luxuriösere Reise, teure Klamotten. Wir versuchen, uns das Glück zu kaufen, aber die Dosis muss stetig erhöht werden. Ist das die richtige Orientierung? Wohl kaum.

Für mich waren Eindrücke wie in Laos wichtig. Das Leben hat dort einen anderen Rhythmus, Zeit eine andere Bedeutung, es geht nicht um Minuten oder gar Sekunden. Zeit ist Geld – das Motto kennt dort vermutlich niemand.

Nicht, dass ich demnächst in Sack und Asche gehe, mein Auto verschrotten lasse und der materiellen Welt entsagen werde. Aber Zufriedenheit und Glück sind sicher woanders zu finden als beim Streifzug durch Kaufhäuser. Ich kenne die Annehmlichkeiten meines Alltags in Europa, die mir bei einem Leben in Laos oder Lesotho auf Dauer fehlen würden. Aber ich weiß, dass mich das, was ich mit Geld kaufen kann, allein nicht glücklich macht.

Materieller Reichtum kann helfen, aber er ist nicht alles, was ich zum Glück benötige. Deshalb stelle ich mir oft die Frage, was ich eigentlich erreichen möchte und welchen Preis ich dafür zu zahlen bereit bin. Für mich ist klar, dass ich nicht im Strudel der Hektik untergehen, sondern auch im Alltag ruhige Nischen finden möchte.

Das fällt auch mir nicht leicht, denn was immer ich angehe: Ich möchte ganz vorn mitmischen, Ehrgeiz treibt auch mich an. Ich arbeite gerne und viel, doch ich nehme mir auch Zeit fürs Innehalten. Denn obwohl die Arbeit viel Spaß macht: Ab einem bestimmten Pensum geht der Spaß in Stress über.

Gedanken über die Zufriedenheit oder gar das Glück in ärmeren Regionen sind zwiespältig. Ich möchte die Realität nicht aus dem Blick verlieren und zum Sozialromantiker werden. In Afrika liegen die ärmsten Länder der Erde, viele Menschen in Laos, Lesotho oder Pakistan sind bitterarm und wünschen sich mehr als das, was sie haben: fließendes Wasser im Haus, eine Waschmaschine, regelmäßigen Strom, sie würden gerne verreisen und benötigen Ärzte in ihrer Nähe. Die Sorgen um die Familie und die Zukunft sind sicher größer als bei uns und vermutlich würden die meisten sofort mit uns tauschen, wenn sie könnten. Mit uns, die wir in dieser vermeintlich schönen, bunten, reichen Welt leben.

Immer locker bleiben

Komme ich von Radreisen nach Deutschland zurück, frage ich mich oft, warum sich viele bei uns bei jeder Gelegenheit über alles und jedes beklagen. Worüber regen wir uns eigentlich auf? An der Kasse im Supermarkt geht es nicht schnell genug, der andere Autofahrer fährt wie ein Idiot und der Nachbar hat das Fahrrad in den Hausflur gestellt, obwohl es da viel zu eng ist.

Nach meiner Tour durch Laos, China und Vietnam 2004 gab es eine Situation am Frankfurter Flughafen, bei der ich dachte: Jawohl, du bist wieder zu Hause. Nachdem wir das Flugzeug verlassen hatten, mussten wir zur Passkontrolle. Dort saßen zwei Beamte an einem Schalter, die die Passagiere kontrollierten. Zwei Schlangen hatten sich vor ihnen gebildet. Nach einem kurzen, aber intensiven vergleichenden Blick zwischen Passfoto und Passagiergesicht wurde man durchgelassen. Plötzlich klingelte am Tisch eines der Beamten das Telefon. Er ging ran, und als er nach dem sehr kurzen Gespräch auflegte, stand er auf und bat die Wartenden seiner Schlange sich in die seines Kollegen einzureihen. Er müsse leider dringend weg, sagte er noch und verschwand.

Sofort erhob sich ein Stimmengewirr, aus dem ich Worte wie »unmöglich«, »unfassbar« und andere Klagen vernahm. Ich konnte es nicht glauben, dass die Menschen, die doch zum Großteil gerade erst aus dem Urlaub gekommen waren, sofort unwirsch wurden. Vielleicht waren einige dabei, die einen Anschlussflug bekommen mussten, o.k., aber sicher nicht alle.

»Warum bleiben die nicht gelassener?«, wunderte ich mich. Wann, wenn nicht unmittelbar nach ihrer Rückkehr aus den »schönsten Wochen des Jahres« ist man ausgeglichen und entspannt? Wahrscheinlich gingen die meisten davon aus, dass der gute Mann nicht wegen einer dringlichen Angelegenheit, sondern nur zum Frühstück gerufen wurde. Vielleicht war ihnen aber auch völlig egal, weshalb der Beamte weggegangen war. Sie waren genervt, weil sie jetzt etwas länger auf Durchlass warten mussten. Das fanden sie offenbar inakzeptabel.

Ich verstand diesen Unmut nicht und erinnerte mich an unsere, einige Wochen zurückliegende Abfertigung an der vietnamesischen Grenze. Es hatte mehrere Stunden gedauert, bis wir endlich aus China kommend von den vietnamesischen Grenzern durchgelassen wurden. Das lag unter anderem daran, dass die Herren sehr vertieft waren in die großartigen Spielmöglichkeiten, die ihnen ihr Handy bot. Davon, diese auszuprobieren, ließen sie sich auch nicht durch zwei Radtouristen abbringen, die sehr gerne zügig weitergefahren wären. Selbst wenn wir wütend und laut geworden wären: Es wäre nicht schneller gegangen. Eher das Gegenteil ist wahrscheinlich. Sie kümmerten sich erst um unser Anliegen, als der eine den neuen Highscore aufgestellt hatte. Die beiden jubelten noch, feierten die grandiose Leistung beim Handy-Spiel mit einem »Give-me-five« und schauten sich dann endlich unsere Pässe an. Sich gegen die dürftige Arbeitsauffassung zu wehren und sich zu beschweren hätte überhaupt nichts genutzt. Die Beamten hatten die Macht, uns so zu behandeln, wie sie wollten, und ließen sich insgesamt fast drei Stunden Zeit. Welch eine Willkür! Uns nervte diese Anekdote nicht so sehr, weil wir im Urlaub waren und alles locker angehen ließen. Aber nach solchen Erfahrungen weiß ich zu schätzen, dass es in Deutschland meistens anders zugeht.

Mit dieser Erinnerung im Hinterkopf war ich schwer begeistert davon, wie schnell wir hier in Deutschland abgefertigt wurden. Denn auch mit einer einzigen Warteschlange dauerte es nur wenige Minuten, bis wir die Passkontrolle hinter uns hatten. Wo also war das Problem?

Ich finde es grandios, wie zügig und reibungslos bei uns

vieles abläuft und bleibe zumeist ruhig. Wenn Oma an der Supermarktkasse langatmig nach Kleingeld kramt oder der Autofahrer vor mir nicht innerhalb einer Sekunde nach Aufleuchten der grünen Ampel aufs Gaspedal drückt, dann ist das nicht weiter schlimm. Denn es geht noch viel, viel schlimmer.

Warten auf den Herrn der Stempel

Sehr lange mussten wir in Pakistan auf unseren Einreisestempel warten – auf unserer Fahrt mit dem Rad über den Karakorum-Highway von China nach Pakistan im Jahre 2001.

Wir hatten den Kunjherab-Grenzpass in 4.800 Metern Höhe bewältigt und kamen nun in die pakistanische Stadt hinter der Grenze. In Sost wollten wir unseren Einreisestempel abholen. Doch in dem kleinen Häuschen saß niemand, der uns abfertigen konnte. Als wir etwas ratlos vor dem verlassenen Gebäude standen, wurden wir von einem Mann angesprochen, der uns

fragte, was wir wollten. Nachdem er unseren Wunsch gehört hatte, erzählte er uns, dass der Herr, der die Stempel austeilt, erst in ein paar Stunden zurückkommt. Er schlug uns vor, wir könnten uns nicht weit von hier zu ihm und seinen Kumpels, allesamt Ladeninhaber, an die Straße setzen und warten. Gesagt, getan. Wir gesellten uns zu den vier Männern, die vor ihren jetzt zur Mittagszeit geschlossenen Läden hockten, Zeitung lasen oder sich das Treiben auf der Straße ansahen. Sie erzählten uns, dass der Grenzbeamte an diesem Übergang nur dann in Aktion treten musste, wenn die beiden täglichen Busse fuhren: Einer am Morgen nach China, der andere am Nachmittag zurück nach Pakistan. Die Grenze zwischen China und Pakistan darf man sich nicht so vorstellen, dass dort ein permanenter Grenzverkehr herrscht. Es gab nur diese beiden Busse, die die Menschen ins jeweils andere Land brachten und ein paar Lastwagen. Ansonsten herrschte hier tote Hose. Privatreisende waren so gut wie gar nicht unterwegs. Wozu also sollte hier ständig ein Grenzbeamter herumsitzen, wenn er kaum etwas zu tun bekam? Und mit uns konnte er nicht rechnen. Die Uhren liefen in dieser Gegend halt langsamer.

Mit den Männern unterhielten wir uns ein wenig auf Englisch über Belanglosigkeiten und nutzten die Zeit für eine kleine Mahlzeit. Daraufhin schickten die Männer einen Jungen, der in der Nähe spielte, ein Brot kaufen, denn davon hatten wir nicht mehr viel. Wie freundlich! So warteten wir in angenehmer Gesellschaft auf die Rückkehr des Stempel-Mannes, der zwei Stunden später endlich auftauchte. Er hatte einen mächtigen Vollbart, trug eine grüne Uniform und ließ sich viel Zeit, bis er uns alle nötigen Stempel in unsere Pässe drückte. Er betrachtete unsere Ausweise sehr intensiv und interessierte sich vor allem für die Visa früherer Reisen nach Estland, Lettland, Rumänien und in die Ukraine und entließ uns anschließend mit einem freundlichen Lächeln.

Im Urlaub entspannt zu sein ist natürlich einfacher als im Alltag, wo auch ich Terminhatz und Druck erlebe und Gefahr laufe, gestresst und genervt zu sein. Ich werde mitgerissen vom Strom und lande in einem Rhythmus, der wenig Spielraum für

Gemächlichkeit lässt. Der vorgegebene Takt ist in der Heimat ein anderer als auf dem Lande in Pakistan oder China. Dennoch versuche ich etwas von der im Urlaub gewonnenen Gelassenheit mitzunehmen.

Mit Gelassenheit meine ich auch, mehr Dinge zu akzeptieren, wie sie sind und sich zu sagen: So hatte ich es mir zwar nicht vorgestellt, aber ich kann mich auf die Situation einstellen und mich damit arrangieren. Nicht immer geht alles so reibungslos wie ich es gerne hätte, aber davon geht die Welt nicht unter. Kann man dabei nicht eine gewisse Kreativität mitnehmen, weil es auch andere Wege gibt, auf denen man zum Ziel kommt? Noch dazu ist es gesünder, sich nicht über alles und jeden aufzuregen und sich stattdessen mehr über Erreichtes zu freuen. Vielleicht gibt es ja noch eine entschleunigte Lebensvariante, die uns glücklicher oder zumindest zufriedener macht.

AIDS: Alltag in Lesotho

In Lesotho fuhren wir bei Khabo einen Fluss entlang durch ein wunderschönes, liebliches Tal, in dem verstreut die typischen kleinen Rundhütten mit Strohdach standen. Die Menschen versorgten sich offenbar zu einem großen Teil selbst, denn die meisten hatten ihren eigenen Garten und ein paar Nutztiere – vor allem Kühe, Schafe und Ziegen.

Es war eine schöne Tour auf einer holprigen Schotterpiste, die dennoch recht gut zu befahren war, weil die Steine auf dem Weg nicht so groß waren und die Schlaglöcher nicht allzu tief. Das Tal war fruchtbar, hier standen viele Bäume und Büsche. Schaf- und Ziegenherden liefen umher, Bauern pflügten mithilfe von Ochsen ihre Äcker. Wir kamen an zwei großen, neueren Gebäuden vorbei. Sie waren aus Naturstein gebaut und mit in der Sonne silbrig glänzenden Spitzdächern versehen. Es war eine Schule.

Die Kinder hatten gerade Pause und spielten draußen. Als sie uns sahen, winkten sie und riefen uns etwas zu. Eine Lehrerin wurde auf uns aufmerksam und kam mit wedelnden Armen die kleine Böschung zur Straße heruntergelaufen. Sie bat uns anzuhalten.

»Hallo!«, rief sie auf Englisch, »woher kommt ihr?«

»Hallo!«, grüßten wir zurück und stiegen von unseren Rädern. »Wir sind aus Deutschland.«

Die Lehrerin klatschte begeistert in die Hände und lachte. »Großartig! Habt ihr Lust, meinen Schülern etwas zu erzählen über das Leben bei euch in Deutschland? Sie wissen darüber nichts und die meisten waren noch nie außerhalb dieses Tals. Wenn ihr ihnen erzählt, wie es bei euch aussieht, könnten sie einiges lernen.«

Wir willigten gern ein, denn wann erlebt man schon mal Schüler und eine Schule in Lesotho? Es gab ein großes »Hallo« unter den etwa 8- bis 15-jährigen Kindern, als wir mit unseren bepackten Rädern zu ihnen kamen und sie begrüßten. Ein heilloses Stimmengewirr und Gekicher war das. Bevor wir der Bitte ihrer Lehrerin nachkamen, gab es für uns eine Willkommenseinlage. Die Kinder stellten sich auf dem Schulhof in Reih und Glied und sangen aus voller Kehle afrikanische Lieder. Ein Konzert nur für uns, etwas ganz Besonderes und Anrührendes. Danach waren wir an der Reihe. Ich stellte mich vor die Schüler, bedankte mich für die beiden Lieder und erzählte, woher wir kamen und was wir machten. Ich musste erst einmal nachdenken und fragte mich, was die Mädchen und Jungen interessieren könnte. Ich erzählte, dass ich Journalist bin und beim Fernsehen Nachrichten schreibe und vorlese und dass Stevie als Sozialpädagoge arbeitet und sich um junge Menschen kümmert. Bei uns in Deutschland war jetzt Winter und während wir hier in der Sonne standen und schwitzten, war es in Deutschland eisig kalt und vielleicht bedeckte eine weiße Schneeschicht das Land. Schnee, den es hier in Lesotho nur hoch oben in den Bergen gab. Ich erzählte, dass wir aus einer Stadt namens Hamburg kommen, die einen großen Hafen hat. Hochhäuser und Einfamilienhäuser stehen viel enger beieinander als hier in Lesotho, überall findet man Geschäfte, um einzukaufen, manchmal sind so viele Autos auf den Straßen, dass sie kaum vorwärtskommen und wer Natur erleben möchte, der kann in einen der vielen Parks in Hamburg gehen. Dann erzählte ich noch, dass fast zwei Millionen Menschen dort auf engem Raum zusammenleben – fast so viele wie in ganz Lesotho. Dazu verteilte ich ein paar Postkarten mit Hamburg-Motiven, die ich auf meinen Touren immer dabeihabe. »Auf dem Land gibt es bei uns ähnliche Kühe wie hier«, meinte ich weiter, »nur sind unsere viel fetter, weil sie hochgezüchtet sind. Und wir essen gerne Kartoffeln und Fleisch. In zwei Wochen kehren wir wieder zurück nach Deutschland – und zwar mit dem Flugzeug, das ungefähr 13 Stunden braucht von Kapstadt in Südafrika bis nach Hamburg.« Sie hörten interessiert zu und fragten, wie weit wir jeden Tag mit dem Rad fahren würden und wohin wir als Nächstes wollten. Als wir auch die Fragen beantwortet hatten, gab es Applaus und ein Dankeschön der Lehrerinnen.

Einige der Kinder ergriffen unsere Hände und zogen uns hinter sich her. Sie zeigten uns stolz ihre Klassenräume. An der unverputzten Wand aus rotem Ziegelstein hingen bunte Bilder der Schüler, schlichte Tische und Bänke standen darin und auf einer schwarzen Tafel stand das Wort »Religion«.

Als wir uns verabschiedeten, erzählte uns eine der drei Lehrerinnen Schockierendes. Die meisten der Schülerinnen und Schüler hatten keine Eltern mehr, meinte sie, weil diese an AIDS gestorben waren. Die Kinder lebten deshalb meistens bei Verwandten; bei den Großeltern oder bei Tanten und Onkeln, die die Krankheit noch nicht erwischt hatte.

Das passte zu dem, was ich gelesen hatte über AIDS in Afrika und über das unvorstellbare Ausmaß. Ich hatte es mit Schaudern registriert. Nun sah ich es mit eigenen Augen und erlebte die Katastrophe hautnah. Wahrscheinlich waren viele der Schulkinder selbst infiziert. Die AIDS-Rate soll hier in Lesotho bei unvorstellbaren 40 Prozent liegen, die Lebenserwartung bei 34 Jahren. Es war augenfällig: Irgendwie fehlten die »mittelalten« Menschen. Viele Kinder liefen hier herum, auch viele Alte, aber wo waren all die 30- bis 50-Jährigen hin? Die Antwort hatte vier Buchstaben: AIDS.

Helfen: aber wie?

Als wir davonfuhren, schaute ich mit einem beklommenen Gefühl noch einmal zurück zu den Schulkindern von Lesotho, die winkend und rufend vor ihrer Schule standen und uns überaus herzlich verabschiedeten. Ich winkte lachend zurück, doch im Grunde war mir mulmig zumute. Ich dachte daran, diese Kinder nun wieder mit ihren Problemen allein zu lassen. Für mich war das hier Urlaub und Entspannung. Ich hatte noch ein paar Wochen Südafrika vor mir, wollte ein paar schöne Tage verleben und würde dann wieder zurück nach Deutschland in meine Oase fliegen. Ich hätte den Kindern gern geholfen, aber wie? Sollten wir ihnen Geld dalassen? Was würden sie damit anfangen? Ich war skeptisch, denn eine der Lehrerinnen hatte mich gefragt, ob ich ihr etwas Geld für ihren Sohn gebe, damit der auf eine höhere Schule wechseln könne. Am besten wäre es gewesen, wenn wir Schulhefte und Füller oder Bleistifte dabeigehabt hätten. Hatten wir natürlich nicht. So überließ ich den Kindern die Hamburg-Postkarten, die sie in ihre Schulräume hängen konnten. Immerhin gingen sie in eine Schule, tröstete ich mich. Das war schon mal nicht schlecht und nicht selbstverständlich.

Für meine Kinder wird es keine Frage sein, ob sie zur Schule gehen oder nicht. Selbstverständlich werden sie erst dann arbeiten müssen, wenn sie alt genug sind. Ihnen wird erspart bleiben, frühzeitig für den Unterhalt ihrer Familie zu sorgen. Ein ungeheures Privileg.

Als die Schule außer Sichtweite war, war ich zwar dankbar, dass für uns solche Probleme weit weg sind, aber dabei wollte ich es nicht belassen. Durch arme Länder radeln, sich vergewissern, dass andere in Armut und schlimmen Verhältnissen leben und dann daraus Kraft saugen und gut gelaunt nach Hause zurückkehren, weil ich selbst in Saus und Braus lebe – das konnte nicht alles sein, was ich von den Radtouren mitnehme.

Ich will mich nicht mit all den Sorgen und Nöten dieser Welt beladen, aber ich möchte den Menschen zumindest ein bisschen helfen, die weit weg von mir leben und das Pech haben, es wesentlich schwieriger zu haben als ich – und sei es nur mit regelmäßigen Spenden. Hilfsorganisationen wissen hoffentlich, wie einem Land und dessen Menschen ganz konkret und nachhaltig geholfen werden kann.

»Ich bin nicht nur gesund, ich habe auch noch ein Zuhause mit fließendem Wasser, heiß und kalt. Sturm und Regen können meinen vier Wänden nichts anhaben, denn sie sind nicht aus Lehm, Stroh und Wellblech. Ich habe eine Heizung, die mich an kalten Tagen wärmt. Noch dazu steht ein schickes Auto vor meiner Tür«, rumorte es in meinem Kopf. Nach Begegnungen wie der an der Schule, wurde mir immer klarer: Das waren alles keine Selbstverständlichkeiten. In unserem turbulenten Alltag registriere ich das nur nicht richtig.

In Maßen genießen

Ich will keine Äpfel und Birnen miteinander vergleichen. Aber ab und an blicke ich auf das, was ich auf meinen Reisen gesehen habe und weiß, dass ich es verdammt gut getroffen habe. Auch mit meinem Beruf. Die Veranstaltungen, zu denen ich manchmal eingeladen werde, sind das Sahnehäubchen in einem Leben, das für den Großteil der Menschheit unvorstellbar ist. Wie chic und nobel es da zugeht, welche Köstlichkeiten da aufgefahren werden! Das ist alles ganz wunderbar und bedeutet allerhöchsten Genuss. Aber das ist nicht das normale Leben.

Ich möchte auf diesen Luxus nicht verzichten. Aber ich möchte ihn auch nie als etwas Selbstverständliches hinnehmen und glauben, dass das so sein muss, dass mir das zusteht.

Deshalb ist es das Beste, diesen Luxus in Maßen zu genießen und ihn auch als Luxus zu begreifen. Dann bleibt er ein Genuss und ich weiß ihn zu schätzen. Ein feines Abendessen soll für mich immer etwas Besonderes bleiben. Diese Wertschätzung möchte ich mir erhalten.

Hätte ich mich auf solche Radtouren, die mit Verzicht zu tun haben, auch dann eingelassen, wenn ich damals kein Student mehr gewesen wäre, sondern ausreichend Geld verdient hätte? Wie gut, dass ich diese Frage nicht wirklich beantworten muss. Ich glaube aber, es ist schwierig, von einem hohen Ross herunterzukommen und auf einen Drahtesel umzusteigen. Sprich: Wenn ein gewisser Standard an Annehmlichkeiten erreicht ist, fällt es umso schwerer, sehr einfach zu leben – und sei es auch nur für vier Wochen.

Nicht zu wissen, auf welchem Flecken Erde man die kommende Nacht verbringt, sich darum kümmern zu müssen, genügend Wasser zu haben, in verschmutzte und vollgeschwitzte Kleidung zu steigen, kiloweise Gepäck aus eigener Kraft auf dem Rad über hunderte Kilometer zu transportieren – diese Schwierigkeiten hätte ich mir vielleicht ersparen wollen. Mit dem Auto oder als Pauschaltourist ist Urlaub einfacher.

Meinen ungestillten Bewegungsdrang hätte ich nicht unbedingt bei einem Fahrradurlaub ausleben müssen, dafür hätte mir vielleicht ab und an ein Triathlon und ein Radrennen genügt. Meine beiden sportlichen Highlights eines jeden Jahres sind schon seit langer Zeit das große Radrennen in Hamburg und der alljährliche Hamburger Triathlon. Darauf trainiere ich jedes Jahr hin. Diese beiden Ereignisse geben mir die Motivation, mich zu bewegen, auch wenn ich dazu nicht immer Lust habe.

Vielleicht hätte ich als Tagesschau-Sprecher und Fernsehmoderator erst recht »Ja« zu Radreisen gesagt, weil ich es genossen hätte, mal wieder etwas schmuddeliger sein zu dürfen; als Gegenpart zum Leben als immer perfekt gekleideter Sprecher und Moderator. So gern ich schöne Anzüge und Hemden trage, so gern bin ich auch leger gekleidet. Viele Zuschauer können es sich vermutlich gar nicht vorstellen, dass wir durchaus etwas anderes anhaben als Anzug und Krawatte. Aber es ist tatsächlich so: Auch wir tragen in unserer Freizeit mal Jeans und T-Shirt – oder Sportkleidung.

Tagesschau-Sprecher in Radlerhosen

Beim Hamburger Radiosender NDR 90,3 habe ich 1996 als Nachrichtenredakteur und Reporter angefangen. Das hieß, ich konnte in Jeans und T-Shirt oder im Hemd bei der Arbeit erscheinen, auch ein Dreitagebart war kein Problem.

Seitdem ich im Jahr 2000 beim Fernsehen anheuerte, sieht das anders aus. Die damalige Chefsprecherin der Tagesschau, Dagmar Berghoff, hatte eine eigene Unterhaltungssendung bei NDR 90,3. Dort liefen wir uns des Öfteren über den Weg. Die Grande Dame der Nachrichten hatte zuvor schon meine Stimme im Radio gehört und lud mich nach der persönlichen Begegnung einfach mal zu einem Casting bei der Tagesschau ein.

Ich hatte vorher nie daran gedacht, zum Fernsehen zu wechseln. Meine Welt war immer das Radio, denn ich fand es grandios, dass ich ohne großen Aufwand, nur mit dem Mikrofon in der Hand, den Menschen erzählen konnte, was sich vor meinen Augen abspielte, vor den Augen des Reporters vor Ort.

Dagegen ist es aufwendig, einen Fernsehbeitrag zu erstellen: Ich fahre mit einem Team aus Kameramann, Licht- und Tontechniker an den Ort des Geschehens, lasse später die Bilder von einem Cutter zu einem Film zusammenschneiden, dann wird der Text geschrieben und abschließend der Film vertont. Das fand ich immer eher mühsam, auch als ich dieses Handwerk in meinem Volontariat beim NDR lernte. Ich wollte immer Radio machen.

Bis das Casting kam. Es lief besser als erwartet, und so war ich völlig unverhofft Tagesschau-Sprecher und durfte Millionen von Fernsehzuschauern die Neuigkeiten aus Deutschland und der Welt verkünden. Bei der Tagesschau! Der erfolgreichsten und beliebtesten Nachrichtensendung im deutschen Fernsehen! Unfassbar! Welch eine Ehre! Seitdem ist es Pflicht, frisch rasiert zu sein, Hemd, Krawatte und Anzug zu tragen und die Haare müssen sitzen. Alles muss picobello aussehen.

Auf Fahrradtouren ist das äußere Erscheinungsbild natürlich komplett egal. Auf Schönheit kommt es nun wirklich nicht an. Im Gegenteil: Ich nehme gerne uralte Hemden und T-Shirts mit und trage sie auf.

Ich könnte natürlich auch ein schickes buntes Fahrradtrikot tragen, das noch dazu feuchtigkeitsabweisend ist. Das lasse ich aber lieber zu Hause im Kleiderschrank, weil es nicht recht nach Lesotho oder Laos passt. Das würde wahrscheinlich nur unnötig den Abstand zu den Einheimischen vergrößern. Und mögliche Diebe muss ich auch nicht unbedingt auf mich aufmerksam machen.

Nah dran an den Menschen

Ich habe mich immer wieder gefragt, was die Einheimischen wohl von uns Radlern halten. Was dachte die Frau mit der Tüte Äpfel von uns, was die beiden Hirten und all die anderen Menschen, denen wir auf unseren Touren begegneten? Sie sehen, wie wir mit dem Fahrrad unterwegs sind und unser Gepäck mitschleppen. Sie sehen, wie wir Berge überwinden und über Schotterpisten fahren. Sie sehen uns schwitzen, hören uns keuchen. Sie erkennen, dass wir es uns nicht leicht machen. Ich denke, das alles erleichtert uns den Zugang zu ihnen. Sie merken, dass wir den Kontakt zu ihnen nicht scheuen, sondern ganz im Gegenteil sogar suchen. Wenn wir den Menschen dann noch mit einem Lächeln, mit Freundlichkeit und Gelassenheit begegnen, dann kommen wir ganz schnell in Kontakt. Sie spüren hoffentlich, dass wir sie ernst nehmen. Zumal wir oftmals auf ihre Hilfe angewiesen sind, beispielsweise wenn wir Wasser brauchen und gerade kein öffentlicher Brunnen herumsteht.

Die Menschen erleben, dass wir auf unseren Rädern keinen Kokon um uns herum haben wollen; also kein schützendes Auto und keinen schützenden Touristenbus, mit dem wir an ihnen vorbeifahren und sie anschauen wie in einer Ausstellung oder wie die bloße Kulisse unseres Urlaubs. Wir sind keine Touristen, die mal eben aussteigen, Souvenirs kaufen, Fotos machen und ganz schnell wieder in ihrem Hotel verschwinden – weit weg von den Menschen, die hier leben, weit weg von deren Problemen. Die interessieren nicht weiter, denn bald ist man wieder in der Heimat – mit schönen Fotos und Souvenirs. Eine leicht bekömmliche Ferienfreude.

Ich brauche diesen Schutz nicht auf meinen Touren, denn ich möchte die Menschen hautnah erleben. Mit allem, was dazugehört.

Die Distanz ist ohnehin schon groß genug. Die Laoten, Swasiländer und Pakistaner müssen uns nur sehen und wissen: »Aha, diese Menschen kommen von weit her aus einem dieser hochentwickelten Länder.« Zumindest ahnen sie es. Diesen Abstand will ich abbauen, aber ich schaffe das nur, wenn ich mich nicht noch zusätzlich abkapsele. Ich möchte, dass ein Einheimischer nicht eingeschüchtert ist, sondern gern auf mich zukommt und sich freut, wenn ich auf ihn zugehe. Für diese Begegnungen radele ich durch sein Land.

Mir scheint, die meisten wissen das zu schätzen und erkennen, dass es uns um ein intensives Erleben geht, zu dem es auch gehört, ihnen nahe zu sein. Oft wird an unseren Kleidern gezupft oder jemand tippt uns auf die Schulter oder greift nach unserem Arm. Alles kein Problem. Wir wollen den Menschen mit Respekt, Achtung und auf Augenhöhe begegnen, denn ich kann mir vorstellen, dass vor allem in ärmeren Ländern sich viele darüber freuen, wenn sich jemand für sie interessiert und sich nicht abschottet. Gut, wenn das bei den Einheimischen ankommt.

Der Kick des Lebens

Fußball ist ein Thema, das überall auf der Welt fesselt und verbindet. Stevie und ich kicken gerne – und das scheinen wir sogar auf unseren Rädern zu signalisieren. Unsere interessierten Blicke, wenn wir an einem Platz vorbeikommen, auf dem Fußball gespielt wird, werden offenbar registriert. Mit Einheimischen gespielt haben wir in vielen Ländern – in Estland, Spanien, Marokko, der Türkei und auch in Swasiland. Man kann sich wunderbar über Grenzen hinweg über das Thema unterhalten, denn Messi, Beckenbauer und Ronaldo kennt fast jeder. Wenn wir dann auch noch Spieler aus unserem Urlaubsland nennen können, dann ist die Begeisterung groß. Hätten wir auch nur einen Spieler aus Swasiland gekannt, dann hätten uns die Herren, mit denen wir dort gekickt haben, sicher auf Händen getragen, aber leider fiel uns partout keiner ein – nicht einmal Stevie, dem wandelnden Fußball-Lexikon und Kenner der internationalen Fußballszene. Aber Swasiland ist nun einmal keine große Fußballnation. Das heißt aber nicht, dass die Männer in Swasiland nicht gerne Fußball spielen: Wir wollten an jenem wunderbaren afrikanischen Sommertag im Jahr 2005 unsere Mittagspause einlegen, suchten nach einem geeigneten Rastplatz und fanden ihn, als wir an einem Bolzplatz vorbeikamen. Männer in roten Trikots traten gerade in einem Freizeitkick gegen Männer in blauen Trikots an. Sehr schön, dachten wir, da haben wir während unserer Pause auch noch beste Unterhaltung. Doch kaum waren wir von unseren Rädern abgestiegen und wollten es uns am Rande des Spielfelds gemütlich machen, da winkten uns die Männer schon zu sich. Einer aus dem rot gekleideten Team kam die kleine Böschung hinaufgelaufen.

»Wollt ihr mitspielen?«, fragte er auf Englisch. »Wir brauchen noch einen Torwart. Jeder von euch könnte eine Halbzeit spielen.«

Stevie und ich mussten nicht lange überlegen. Wir sahen uns kurz an, nickten uns zu und machten mit. Eigentlich spiele ich lieber im offensiven Mittelfeld, aber man kann sich nicht immer alles aussuchen. So spielte Stevie in der ersten Halbzeit im Tor und hielt mit Glanzparaden seinen Kasten sauber, ich machte es in der zweiten Halbzeit genauso, und schon waren wir ein Teil des Teams. Am Ende hatten wir mit unseren neuen Fußballkameraden in Rot die Blauen glatt mit 2:0 besiegt und feierten den Erfolg anschließend bei einem Kasten Bier. Im afrikanischen Sommer zur Mittagszeit ist das nicht gerade das Getränk, das Ernährungswissenschaftler empfehlen würden, aber wann spielt man schon mit Swasiländern Fußball? Dann wünschten wir uns noch jeweils viel Spaß bei den kommenden Weltmeisterschaften, denn damals stand jene des Jahres 2006 in Deutschland und die 2010 in Swasilands Nachbarstaat Südafrika noch bevor, und verabschiedeten uns.

Der Tod lauert in Afrika

Vorurteile sind gar nicht gut, klar. Ich habe das jedoch ganz nachhaltig bei meinen Touren gelernt. Sie halten mich nur davon ab, offen und locker an die Menschen heranzugehen. Das bedeutet nicht, dass ich Warnungen überhöre. Ich meide Gegenden, vor denen das Auswärtige Amt wegen möglicher großer Gefahren warnt. Aber ich hätte niemals mit dem Rad durch Südafrika reisen können, wenn ich mich an den Geschichten orientiert hätte, die ich über dieses Land hörte.

Denn jeder, dem ich von dem Plan erzählte, dort einen Radurlaub zu verbringen, sagte zwar zunächst so etwas wie: »Schön, ein wunderbares Land.« Kaum war dieser Satz zu Ende gesprochen, folgte das große »Aber« und es ging los mit den südafrikanischen Schauergeschichten.

»Seid vorsichtig, denn ich kenne jemanden, der hat Schreckliches erlebt«, hieß es und dann folgten Geschichten in allen Variationen von Überfällen oder gar Raubmorden. Den Erzählungen zufolge schien Südafrika ein Hort der Kriminalität zu sein. Das Lesen der Reiseführer beruhigte mich leider nicht. Auch da ging es um rohe Gewalt, vor der man auf der Hut sein müsse. All das hat mich damals zutiefst eingeschüchtert. Ich war drauf und dran zu Stevie zu sagen, dass wir diese Tour besser nicht machen, wenn wir noch ein paar Jährchen leben wollten.

Ich entschied mich dann doch anders, weil ich mich fatal an meine Premierentour durch Rumänien erinnert fühlte. Ich hoffte, dass auch in Südafrika nicht alles so gefährlich war, wie es schien.

Deshalb dachte ich: Ball flach halten, so schrecklich kann es dort gar nicht sein. Dass die Kriminalität in Südafrika hoch ist, war nicht wegzudiskutieren und mir absolut klar, aber ich erinnerte mich an das Prinzip, das sich bisher auf jeder Tour bewahrheitet hatte: In den Städten mag es gefährlich sein – in südafrikanischen Städten wahrscheinlich sogar ganz besonders –, doch auf dem Lande sieht es meist ganz anders aus. Darauf hoffte ich auch bei dieser Reise.

Dennoch hatten mir die Horrorgeschichten so zugesetzt, dass ich tatsächlich vor Antritt der Reise überlegte, mein Testament zu machen. Ich tat es dann doch nicht, dachte jedoch beim Abflug ans Kap der Guten Hoffnung: Vielleicht siehst du deine Freundin, deine Freunde und deine Familie nie wieder. Zum Glück kam es nicht so weit. Aber es gab auf dieser Radtour die einzige Situation, bei der wir in Gefahr gerieten: Wir waren gerade von Südafrika nach Lesotho hinübergeradelt. Der erste Ort hinter der Grenze war Butha-Buthe. Wir fuhren ganz schnell hindurch und hatten kein Auge für das, was die Stadt zu bieten hatte – wenn sie denn etwas zu bieten hatte. Uns fiel lediglich auf, dass sich an diesem Samstag viele Männer mit Alkohol frühzeitig in Stimmung gebracht hatten. Betrunkene standen an den Straßen zusammen, unterhielten sich und lachten laut, während aus den blechernen Boxen ihrer Musikanlagen die Bässe schepperten. Eine unangenehme Stimmung, denn man kennt das ja: Betrunkene verlieren ihre Hemmungen und wissen nicht immer so genau, was sie tun.

Diese unangenehme Situation wäre schon Grund genug gewesen, heftig in die Pedale zu treten, doch wir taten dies hauptsächlich, weil wir noch viel vorhatten an diesem Tag. Es waren nur noch wenige Stunden, bis es dunkel wurde, und wir hatten noch einige Kilometer vor uns. Wir wollten unbedingt den Zeltplatz erreichen, der von Butha-Buthe aus etwa 35 Kilometer entfernt in einem Nationalpark lag. Fünf Kilometer davon konnten wir noch auf der Hauptstraße fahren, dann gab es einen Abzweig, von dem aus wir die restliche Strecke in einem offenbar schönen Tal zurücklegen konnten. So beschrieb es unser Reiseführer. Dieser Weg war eine Sackgasse, denn am Zeltplatz sollte die Straße enden.

Wir wussten natürlich nicht genau, wie es dort aussehen würde, aber »Nationalpark« klingt immer vielversprechend und so vermuteten wir, dass dort nichts als schöne, ruhige Natur auf uns warten würde. Noch dazu verlief die Straße zu einem großen Teil an einem Fluss. Wunderbar!

Für die kurze Strecke entlang der Hauptstraße hatten wir richtig Gas gegeben und waren schnell am Abzweig Richtung Nationalpark.

Als wir dort einbogen, waren wir entsetzt. Die »Straße« war ein holpriger Weg, eine Schotterpiste mit tiefen Schlaglöchern und Steinen – und in knapp drei Stunden war es dunkel. Na großartig! Auf einer halbwegs befahrbaren Strecke wäre diese Distanz in der verbleibenden Zeit kein großes Problem gewesen. Aber auf dieser miesen Piste schafften wir höchstens 10 Kilometer in der Stunde. Und das auch nur, wenn wir noch einmal alles aus uns herausholten. Wie es aussah, mussten wir uns etwas einfallen lassen, wenn wir nicht im Dunkeln immer noch auf dem Rad sitzen wollten.

»Lass uns trampen, damit wir rechtzeitig da sind«, schlug ich Stevie vor. Er war sofort einverstanden. Das mit dem Trampen mag abwegig klingen, war es aber nicht. Denn wenn hier jemand ein Auto besaß, dann hatte er meist einen Wagen mit Ladefläche, einen Pick-Up. Das war schon in Südafrika so und in Lesotho nicht anders. Damit wurde hier alles Mögliche transportiert. Warum also nicht auch zwei Fahrräder mitsamt Gepäck?

»Gute Idee. Und wenn uns jemand nur für ein paar Kilometer mitnimmt, dann hilft uns das auch schon«, meinte Stevie.

Ich sah das genauso, denn wir konnten kaum erwarten, dass noch jemand ganz bis zum Nationalpark wollte. Jetzt hieß es nur noch: Augen auf und hoffen.

Wir kämpften uns so gut es ging über die Schotterpiste und immer wenn sich ein Auto von hinten näherte, das unseren Anforderungen entsprach, bremsten wir, stellten uns an den Straßenrand und hielten erwartungsvoll unsere Daumen in die Höhe.

Der Betrunkene aus Lesotho

Lange mussten wir nicht warten, bis wir Erfolg hatten. Ein alter, klappriger weißer Pick-Up kam auf uns zugefahren. »Jetzt klappt es!«, rief ich leicht euphorisch.

Während wir unsere Daumen raushielten, lächelten wir dem Fahrer freundlich zu. Wir hatten Glück. Das Auto, das mehr Rost als Lack hatte, fuhr an den Straßenrand und stoppte.

Ich lief schnell hin, doch als ich sah, wer dort ausstieg, bereute ich schon, ihn angehalten zu haben. Der Fahrer war angetrunken. Das erkannte ich sofort an seinem taumelnden Gang, diesem typischen, schläfrigen Blick und den roten Augen. Er torkelte uns fröhlich grinsend entgegen.

»Hallo«, begrüßte Stevie den etwa 40 Jahre alten Autofahrer, »wohin fahren Sie?«

Der Mann erzählte uns, dass er noch eine Strecke von ungefähr fünfzehn Kilometern vor sich hatte. Die wollte er uns gerne mitnehmen.

»Nicht weit von der Straße entfernt, steht meine Hütte«, sagte er. Ich beobachtete ihn skeptisch beim Sprechen. Immerhin konnte er sich so artikulieren, dass wir ihn verstanden. Trotzdem war sein Alkoholpegel deutlich über Null, ganz astrein war sein Zungenschlag nicht und das lag nicht nur daran, dass sein Englisch nicht gerade das Beste war. Hier in Lesotho sprechen die Menschen Sesotho, und manche zusätzlich vielleicht ein bisschen englisch.

»Wollen wir wirklich mit dem mitfahren?«, zischte ich Stevie aus dem Mundwinkel zu. »Der kann ja noch nicht einmal geradeaus laufen, wie soll der geradeaus fahren?«

»Besser als auf dem Rad ist es allemal, immerhin 15 Kilometer, das wäre schon mal ein guter Anfang. Er kann zum Glück nicht sonderlich schnell fahren auf so einer Schotterpiste. Das Risiko müsste also überschaubar sein«, sagte Stevie.

Ich unterdrückte einen Seufzer. »O.k., nutzen wir die Gelegenheit.«

Stevie nickte und schwang sein Rad auf die Ladefläche. Ich tat es ihm nach, während mir noch so einiges durch den Kopf ging. Es stimmte, er konnte nicht rasen, aber immerhin war er sicher schneller als wir auf dem Rad. Stevie setzte sich auf den Beifahrersitz und ich nahm hinten bei den Rädern Platz. Kaum hatte ich mich auf die Ladefläche geschwungen und es mir bequem gemacht, zuckte ich zusammen, denn durch Stevies Hinterrad schaute ich in die Augen eines toten Hausschweins. Ich sah genauer hin: Neben mir lag nur der Kopf des Tieres, das offenbar gerade geschlachtet worden war. An den Borsten klebte noch frisches Blut. Es sollte wohl Sülze zum Abendessen geben, sinnierte ich. Welch nette Begleitung.

Trotz der vielen Schlaglöcher kamen wir gut voran. Ich sah von außen durch das kleine Fenster an der Rückwand des Führerhauses und konnte erkennen, wie Stevie sich angeregt mit unserem Chauffeur unterhielt. Stevie schien etwas angespannt zu sein, deshalb versuchte ich durch die offenen Seitenfenster etwas von der Unterhaltung aufzuschnappen. Da es rumpelte, klapperte und schepperte, konnte ich aber nichts verstehen. Kurz darauf hielt der Wagen ruckartig an, die Reifen quietschten. Verwirrt sah ich mich um. Eines stand fest: Die angepeilten fünfzehn Kilometer hatten wir noch lange nicht hinter uns gebracht. Irgendetwas war nicht in Ordnung. Ich sah, wie die Beifahrertür aufging und Stevie mit ratlosem und sorgenvollem Blick auf mich zukam. Der Fahrer war auch ausgestiegen, blieb an der Wagentür stehen und starrte erwartungsvoll zu uns herüber.

»Er will Geld von uns«, rief Stevie mir zu. »Stell dir vor, umgerechnet 50 Euro. Der spinnt.«

Fassungslos sah ich von einem zum anderen. »Warum das denn?«

»Keine Ahnung.«

»Und warum so viel?«

»Frag mich was Leichteres.«

Als ich dem Fahrer einen verständnislosen Blick zuwarf, stemmte er seine Schaufelhände demonstrativ in seine Hüften. Ganz langsam, Schritt für Schritt, wankte er mit vorgeschobenem Oberkörper und Stierblick auf uns zu. In diesem Zustand war der Mann unberechenbar.

»Das zahlen wir nicht«, sagte ich entschlossen auf Englisch, drehte mich zu Stevie um und flüsterte ihm zu: »Ich habe ja gar nichts dagegen, auch ein bisschen Geld dafür zu geben. Gar kein Problem. Allerdings hätte ich das gerne vor der Fahrt geklärt und nicht hinterher. Und ganz so viel muss es auch nicht sein.«

»Genau!« Stevie war erbost. »Ich lasse mich doch nicht während der Fahrt überrumpeln!«, schimpfte er. »Lass uns ohne ihn weiterfahren.«

Ich war einverstanden, sprang mit einem Satz von der Ladefläche und hievte mein Rad herunter. Auch Stevie lud sein Fahrrad ab, doch weiter kamen wir nicht. Der jetzt richtig wütende Fahrer hechtete auf uns zu und hielt unsere Räder fest.

»Give money! Give money!«, brüllte er immer wieder und wir antworteten mit »No.«

Dann versuchten wir zu diskutieren. »Sie haben uns nicht gesagt, dass Sie Geld haben wollen«, rief ich ärgerlich und versuchte ihm mein Rad zu entreißen. »Sie hätten das sofort sagen müssen, und nicht erst während der Fahrt. Danke, dass Sie uns bis hierher mitgenommen haben.«

Das überzeugte den Fahrer nicht oder er verstand uns nicht. Er blieb stur und wurde immer lauter: »Give money!«, schrie er und »Stop«.

Stevie versuchte ihn zu beschwichtigen: »Wir hatten das so nicht vereinbart, also sind wir davon ausgegangen, dass Sie uns einfach so als Tramper mitnehmen.«

Jedes Wort war vergebens, er ließ uns nicht ziehen. Mit festem Griff hielt er immer irgendeine Stange von Stevies und meinem Rad fest umklammert. So sehr wir uns anstrengten, hatten wir keine Chance ohne Keilerei von ihm wegzukommen.

»Camera …«, sagte er schließlich. Mir klappte die Kinnlade runter. Jetzt wollte er meinen Fotoapparat haben, aber das kam erst recht nicht in die Tüte.

Wir rangelten weiter miteinander und schrien uns gegenseitig an. Je länger der Streit dauerte, umso größer wurden meine Bedenken. Ich war mir nicht mehr sicher, ob der Mann nicht plötzlich ein Messer ziehen und uns damit bedrohen würde.

»Es hat keinen Sinn«, ließ Stevie sich erweichen. »Es sieht so aus, als müssten wir ihm was bieten.«

Das sah ich inzwischen ähnlich. »Wenn du meinst«, keuchte ich, »geben wir ihm halt ein bisschen Geld, dann ist der Spuk vielleicht vorbei.« Während ich sprach, ließ der Mann von mir ab, denn er hatte bemerkt, dass wir einknickten. Erwartungsvoll sah er von einem zum anderen.

»Was hältst du von 20 Euro?«, schlug ich vor.

Stevie sah mich kurz an. »20 Euro und keinen Cent mehr.« Wütend zückte er ein paar Scheine aus seinem Brustbeutel und hielt sie ihm entgegen. Unser Fahrer ließ die Räder los und nahm die Scheine an sich. Während er das Geld zählte, murmelte er noch irgendetwas, offenbar auf Sesotho. Als er mit

Zählen fertig war, faltete er die Scheine zusammen und steckte sie in seine Hosentasche. Mit einer abwertenden Handbewegung wandte er sich von uns ab. Wie es aussah, akzeptierte er das Geld und war bereit, uns ziehen zu lassen.

»Bloß weg hier«, rief ich Stevie zu. »Muss man sich hier auch noch freikaufen. Ich glaub, ich spinne.« Angesäuert, aber auch erleichtert, setzten wir uns schleunigst auf unsere Räder und düsten davon.

Ab und an drehten wir uns um, um zu sehen, was unser nicht ganz so sympathischer Chauffeur tat. Er setzte sich zurück ins Auto und schaute uns hinterher. Dann gab er Gas.

Wir traten kräftig in die Pedale und warteten darauf, dass uns der Mann endlich überholte und auf nimmer Wiedersehen verschwand. Als er kurz darauf an uns vorbeifuhr, ließ er nur wenig Platz zwischen sich und uns. Ein letzter Gruß von ihm.

»Was meinst du«, fragte ich, »stand der Typ kurz davor, uns an den Kragen zu gehen oder hätte er vielleicht aufgegeben und uns einfach ziehen lassen, wenn wir hartnäckig geblieben wären?«

»Das werden wir nie erfahren, ich habe keine Ahnung«, antwortete Stevie.

»Letztlich zählt nur, dass wir aus der heiklen Situation heil herausgekommen sind.«

Trotz der unschönen Begegnung gaben wir das Trampen nicht auf. Schließlich hatte uns der Betrunkene nicht weit vorangebracht. Es dauerte nicht lange, bis wir jemandem begegneten, der uns freundlicherweise ganz unkompliziert auf seinem Pick-Up in Richtung Nationalpark mitnahm. Wir hatten aus dem Streit gelernt und ihn sofort gefragt, ob er Geld für den Transport haben wollte. Wollte er nicht. Damit war das schon mal geklärt und wir konnten ohne Sorge mit dem netten jungen Mann mitfahren, sodass wir es sogar noch vor Einbruch der Dämmerung auf den Campingplatz schafften.

Auf dem Campingplatz war – wie zu erwarten – niemand, sodass wir die freie Auswahl hatten, zwischen welchen Bäumen wir auf grünem Gras unser Zelt aufschlagen wollten. Ein schönes Ende eines aufregenden Tages.

Rückblickend betrachtet, finde ich es schon fast erstaunlich, dass dieses unerfreuliche Erlebnis das Gefährlichste war, das ich je auf einer Radtour erlebt habe. Ich bin in vielen Ländern unterwegs gewesen, die man als arm bezeichnen kann. Wenn ich durch die einsamen, entlegenen Regionen in Lesotho, der Ukraine oder Pakistan fahre, dann denke ich manchmal: Wenn wir hier überfallen, ausgeraubt und ermordet werden, dann könnte man uns ganz locker entsorgen. Keiner würde etwas davon mitbekommen. Da unsere genaue Reiseroute meist spontan gewählt ist, wäre es schwierig, unsere Überreste gezielt zu suchen und zu finden. Gibt es in vielen Ländern nicht immer wieder Menschen, die nichts zu verlieren hätten und somit mal einen kleinen Überfall wagen könnten? Ich will niemanden dazu ermuntern, sondern ich freue mich sehr, dass es nicht so ist. Toi, toi, toi – bislang ist nichts passiert und so soll es bleiben.

Harmlose Radler

Ich glaube, durch unsere Räder wecken wir zuallererst Neugier und Interesse bei den Einheimischen. Deren erster Gedanke ist deshalb vermutlich nicht, dass sie bei uns etwas holen könnten. Sie fragen sich eher, wie man auf die Idee kommen kann, so einen scheinbar mühsamen Urlaub zu machen und was wir für komische Vögel sind. Noch dazu strahlen wir mit den Fahrrädern und dem schweren Gepäck eine gewisse Harmlosigkeit aus. Vielleicht ist auch das ein Grund, weshalb uns die Einheimischen meist wohlgesonnen sind und es bei dieser einen gefährlichen Situation geblieben ist.

Sie selbst kämen sicherlich nicht auf die Idee, einfach nur so zum Spaß durch unwegsames Gelände zu radeln. Solche Gedanken wären nicht überraschend, denn wer ist nicht bestrebt, sich das Leben so einfach wie möglich zu machen?

Das will ich schließlich auch. Deshalb fahre ich zu Hause meist mit dem Auto von A nach B. Warum also setze ich mich gerade im Urlaub auf einen harten Fahrradsattel? Ganz klar: Wäre ich mit dem Auto gefahren, wäre ich niemals der Frau an der Wasserquelle in den Karpaten begegnet. Hätte ich eine Pauschalreise gebucht, hätte ich niemals mit den Jugendlichen in Lesotho auf der Schotterstraße gesungen und getanzt. Und die Begegnung mit der Souvenirverkäuferin in Swasiland wäre nicht so amüsant gewesen.

Die flirtende Souvenirverkäuferin

Wir trafen sie auf unserer Tour durch diesen kleinen afrikanischen Staat, der in Südafrikas Osten liegt, mit einer Grenze zu Mosambik. Es war im Dezember 2005. Die Frau von vielleicht Ende 20 wartete hinter einem Holztisch auf Kunden. Auf diesem Tisch standen in Reih und Glied aufgestellt in verschiedenen Größen geschnitzte Elefanten, Nashörner und Giraffen aus dunklem Holz. Als wir mit unseren Rädern bei ihr haltmachten, um nach einem Mitbringsel zu schauen, kamen wir sofort ins Gespräch.

»Woher kommst du?«, fragte sie mich kess auf Englisch.

»Aus Deutschland«, antwortete ich ihr. Wo das war, lag außerhalb ihrer Vorstellungskraft. Ich versuchte es ihr zu erklären, aber ihr brannten ganz andere Fragen auf den Lippen.

Sie taxierte erst mein Fahrrad, dann mich. »Hast du kein Auto?«, platzte es aus ihr heraus.

»Doch, habe ich, aber zu Hause. Im Urlaub nehme ich lieber mein Rad. Hier brauche ich kein Auto.«

Sie lächelte, aber ich meinte darin auch eine große Portion Unverständnis zu erkennen. Ich versuchte ihr zu erklären, warum wir mit dem Fahrrad durch Afrika fuhren und nicht mit dem Auto, doch meine Erklärung war für sie ziemlich unverständlich.

Sie schüttelte nur den Kopf und dann schickte sie mir einen gekonnten Augenaufschlag und lächelte hinreißend. »Ich mache dir einen Vorschlag: Du fährst nach Hause, holst mich dann mit deinem Auto hier ab und nimmst mich mit nach Deutschland, ja?«

»Mach ich!«, antwortete ich im Scherz. Dann wollte sie sich auf das Rad setzen um auszuprobieren, wie sich das anfühlt. Sie warf ein Bein über die Stange, doch anstatt nun loszufahren, lachte sie aus vollem Hals, denn sie merkte: Das Rad war durch das Gepäck zu schwer für sie. Damit wäre sie sicher im nächsten Graben gelandet.

»Zu anstrengend«, sagte sie und stieg wieder ab.

»Dann wird also leider nichts aus uns, was?«, fragte ich mit ironischem Unterton.

»Nein, ich glaube nicht«, antwortete sie mit ihrem strahlenden Lächeln.

»Schade. Dann möchte ich als Erinnerung an dich wenigstens ein Souvenir kaufen.« Zum Abschied suchten sich Stevie, der die Flirterei mit einem Schmunzeln beobachtet hatte, und ich uns jeweils eine kleine, aus Holz geschnitzte Figur aus, dann verließen wir meine Fast-Neue-Freundin wieder. Als ich mich noch einmal nach ihr umschaute, sah ich, wie sie uns ein wenig wehmütig hinterherblickte. Ich glaube, ganz so scherzhaft, wie es geklungen hatte, war ihr Gerede mit dem Zurückkommen

nicht gemeint. Sie hätte sich wahrscheinlich sehr gefreut, wenn ich sie abgeholt hätte. Allerdings – und das muss ich mir leider eingestehen – nicht, weil sie mich für einen supertollen, unwiderstehlichen Typen hielt, sondern weil ich dort herkam, wo im Vergleich zu Swasiland Milch und Honig fließen.

Ihr war es sicher ein Rätsel, weshalb wir uns die Mühe mit dem Fahrrad machten, wo wir doch voller Luxus und ohne uns abzumühen leben konnten.

Vermutlich fällt es den Menschen schwer zu glauben, dass wir so eine Reise unternehmen, weil es uns Spaß macht, weil wir an ihrem Leben interessiert sind und nicht, weil wir dafür zu Hause einen Orden bekommen oder eine große Kiste Gold.

Viele Menschen, egal, ob arm oder reich, verstehen nicht, weshalb wir über Berge fahren und weshalb wir kleine Straßen ohne Auto- und Schwerlastverkehr suchen statt den direkten Weg. Ich weiß nicht, wie oft uns Folgendes passiert ist: Wir haben einen bestimmten Ort vor Augen und fragten bei Einheimischen, ob wir auf der kleinen Straße, die wir dafür auserkoren haben, auch tatsächlich dorthin gelangen. Immer bekamen wir zu hören: »Na klar, dieser Weg führt euch an euer Ziel, aber der ist viel länger und viel anstrengender als wenn ihr diese Straße nehmen würdet.« Und während sie uns das sagten, zeigten sie auf eine Schnellstraße oder eine andere viel befahrene Strecke. Diese Straßen wollen wir natürlich mit unseren Rädern meiden. Uns geht es eben nicht hauptsächlich darum, möglichst schnell ans Ziel zu kommen. Wir nehmen gerne auch Umwege und Strapazen auf uns, wenn es ein schöner und interessanter Weg ist. Der Weg ist das Ziel!

GASTFREUNDSCHAFT

Der geheimnisvolle Vietnamese

Schöne Landschaften sind das eine, die Menschen das andere. In ferne Länder reise ich aus purer Neugier. Ich möchte sehen, wie es da zugeht, wie die Leute leben. Um das hautnah mitzubekommen, muss ich offen sein für sie, sie respektieren und sie wertschätzen.

Wenn die Begegnung mit Einheimischen über ein kurzes Treffen auf der Straße hinausgeht, wir sogar ins traute Heim gebeten werden, ist es besonders spannend. In solchen Momenten tauchen wir in deren Leben ein. So wie 2004 in Vietnam. Ausgerechnet an einem Abend wurden wir eingeladen, als wir zunächst ausnahmsweise mal keine Lust dazu hatten.

Es war unser letzter Tag auf dem Rad nach einer traumhaften vierwöchigen Tour durch Laos, China und den Norden Vietnams – durch die dortige wunderschöne raue Bergregion mit ihren Bergvölkern, die jedes für sich unterschiedliche Trachten trägt. Die Schwarzen Hmong waren – wie schon der Name sagt – fast ganz in Schwarz gekleidet, hatten große, bunt bestickte Stehkragen, dazu trugen die Frauen einen Rock, und eine Art Stulpen bedeckte ihre Unterschenkel. Für mich sah es aus, als hätten sie ihre Sonntagskleidung angezogen, dabei war es ein ganz normaler Wochentag. Sie trugen diese Tracht zu jeder Gelegenheit, sogar auf den Feldern bei der Arbeit.

Das Gleiche galt für andere Hmongs, durch deren Region wir an diesem letzten Abend unserer Radtour fuhren. Die weißen Blusen der Frauen mit den Stickereien und den aufwendig verzierten silbernen Knöpfen sahen nach Festtagskleidung aus. Auffällig war, dass sie kunstvoll hochgesteckte Haare trugen. Mir kam es so vor, als gäbe es hier in den Bergen den Titel »Volk mit der schönsten Tracht« zu gewinnen.

An diesem letzten Abend wollten Stevie und ich in der freien Natur noch einmal den wundervollen Ausblick genießen und ruhige Stunden vor dem Zelt verbringen. Am Rande eines kleinen Waldstücks auf einer Anhöhe fanden wir einen herrlichen Wildcampingplatz, der auf einer kleinen Lichtung lag und von Bäumen umgeben war. Wir bauten unser Zelt auf, setzten uns mit einer Flasche Bier davor und warteten auf den Sonnenuntergang. Welch atemberaubendes Panorama: Die Kegelberge reihten sich wie Glieder einer Kette aneinander und durchdrangen sich gegenseitig. Noch war es hell genug um zu sehen, dass sich um die mit Bäumen bewachsenen Berge herum eine endlose Straße schlängelte. Die hatten wir uns gerade mühsam hinaufgekämpft. Wir schauten auf ein Dorf hinab, in dem Häuser standen, die von hier oben winzig klein wie Spielzeug aussahen.

Während wir alle viere von uns gestreckt hatten, den Abend einfach nur genossen und entspannten, hörten wir, wie es hinter uns raschelte. Neugierig drehten wir uns um und sahen einen Vietnamesen – ich schätzte ihn auf etwa 35 Jahre –, der schnellen Schrittes auf uns zukam. Er redete auf Vietnamesisch energisch auf uns ein, verzog dabei aber keine Miene. Er wirkte weder besonders freundlich noch besonders böse, eher distanziert.

Da wir außer den Standardbegriffen wie »Hallo«, »Auf Wiedersehen«, »Bitte« und »Danke« keinerlei vietnamesisch sprachen, wussten wir nicht, was er von uns wollte. Wir sahen ihn nur fragend und mit großen Augen an und sagten auf Deutsch ziemlich hilflos: »Tut uns leid, wir verstehen Sie nicht.« Plötzlich ging er zu unserem Zelt und zog die Heringe heraus. Er war dabei, es abzubauen. Ohne uns zu fragen.

»Halt, Stop!«, schrien wir. Wir sprangen auf und versuchten ihn aufzuhalten.

»Was soll das?«, fragte ich wütend, obwohl ich eine für mich verständliche Antwort kaum erwarten konnte. Er hielt inne und deutete in Richtung Straße, von wo wir gekommen waren. Diese Geste half uns leider nicht weiter.

»Dürfen wir hier nicht campen?«, fragte ich Stevie.

»Das weiß ich nicht. Es kann aber natürlich sein, dass wir hier nicht erwünscht sind und er uns verscheuchen will.«

Wir versuchten herauszufinden, was der Mann von uns wollte, aber wir hatten keinen Erfolg. Er machte einfach weiter.

»Stop«, rief ich wieder und stellte mich schützend, die Arme ausgebreitet, vor unser Zelt. Da er immer noch keine Miene verzog, war mir der Mann mittlerweile suspekt. Stevie und ich sahen uns an und wussten beide nicht recht, wie wir ihn deuten sollten.

Wieder versuchte er es mit Handzeichen. Dieses Mal zeigte er nicht nur Richtung Straße, sondern machte Handbewegungen, die Stevie und ich als »Haus« und »Essen« deuteten.

»Vielleicht meint er, dass wir zu ihm nach Hause kommen sollen. Vielleicht gibt es da etwas zu essen für uns?«, sagte Stevie.

Ich zuckte leicht mit den Achseln. »Das glaube ich langsam auch. Wahrscheinlich lädt er uns auf diese Art zu sich ein.«

Wir wussten nicht, ob wir uns darüber wirklich freuen sollten, wenn das stimmte. Wir schauten uns an und waren beide nicht gerade begeistert, zumal der Vietnamese nicht den allerfreundlichsten Eindruck auf uns machte. Ein kleines Lächeln hätte uns wohl schneller überzeugt. So aber gerieten wir ins Grübeln.

»Wir haben hier einen traumhaften Platz, schöner geht es eigentlich nicht, oder?«, überlegte Stevie.

»Stimmt«, antwortete ich, »dieser Ausblick über die Berge ist ein Traum, das Wetter ist gut und wir haben zwar heute Abend zum x-ten Mal wieder Spaghetti im Topf, aber zur Feier des Tages gönnen wir uns ein paar Bierchen. Was wollen wir mehr?«

»Noch dazu können wir ein letztes Mal einen tollen Sternenhimmel genießen und den Sonnenuntergang haben wir auch direkt vor uns«, ergänzte Stevie. »Sollen wir da wirklich mitgehen?«

Der Mann wurde ungeduldig. Er hatte anscheinend genug gehört, ohne etwas zu verstehen und verlangte nun nach Taten. Wieder machte er sich daran, die Heringe aus dem Boden zu ziehen.

»Wait, Moment«, rief ich und kam ins Grübeln. »Stevie, was gibt es Schöneres, als einen Abend am Busen der Natur zu verbringen? Da gibt es tatsächlich nur eines: Bei einer einheimischen Familie Gast sein zu dürfen, oder?«

»Hast ja recht«, stimmte Stevie mir zu. Auch wenn es uns

schwerfiel, diesen traumhaften Campingplatz zu verlassen, freuten wir uns doch auch sehr über diese ungewöhnliche Einladung.

Wir bauten nun also gemeinsam das Zelt ab, packten unsere Habseligkeiten ein und hofften, dass wir mit der Interpretation der Handzeichen richtig lagen. Vielleicht war er auch eine Art Sheriff und seine Zeichen bedeuteten: Ihr müsst hier verschwinden, aber ungestraft kommt ihr mir nicht davon. Da drüben ist das Gefängnis, da verbringt ihr die nächste Nacht, aber keine Sorge: Ihr bekommt dort auch etwas zu essen.

Ein Huhn für die Langnasen

Unsere erste Interpretation war richtig. Denn der schmächtige Mann mit dem pechschwarzen Haar führte uns flink wie ein Wiesel zu seinem Haus, das nur wenige Meter entfernt von unserem Kurzzeit-Campingplatz auf der anderen Straßenseite lag. Das Haus war für hiesige Verhältnisse recht groß und aus Holzlatten gebaut, etwa zehn Meter in der Breite und fünf in der Höhe. Es stand inmitten vieler Bäume und Büsche und hatte zwei Geschosse. Über eine Steintreppe gelangten wir in das obere Stockwerk. Darunter, sozusagen im Erdgeschoss, grunzten Schweine und gackerten Hühner. Oben wohnte die Familie. Die Familie, das waren der Mann, seine Frau sowie drei Kinder im Alter von zwei, acht und fünfzehn Jahren.

Sie lebten in einem einzigen großen Raum, an dessen Längsseite vier Matratzen nebeneinanderlagen. Hier schliefen sie also. Die jüngeren Kinder teilten sich eine Matratze. Vor der Schlafgelegenheit stand ein kleiner, niedriger Holztisch, um den herum mehrere Kissen auf dem Holzbalkenboden drapiert waren. Hier wurde also gegessen. Hinten in der Ecke war die Küche. Sie bestand aus einer offenen Feuerstelle, an der ein Dreifuß zu sehen war. Darauf wiederum stand ein tiefschwarzer Wasserkessel und drumherum mehrere Töpfe.

Die beiden Damen des Hauses, Mutter und Tochter, trugen selbstverständlich auch die schöne Tracht der Region und die hochgesteckten Frisuren, die wie schwarz gelackt aussahen.

Unser energischer Gastgeber sprach mit seiner Frau, woraufhin sie eilig verschwand, um kurz darauf mit einem braunen, etwas zerrupft aussehenden Huhn in der Hand zurückzukehren. Wir ahnten: Sein letztes Stündchen hatte geschlagen, damit uns der Gastgeber etwas Leckeres anbieten konnte. Das Huhn sollte eigens für uns geschlachtet werden. Der Vietnamese wollte uns etwas Gutes tun.

In der »Küchen«-Ecke hockten sich Mutter und Tochter auf den Boden. Die 15-Jährige hielt das Huhn an Flügeln und Beinen fest und ihre Mutter schnitt ihm mit dem Messer den gackernden Kopf ab. Es dauerte eine Weile, bis das Huhn nicht mehr zuckte. Dann wurde es gerupft, ausgenommen und als Festessen zubereitet. Hier herrschte noch klare Rollenteilung zwischen Mann und Frau. Die beiden Frauen arbeiteten in der Küche, während der Mann sich um seine Gäste kümmerte.

Wir setzten uns mit dem Herrn des Hauses an den Holztisch und tranken zur Begrüßung erst einmal einen Schnaps.

Ein überaus kräftiges Zeugs war das. Ein kleines Glas reichte mir, weil es mir meine Innereien wegbrannte, jedenfalls fühlte es sich so an. Vermutlich ein Selbstgebrannter – zumindest hatte die Flasche kein Etikett.

Ich schaute mir den Raum genauer an. Die Wände bestanden aus senkrecht angebrachten Holzbrettern von vielleicht 30 Zentimetern Breite. Zwischen den einzelnen Brettern fiel das Tageslicht durch Ritzen hinein und wir konnten einen leichten Windhauch spüren, der dort hindurchzog. Das Dach war mit Wellblech gedeckt und wurde von mehreren dicken Holzstämmen gestützt, die aus dem Bretterboden in die Höhe ragten. Viele Habseligkeiten gab es hier nicht. An der Seite der Matratzen stand ein kleiner Holzschrank, in dem wohl die Kleider der Familie lagen.

Sonderlich reich für diese Region war die Familie offenbar nicht, denn zwei Tage zuvor hatten wir einen Abend bei einer anderen vietnamesischen Familie verbracht, die eine Karaoke-Anlage und damit auch einen Fernseher besaß. Wir hätten an jenem Abend gerne mitgesungen, doch die vietnamesischen Top-Hits waren uns leider nicht geläufig. Deshalb waren es ausschließlich die Familienmitglieder, die ihre mehr oder minder großen Sangeskünste darboten. Es war auch ohne unseren Gesang ein lustiger Abend gewesen. Diese Art von Unterhaltung wurde uns hier nun nicht geboten.

Tag der offenen Nachbarstür

Während sich im Raum Wohlgerüche verbreiteten und wir dem Schnaps zusprachen oder zumindest so taten, kam nach und nach immer mehr Besuch aus der Nachbarschaft herein. Es hatte sich offenbar herumgesprochen, dass Europäer im Dorf waren. Bei unserem Gastgeber herrschte nun ein Treiben wie beim Tag der offenen Tür. Jeder durfte uns mal genau angucken und versuchen, sich mit uns zu unterhalten.

Schade, dass nicht viel möglich war. Wir hatten zwar unseren Sprachführer »Vietnamesisch« dabei, doch war es viel zu mühsam, ihn so zu nutzen, dass wir etwas voneinander erfuhren. Gerne hätten wir über die Lage in Vietnam, deren Sicht auf Deutschland, auf Europa erfahren, doch das war unmöglich. Außer ein paar Wörtern und halben Sätzen brachten wir nichts zustande. Bald legten wir den Sprachführer beiseite und hatten auch ohne große Worte eine Menge Spaß. Unter Einsatz von Händen und Füßen und mithilfe von ein paar Städte- und Ländernamen erklärten wir, woher wir kamen und wohin wir wollten.

Weil sich die Einheimischen meist ebenso für uns interessieren wie wir uns für sie, habe ich immer Fotos von meiner Freundin dabei sowie ein paar Postkarten aus Hamburg und zeige sie herum. Jetzt wanderten sie von Hand zu Hand und wurden begutachtet. Mit allerlei Gesten versuchte ich zu erklären, was ich beruflich mache. Ob sie es verstanden haben, wusste ich nicht genau, aber sie schauten erstaunt und riefen »ah« und »oh«. Dennoch waren ihre Blicke eher fragend.

Sehr gerne hätte ich mit ihnen richtig gesprochen und mich erkundigt, wie sie genau leben, wie es ihnen geht und welche Sorgen sie haben. Ich hätte ihnen gerne auch von unserem Leben in Deutschland erzählt und dass auch bei uns nicht das Paradies zu finden ist. Das hätten sie mir wahrscheinlich genauso wenig abgenommen wie damals 1990 die beiden Rumänen, die wir in der schönen Stadt Baile Herculane trafen. Die sagten damals nur: »Rumänien scheiße, Deutschland gut!« Dabei ist auch bei uns nicht alles in Ordnung. Auch wir hatten und haben Millionen Menschen, die arbeitslos sind, erzählten wir damals. Damit rannten wir bei den beiden Männern gegen Wände. Für sie blieb Deutschland ein Vorbild. Aus deren Sicht war das verständlich. Denn im Vergleich zu den damaligen Zuständen in Rumänien war Deutschland wirklich paradiesisch. Das galt natürlich auch aus Sicht der Menschen in Vietnam, zumindest wenn es um den materiellen Reichtum geht. Aber genau darüber hätte ich gerne mit ihnen intensiver gesprochen.

Unsere vietnamesischen Freunde tranken ihren Schnaps, wir waren zum Bier übergegangen. Etwas später servierten uns die Damen des Hauses das Festessen. Wir freuten uns sehr über die willkommene Abwechslung, zumal wir schon leicht angetrunken waren und unsere Mägen knurrten. Zur Feier des Tages gab es also mal keine Spaghetti mit Tomatensoße, sondern Hühnchen. Es war zwar leider ein ziemlich zäher Vogel, an dem nicht viel dran war – er bestand mehr aus Knorpel und Knochen als aus Fleisch –, aber das war uns völlig egal. Endlich mal ein anderer Geschmack! Wir wurden einigermaßen satt, doch was vor allem zählte, war die großartige Geste, für uns ein Tier zu schlachten. Welch eine Gastfreundschaft!

Gäste bringen Prestige

Vielleicht war diese fürsorgliche Bewirtung nicht ganz uneigennützig. Ich hatte das Gefühl, unsere Anwesenheit sollte auch dazu dienen, das Ansehen unseres Gastgebers im Dorf zu stärken. Welcher Vietnamese in dieser kaum von Touristen besuchten Gegend konnte von sich behaupten, Europäer in seinem Haus begrüßen zu dürfen? Möglich, dass der Mann schon an die anerkennenden Kommentare seiner Nachbarn dachte, als er uns so entschlossen zu sich einlud.

Vielleicht aber ist dieser mögliche Prestigegewinn auch nur ein Nebenprodukt seiner selbstlosen Aktion, das er gar nicht einkalkuliert hatte und das ihn überhaupt nicht interessierte.

Ich möchte dem Mann nicht Unrecht tun, aber solche Gedanken hatte ich einfach. Vielleicht interpretierte ich auch zu viel hinein in sein Gesicht, das bei unserer Begegnung auf der Lichtung eben keine überraschte Freude ausdrückte. Aber es soll auch Menschen geben, die keine Miene verziehen und sich trotzdem freuen. Sie tun das nach innen, für niemanden sichtbar. Vielleicht war er einer von dieser Spezies.

Ich will seine Gastfreundschaft nicht schmälern, aber auch nicht blauäugig sagen, dass jede Einladung aus purer Selbstlosigkeit erfolgt. Ich bin mir dennoch sicher, dass die meisten, die uns offen empfangen haben, dies vor allem aus Interesse und Neugier gemacht haben.

Schläge beim Russen

So wie 1995 der knorrige Mann in Estland, dessen gastfreundschaftliche Ader zunächst überhaupt nicht zu spüren war. Er empfing uns mit einem grimmigen Gesichtsausdruck als wir an seiner Gartentür standen und ihn fragten, ob wir auf der Wiese neben seinem Haus unsere Zelte aufstellen könnten.

Ich war in jenem Sommer bereits durch Schweden geradelt und dann über Helsinki in Finnland per Fähre nach Tallinn gekommen, wo ich meine Freunde Stevie und Thomas traf. Mit ihnen ging es auf eine kleine Tour de Baltikum, die zwei Wochen später im lettischen Riga endete. Wir hatten die Ostseeküste hinter uns gelassen und fuhren nun immer weiter ins Landesinnere als wir einige Kilometer hinter der Stadt Rakvere nach einem Platz für die Nacht Ausschau hielten und dafür einen Feldweg entlangfuhren, der tiefer ins Waldgebiet hineinführte. Nach den Erfahrungen vorheriger Radtouren stiegen damit die Chancen auf ein schönes Nachtlager. Doch ganz so einfach war es diesmal nicht, denn zwar entdeckten wir hinter einem Waldstück zwischen den Birken eine ideale Wiese zum campen, doch direkt daneben stand ein Haus. Es wirkte urgemütlich, weil es aus dunklem Holz gebaut war und weiße Sprossenfenster hatte. Sogar die Dachschindeln waren aus Holz. Allerdings sah man ihm sein hohes Alter an, denn es war schon stark verwittert. Sein Bewohner, ein etwa 60 Jahre alter Mann, stand im Garten und war gerade dabei Holzscheite zu spalten, als wir vor ihm auftauchten. Er hielt inne und schaute skeptisch zu uns herüber.

Wir grüßten ihn und platzten mit unserem Wunsch heraus: »Wir möchten dort auf der Wiese zelten. Ist das in Ordnung?«, fragten wir und ergänzten diese Worte, von denen wir wussten, dass er sie nicht verstehen würde, mit entsprechenden Handzeichen. Er schwieg zunächst und schaute uns aus seinen tiefliegenden Augen düster an, bevor er sich dann Richtung Haus wandte. Durch die offene Eingangstür fragte er offenbar seine Frau, die sich nicht blicken, sondern nur hören ließ, was sie davon hielt. Das jedenfalls nahmen wir an, denn wir konnten die beiden in ihrem Zwiegespräch in der fremden Sprache nicht verstehen. Es klang eher nach russisch als nach estnisch, soweit ich das mit meinen rudimentären Kenntnissen beurteilen konnte. Während die beiden miteinander redeten oder besser gesagt: herumgrummelten, dachte ich: »Lass gut sein, alter Mann, vergiss einfach, dass wir gefragt haben, wir verschwinden so schnell wie wir gekommen sind und du hast wieder deine Ruhe«.

Kaum aber war ich diesem Gedanken verfallen, da nickte er uns auch schon zu, sagte »Da« und deutete auf die Wiese. Hätte er das mit einem Lächeln getan, wäre mir wohler gewesen, aber immerhin: Wir hatten unseren Platz. Wir waren dem Mann wohl egal, deshalb war es ihm wohl ebenso egal, ob wir nebenan zelten würden oder nicht. Aber immerhin bot er uns sogar einen Eimer Wasser an, den wir fürs Waschen und Kochen mitnehmen durften. Sehr freundlich! Wir hatten gerade gegessen, da kam der Mann zu uns ans Zelt und zeigte mit dem Finger auf das kleine Häuschen, das in einer Ecke des Grundstücks stand. Es war vielleicht vier mal vier Meter groß, aus Kalksandsteinen gemauert und mit einem Spitzdach versehen. Aus dem Schornstein stieg nun Rauch in den dunkler werdenden Abendhimmel auf. Der Mann, dessen Laune offenbar schon besser geworden war, redete mit einem Wortschwall auf uns ein, aus dem ich nicht schlau wurde, aber immerhin das Wort »Sauna« vernahm. Endlich eine Vokabel, die ich verstand. Dieses Wort klang im russischen oder estnischen fast so wie im deutschen. Das kleine Haus war also eine Sauna und er hatte das Holz klein geschlagen, um sie anzuschmeißen. Nun lud er uns dazu ein, mit ihm in die Sauna zu gehen – indem er sich mit dem Handrücken über die Stirn fuhr und den Daumen hob, um zu sagen: Man schwitzt zwar, aber es ist sehr gesund. Wir folgten ihm, um uns die Sauna genauer anzuschauen. Da war eine Art kleiner Flur, über den wir durch eine Holztür den Raum betraten, in dem geschwitzt werden sollte. Ein alter Bollerhofen sorgte dafür, dass die Temperatur hoch blieb. Wir drei waren uns einig: Das mussten wir erleben. Zumal wir wussten, dass das Saunieren in dieser Region eine große Tradition hat.

So setzten wir uns also in die nur durch ein paar Kerzen erleuchtete Sauna, wobei sich Stevie, Thomas und ich abwechseln mussten, denn für vier Leute war der Raum zu klein und die einfache Holzbank auf der wir hockten zu kurz. Aber wir merkten, dass der alte Mann, der nun gänzlich auftaute und sich als Viktor vorstellte, gewaltig mehr Übung hatte als wir. Denn er hielt es locker viel länger in der Hitze aus. Ich hechelte hinaus und japste nach frischer Luft, während unser Gastgeber wohl stundenlang hier drin sitzen konnte. Aus seinen Erzählungen während unserer Gänge erfuhren wir immerhin, dass er zur russischen Minderheit hier in Estland gehörte und dass es ihm gar nicht gefiel, dass die Sowjetunion zerfallen und Estland eigenständig war. Als er das erzählte, wirkte er grimmig, aber dann wurde er wieder freundlich und enthusiastisch; vor allem wenn er erzählte, dass so ein Saunagang sehr gesund war – erst recht, wenn wir uns dabei der Birkenzweige bedienen würden, die auf einem Schemel lagen. Er nahm einen der Zweige, an dem noch sämtliche Blätter hingen, schlug sich damit auf den Rücken und forderte uns auf, es ihm nach zu tun. Ich hatte irgendwann mal davon gelesen, dass dieses Schlagen in Ländern mit großer Sauna-Tradition dazugehört und es den Blutkreislauf fördert. So schlugen also auch wir unseren Körper ab, um noch gesünder zu werden. Zwischendurch gingen wir zur Abkühlung hinaus in den Garten und übergossen uns mit dem Wasser, das in einem Blecheimer neben der Tür stand. Es war ein grandioses Erlebnis, doch uns reichten drei kurze Saunagänge. Und während wir uns in unsere Zelte verzogen, hatte unser mittlerweile sehr freundliche Gastgeber noch lange nicht genug geschwitzt.

Am nächsten Morgen gab uns der Russe noch viele grüne Äpfel aus dem Garten mit auf den Weg, und wir verließen einen Mann, der zum Abschied winkte und lächelte.

Bulgaren lassen es krachen

Russen trinken angeblich gern Wodka. Merkwürdig, dass der Mann in Estland am Abend keine Flasche hervorholte, um sie mit uns zu leeren. Doch Alkohol floss dafür ein Jahr später, also 1996, in Bulgarien umso reichlicher. Stevie und ich hatten bei prasselndem Regen Borino erreicht. Das Wetter hatte uns in ein kleines Café im Ort getrieben und wir kamen schnell mit dem Mann an der Theke ins Gespräch, denn er hatte einige Jahre in der DDR verbracht und konnte noch ein paar Brocken Deutsch.

Der Ort wirkte leblos und wir fragten ihn, woran das liegt. »Die meisten Leute sind arbeitslos«, erzählte uns Iwan, der Wirt. »Die Fabriken sind alle geschlossen. Es gibt nichts zu tun für uns. Und die hohe Inflation frisst unsere Ersparnisse. Das einzig Schöne, was uns geblieben ist, ist die allwöchentliche Party im Konferenzsaal des Hotels. Heute ist Samstag, da steigt sie wieder. Bleibt doch hier und feiert mit. Schlafen könnt ihr im Hotel.«

Stevie und ich fanden die Idee hervorragend, denn es sah überhaupt nicht danach aus, als würde der Regen bald nachlassen.

Wir blieben also über Nacht und Iwan erklärte uns den Weg zum Hotel, das nur ein paar Straßen entfernt lag.

Der riesige, triste Betonklotz sah alles andere als einladend aus, die Farbe war schon weitgehend abgeblättert. Am Empfang stand ein junger Mann, der uns den Zimmerschlüssel überreichte und auf unsere Frage nach der Feier sagte: »Heute Abend im Konferenzsaal um acht geht's los. Viel Spaß dabei.«

Wir nahmen unseren Zimmerschlüssel und hatten den Eindruck, die einzigen Gäste in diesem großen Hotel zu sein. Es wirkte wie ausgestorben. Sollten wir wirklich ganz allein sein in diesem Klotz? Außer dem Portier war weit und breit niemand zu sehen und am Schlüsselbrett hingen sämtliche Schlüssel an ihrem Platz.

Die Einrichtung war karg, im Grunde genommen gab es gar keine. Neben dem dunkelbraunen Empfangstresen stand in einer Ecke lediglich ein hellbraunes, gepolstertes Dreiersofa, mehr nicht. Darüber hing das Gemälde eines Berges mit See. Das war alles. Es gab keinen Sessel, keinen Tisch, keine Stehlampe, nichts. Es wirkte wie ein Geisterhaus.

Über eine sehr breite Treppe, die mit einem zerschlissenen braun-beigen Teppich ausgelegt war, stiegen wir die Stufen zu unserem Zimmer hinauf. Der Raum war nur mit dem Allernötigsten ausgestattet: zwei Betten, ein Schrank. Wir verteilten unsere nassen Hosen, T-Shirts und Socken auf dem Heizkörper, unseren Packtaschen und den Bettpfosten, damit sie trocknen konnten. Bevor die große Party stieg, ruhten wir uns noch etwas aus.

Der Wirt hatte uns nicht zu viel versprochen. Es wurde eine grandiose Feier, auf der es die Leute von Borino so richtig krachen ließen – vor allem mit sehr viel Alkohol. An langen Tischreihen saßen an die 200 Leute. In einer Ecke des Raumes war eine recht großzügige Tanzfläche eingerichtet, an der der gut gelaunte DJ seine Musikanlage aufgebaut hatte.

Die Menschen von Borino waren tanzwütig. Als die ersten Takte ertönten, stürmten sie auf die Tanzfläche und einige sangen die bulgarischen Popschnulzen lautstark mit. Von dieser ausgelassenen Stimmung ließen Stevie und ich uns schnell anstecken. Wir tanzten mit, tranken mit und machten unsere Späße. Besonders amüsant fanden wir den DJ, der zwischendurch Ansagen auf Bulgarisch machte. Erst mal verstanden wir natürlich nicht, was der gute Mann sagte, doch mitten in seinen bulgarischen Sätzen nannte er plötzlich unsere Namen: »Stevie i Thorsten!!!« Alle anderen Gäste klatschten und jubelten, als wären wir bulgarische Nationalhelden. Zum Dank für den Beifall bauten wir eine kleine Pirouette oder einen besonders gewagten Schritt in unser Tänzchen ein.

Auch sie tanzte mit: Ivelina, Anfang 20. Eine schlanke und schöne Frau, mit kurzen, braunen Haaren und großen, braunen Augen. Wow! Ich war von ihr begeistert und wunderbarerweise schien die Sympathie auf Gegenseitigkeit zu beruhen. Leider sprach sie kein einziges Wort Deutsch oder Englisch. Aber was machte das schon? Gut gelaunt forderte ich sie zum Tanzen auf und von da an wich keiner mehr von der Seite des anderen. Wir tanzten zu bulgarischen Hits, aber auch zu internationalen Popsongs durch die Nacht. Den Sommerhit »Macarena« spielte der DJ öfter. Ivelina und ich verstanden uns zwar auch ohne Worte, aber wenn einer von uns doch mal dem anderen etwas zu sagen hatte, brauchten wir ihren Cousin, der Bulgarisch und Englisch beherrschte und so als Übersetzer fungierte. Am Ende des feucht-fröhlichen Abends tauschten wir unsere Adressen aus.

Was wir in Borino erlebten, hatte natürlich einen faden Beigeschmack. Es war nicht zu übersehen, dass es den Menschen nicht gut ging und viele von ihnen sicher nicht zuletzt wegen dieser desolaten wirtschaftlichen Situation dem Alkohol – sagen wir mal – nicht abgeneigt waren.

Einige Wochen später erhielt ich daheim in Hamburg einen Brief aus Borino. Die schöne Ivelina hatte mir geschrieben. Sie erzählte, wie viel Spaß es gemacht habe, mit mir zu tanzen, und wie sehr sie mich vermisse. Und dann kam ein Text, der meine schönen Erinnerungen etwas trübte. Sie schrieb, dass sie in der bulgarischen Ringer-Nationalmannschaft sei und um weiter intensiv trainieren zu können, bräuchte sie jetzt 5.000 D-Mark von mir, sonst sei ihre Karriere wohl beendet. Zum Schluss stand da noch: »Ich liebe dich.«

Diese Liebe schien mir maßgeblich daran zu hängen, dass ich in wesentlich besseren Verhältnissen lebte als sie. Vermutlich dachte sie, der gewünschte Betrag sei für mich Peanuts. Ich musste sie enttäuschen und schrieb zurück, dass ich für 5.000 Mark lange arbeiten muss und das Geld hier nicht einfach herumliegt.

»Auch mir hat der schöne Abend mit Dir viel Spaß gemacht«, endete mein Antwortbrief. »Aber ich kann Dir leider nicht helfen. Ich werde Dich nicht vergessen.«

Danach hörte ich nichts mehr von Ivelina. Sie war sicher ebenso enttäuscht von mir wie ich von ihr. Es war eine zwiespältige Situation. Ich helfe ja gern, auch mit Geld. Doch ich glaubte, dass es noch sinnvollere Dinge gab, die ich unterstützen konnte.

Revanche mit Felge

Natürlich wollte ich den Menschen, die uns gastfreundlich aufnahmen, gern etwas zurückgeben. Aber das ist schwierig, wenn man mit dem Rad unterwegs ist. Ich habe auf den Touren als kleines Dankeschön immer ein paar Packungen Zigaretten dabei, die gerne genommen werden, sowie Postkarten aus Deutschland. Und Kinder freuen sich besonders, wenn ich mit ihnen Seifenblasen steigen lasse. Am schönsten ist es aber, wenn wir ganz praktische Hilfe leisten können, so wie in Vietnam im Jahre 2004.

Wir radelten in einem engen Tal. Rechts von uns plätscherte in etwa 20 Meter Tiefe ein Fluss, der auf beiden Seiten von vielen grünen Bäumen und dichtem Buschwerk eingerahmt war.

Links von uns war die Straße durch den steil aufragenden Berghang begrenzt. Es war eine kleine, schmale Straße, auf der wir fuhren. Autos begegneten uns so gut wie gar nicht, denn so ein modernes Fortbewegungsmittel besaß hier in den Bergen Nordvietnams kaum jemand. Ab und an knatterte lediglich mal ein Moped vorbei. Häuser sahen wir zunächst keine, bis eines plötzlich zwischen den Bäumen hervorlugte. Vor diesem kleinen, aus breiten Holzplanken gezimmerten Haus, das kaum vier Meter in der Breite und drei Meter in der Tiefe maß, saß eine Großfamilie. Wie viele Menschen es genau waren, konnte ich auf den ersten Blick beim Heranradeln nicht ausmachen. Zumal ein Mann die Aufmerksamkeit auf sich lenkte, der eine Fahrradfelge in die Höhe hielt. Mit fast verzweifeltem Blick rief er uns etwas zu, was nur so viel heißen konnte wie: »Bitte helft uns, dieses Fahrrad wieder zum Fahren zu bringen!« So interpretierten wir zumindest seine Worte. Denn neben ihm lag ein uraltes schwarzes Fahrrad, dem der Vorderreifen fehlte.

Das wollten wir gerne versuchen, man hilft ja, wo man kann! Wir stoppten und sahen dem Mann die Erleichterung an. Er hatte offenbar die große Hoffnung, dass wir sein Gefährt wieder flottmachen konnten. Freudig wurden wir von der Großfamilie begrüßt: einer alten Frau, ihren zwei Söhnen, der Frau eines der Männer und deren vier kleinen Kindern.

Die beiden Brüder hatten sich an einer völlig verbogenen Felge versucht, die eigentlich nicht mehr zu retten war. So etwas Krummes und dazu noch Verrostetes wieder in Gang zu bringen, war Schwerstarbeit.

Stevie und ich waren uns einig in der Diagnose, nachdem wir einen genaueren Blick auf das Objekt des Reparierens geworfen hatten: Bei uns würde das Teil sofort auf dem Schrott landen, keine Frage. Doch wir waren nicht in Deutschland, wir waren in Vietnam – und zwar bei einer Familie, die nicht so wirkte, als könne sie sich ohne Probleme eine neue Felge leisten.

Offenbar hatten die Brüder schon längere Zeit versucht, das Rad wieder flottzukriegen. Ihnen fehlte einfach das richtige Werkzeug. Da lag lediglich ein Hammer. Den konnten zwar auch wir gut gebrauchen beim Bearbeiten dieses verbogenen Teils, aber zusätzlich hatten wir noch filigranere Utensilien parat. Stevie nahm seinen Speichendreher, den kaum einer so gut einzusetzen vermag wie er. Er gab alles, auch wenn ihn dieses mehr als nur reparaturbedürftige Teil mehrfach an den Rand der Verzweiflung brachte. Er verzog sein Gesicht, fluchte und schnaubte. Er dachte aber nicht daran aufzugeben. Gemeinsam rückten wir der Schrott-Felge mit Gewalt zu Leibe und schlugen abwechselnd grob mit dem Hammer auf sie ein, denn nur so gelang es, sie wieder in eine Richtung zu biegen, die an ihre ursprüngliche Aufgabe erinnerte: das schlaglose Drehen. Die fummelige Feinarbeit erledigte Stevie anschließend allein. Unsere Hartnäckigkeit lohnte sich. Es hatte zwar eine Ewigkeit gedauert, aber letztlich lief der Reifen wieder rund und tadellos.

Geschlagene drei Stunden saßen wir mit der Familie vor der Hütte in der Sonne, lachten, werkelten und am Ende eines fröhlichen Nachmittags setzte sich einer der Brüder auf das rostige Rad, trat in die Pedale und befand: Die Reparatur war gelungen, das Fahrrad wieder einsetzbar, Mission erfüllt!

Unter vielfachen »Dank«sagungen verabschiedete sich die Familie von uns und wir stiegen wieder auf unsere Räder und radelten weiter. Schön, dass wir endlich einmal etwas zurückgeben konnten.

Ukrainerin sucht Freundin

Wirklich helfen konnten wir im Jahre 2000 in der Ukraine, als wir das Glück hatten, einer alten Dame in einer bewegenden Herzensangelegenheit zur Seite stehen zu können.

Sie hatte uns angehalten, als wir auf der Halbinsel Krim durch ihr Dorf fuhren. Sie war gerade dabei, ihre ziemlich mageren schwarzen Kühe über die staubige Straße auf die nahe gelegene Weide zu treiben und ich wollte ein paar Fotos schießen. Als sie uns am Straßenrand stehen sah, winkte sie hektisch zu uns herüber und bedeutete uns mit Gesten, zu warten und uns keinesfalls vom Fleck zu rühren. Stevie und ich wussten natürlich nicht, was das sollte und sahen uns verblüfft an. Hatten wir irgendeinen Frevel begangen?

»Weißt du, was die Frau von uns will?«

»Ich hab keinen blassen Schimmer. Wir haben ja nichts gemacht, aber vielleicht will sie nicht fotografiert werden?«, entgegnete Stevie.

»Klar, ich hätte fragen sollen, aber ich wollte doch die Aktion festhalten. Na, schauen wir mal.«

Nachdem die Kühe drüben auf der Weide waren, kehrte die alte Dame flugs zu uns zurück. Aufgeregt, mit Händen und Füßen fuchtelnd, redete sie auf uns ein.

»Wir verstehen leider kein Wort«, unterbrach ich sie bedauernd, woraufhin sie in ihrem Redefluss stockte.

»Nemets?«, fragte sie zurück. Was so viel wie »Deutsche?« heißt, das wussten wir. Da wir dies mit Fug und Recht bejahen konnten, bat sie uns per Handzeichen und in ukrainischer Sprache, ihr zu folgen. Was hatte die Frau mit uns vor? Es wirkte so, als hätte sie nur darauf gewartet, dass endlich jemand aus Deutschland vorbeikommt.

Auch ohne ihre Sprache zu beherrschen war uns klar: Sie wollte etwas sehr Wichtiges von uns, als sie uns in ihr kleines, schnuckeliges Häuschen bat. Es war hellblau gestrichen und um die Ecke gebaut. Dazu gehörte ein kleiner Innenhof, auf dem eine Holzbank stand und der von Weinpflanzen überdacht wurde.

Wir gingen in das Haus hinein und setzten uns in ihrem kleinen Wohnzimmer auf das Sofa. Sie ging zum Fenster, wo eine Kommode stand und holte etwas aus der Schublade. Mit einem Schwarz-Weiß-Foto in der Hand kam sie voller Erwartung auf uns zu und zeigte es uns. Das Foto war sehr alt und zeigte eine Frau, deren Alter für uns schwer zu schätzen war. Ich tippte auf Mitte 30. War das ein Foto der alten Damen aus jungen Jahren?

»Wer ist das?«, fragte ich.

Die alte Dame mit ihrem schlohweißen Haar, das zu einem Dutt hinten zusammengeknotet war, und mit einem so sanftmütigen Blick, wie ich ihn mir bei der perfekten Oma vorstelle, redete drauflos – und wir verstanden mal wieder kein Wort.

Aber – ebenso »mal wieder« – konnten wir einzelne Wörter heraushören, ableiten und Handzeichen interpretieren. Stevie und ich schauten uns immer wieder an und berieten uns, wie wir die gute Frau zu verstehen hatten. Unsere Interpretation nach einer nicht ganz einfachen Konversation lautete so: Die Frau auf dem Foto war nicht sie, aber entweder eine Verwandte oder eine sehr gute Freundin.

Ihre Wege hatten sich getrennt, was auch immer der Grund dafür gewesen war. Das Wort »Sibirien« fiel an diesem Nachmittag mehrmals und wir wussten nicht, ob eine der beiden Frauen unter Stalin dorthin deportiert worden war, ob eine der beiden auswanderte oder warum sie sich sonst aus den Augen verloren hatten. Aber es musste schon lange her sein.

Die alte Frau mit meinem »Lieblings-Oma-Blick« erzählte, so meinten wir herauszuhören, dass die Frau auf dem Foto irgendwann in Deutschland gelandet sei. Deshalb also war sie so aufgeregt, als plötzlich Deutsche durch ihr Dorf kamen. Sie wollte, dass wir diese Person ausfindig machten und den Kontakt zwischen beiden wiederherstellten.

»Na, wenn's weiter nichts ist«, sagte Stevie zu mir gewandt, »wie sollen wir das denn bitteschön hinkriegen?«

»Mir fällt da was ein.« Ich erinnerte mich daran, schon mal etwas von einem Suchdienst des Deutschen Roten Kreuzes gehört zu haben und erzählte Stevie davon. »Vielleicht wissen die, was zu tun ist und wir finden die Gesuchte tatsächlich in Deutschland. Wäre doch eine tolle Sache, wenn wir die zwei wieder vereinen können«, meinte ich.

Wir versuchten der alten Dame in ihrem schwarz-weißen Wickelkleid zu erklären, dass sie uns bitte einen Zettel mit allen erforderlichen Namen und möglichst vielen weiteren Informationen schreiben sollte, den wir zum Übersetzen weitergeben konnten – oder an den Suchdienst. Sie verstand uns, riss einen Zettel aus einem Notizbuch und schrieb ein paar Worte in ukrainischer Schrift darauf – für uns waren das Hieroglyphen. Aber irgendjemand würde das in Deutschland schon übersetzen können. Wir konnten ihr natürlich nicht versprechen, dass unser Einsatz von Erfolg gekrönt sein würde, versprachen ihr aber, alles dafür zu tun.

Sie lächelte erleichtert, als sie merkte, dass wir verstanden hatten, worum es ihr ging. Zum Abschied schloss sie uns beide in die Arme und wir machten uns wieder auf den Weg. Ich spürte, dass es der alten Dame sehr am Herzen lag, die Verschollene wiederzusehen. Deshalb hoffte ich inständig, dass wir wirklich helfen konnten.

Zu Hause angekommen, rief ich sofort beim Suchdienst des Deutschen Roten Kreuzes in Hamburg an. Sie versprachen, alles zu versuchen, um zu helfen und machten mir Hoffnung, dass es tatsächlich klappen könnte. Ich schickte ihnen den kleinen abgerissenen Zettel mit den Informationen der alten Dame und dann blieb mir nur noch abzuwarten.

Ein paar Wochen später bekam ich die grandiose Nachricht, dass die Suche erfolgreich gewesen war. Es stellte sich heraus, dass die Frau auf dem Foto eine Freundin unserer energischen Ukrainerin war, die nach Deutschland ausgewandert war. Die Adressen und Telefonnummern seien weitergegeben, jetzt sei es an den beiden, gegenseitig Kontakt aufzunehmen.

Großartig! Ich freute mich riesig, dass wir der alten Dame helfen konnten. Dank uns und vor allem Dank des Suchdienstes des Deutschen Roten Kreuzes fand sie ihre Freundin nach vielen Jahren endlich wieder.

Nur nicht abheben

Wenn ich auf Reisen bin und dort von den Menschen in ihr Haus eingeladen werde, dann kann ich mir sicher sein, dass sie nicht deswegen so freundlich zu mir sind, weil ich der Nachrichtensprecher und Moderator aus dem Fernsehen bin, der von der Tagesschau.

Das ist ein sehr schönes Gefühl, denn zu Hause weiß ich nicht immer genau, ob der oder die nur deshalb so nett zu mir ist, weil ich die Fernsehnase bin. Da ich mir darüber nicht ständig den Kopf zerbrechen kann, freue ich mich mittlerweile einfach über eine gute Behandlung – egal, aus welchen Gründen.

Wer vor der Kamera steht, der könnte von sich glauben, dass die Welt ohne ihn oder sie bedeutend ärmer wäre. Das kann schnell passieren, weil Außenstehende uns das Gefühl geben, einen besonderen und außergewöhnlichen Job zu haben. Stimmt, die Arbeit ist außergewöhnlich und macht besonders viel Spaß. Wir werden auf der Straße erkannt und hinter unserem Rücken heißt es: »Siehst du den? Das ist der aus dem Fernsehen.« Dadurch werden wir aber nicht zu tolleren Menschen und nicht wichtiger und besser als der vietnamesische Bauer oder die singenden Hirten von Lesotho.

Wir werden zu allerlei Veranstaltungen eingeladen, von denen am nächsten Tag in den Zeitungen und später in entsprechenden Magazinen berichtet wird. Wir bekommen dadurch scheinbar die Bestätigung, dass ohne die Leute vom Fernsehen etwas wichtiges fehlen würde.

Gut, wenn man trotzdem auf dem Boden der Tatsachen bleibt. Stärke und inneren Halt zu einem Großteil daher zu nehmen, dass andere uns applaudieren und bewundern, weil wir im Fernsehen eine Rolle spielen, ist kaum ein stabiles Fundament. Ich freue mich zwar auch, wenn ich sogar im hintersten Winkel irgendwo in Deutschland noch erkannt werde, Eitelkeit und Ehrgeiz sind auch mir nicht fremd, aber ich will mich nicht wichtiger nehmen, als ich bin.

Erdung tut gut in diesem Geschäft. Erdung durch Freunde, die nicht deswegen Freunde sind, weil ich aus dem Fernsehen bekannt bin, sondern die auch dann meine Freunde wären, wenn ich damals statt bei Radio und Fernsehen in der Volkswirtschaftlichen Abteilung der Hamburger Wirtschaftsbehörde gelandet wäre. Dort hatte ich ein Praktikum absolviert, kurz bevor ich nach meinem Volkswirtschaftsstudium meinen ersten Job im bayerischen Fürstenfeldbruck bei Radio FFB bekam.

Als Kriegs-Experte im Fernsehen

Erdung bekomme ich auch durch meine einfachen Reisen auf dem Rad, obwohl mich das Fernsehen 2004 in Vietnam sogar im Urlaub verfolgte. Wir fuhren durch das Land, als ein wichtiges Jubiläum anstand: der 50. Jahrestag der großen Schlacht von Dien Bien Phu.

Wir kamen gerade eine Straße in der Nähe dieser Stadt entlang, als wir an der Seite eine junge Reporterin sahen, die einem sehr alten Herrn, neben dem ein uraltes verrostetes Fahrrad stand, ein Mikrofon unter die Nase hielt. Davor stand ein Kameramann, der alles filmte.

Als die Frau uns sah, winkte sie uns zu und bedeutete uns anzuhalten. Sie sagte, sie wolle bitte eine Frage stellen. »Was sagen Sie zur Schlacht von Dien Bien Phu?« Zum Glück hatte ich zuvor im Reiseführer etwas über den ersten Indochinakrieg gelesen und wusste, dass sich bei Dien Bien Phu Franzosen und Vietnamesen 1954 zur entscheidenden Schlacht gegenüberstanden. Die Reporterin war offenbar davon ausgegangen, dass wir selbstverständlich nur wegen dieses Jahrestages nach Vietnam und hierher, an diese historische Stätte, gekommen waren.

Diese Illusion wollte ich ihr nicht nehmen und so erzählte ich, dass es natürlich etwas ganz Besonderes sei, gerade jetzt hier zu sein und wir hofften, dass es nie wieder einen so schrecklichen Krieg geben würde. Es sei außerdem beeindruckend, wie ein kleines Volk wie das vietnamesische, das den großen Franzosen doch eigentlich heillos unterlegen schien, sich mit kluger Taktik aufgelehnt hatte und die Grande Nation besiegen konnte.

Der ältere Herr mit dem Fahrrad lauschte meiner Antwort

und war begeistert. Wir erfuhren, dass er ein Zeitzeuge war, ein Veteran, der damals als Soldat sein Leben riskiert hatte. Das Fahrrad, das er bei sich hatte, war ein Original und hatte eine besondere Bedeutung. Denn die Vietnamesen benutzten solche Räder, um durch den dichten Dschungel hindurch Lebensmittel und Waffen an die Front zu transportieren. Das war damals wohl mitentscheidend für den Sieg.

Mit Blick auf Stevie und mich sprach der alte Veteran ein Lob auf die deutsch-vietnamesische Freundschaft aus, auf dass sie ewig währen möge. Dem konnte ich selbstredend nur zustimmen. Mit herzlichen Umarmungen wünschten wir uns alles Gute und gingen wieder auseinander.

Teatime bei Berbern

Im Jahre 2002 luden uns Nomaden – oder »Berber«, wie sie in Marokko heißen – zu einem nachmittäglichen Tee ein. Mitten in der heißen Wüste. Sie hatten in der Einöde alles dabei, was nötig war: Pfefferminzblätter, Gläser und eine kleine blecherne Kanne. Dort füllten wir das Wasser hinein, das wir noch in unserem Wassersack hatten. Von einem vertrockneten Busch knickten wir kleine Zweige ab und brachten sie mit Streichhölzern zum Brennen. Einer der drei Männer, die vermutlich alle um die 30 Jahre alt waren, stellte die Kanne ins offene Feuer und schon bald darauf mischte sich der Pfefferminzduft mit dem leichten Geruch des Holzfeuers. Während wir darauf warteten, dass das Teewasser kochte, setzten wir uns zusammen in den heißen Sand. Ich staunte, denn die drei schienen mir viel zu warm angezogen. Die Berber trugen Djellabas, die traditionellen wallenden Gewänder aus schwerem Baumwollstoff, darunter noch jeweils ein Hemd und eine Hose. Zum Schutz vor der Sonne hatten sie Tücher um ihre Köpfe gewickelt. War denen nicht wahnsinnig heiß, fragte ich mich? Ich hatte ein dünnes T-Shirt an sowie eine dünne, lange Hose, und dennoch rann mir der Schweiß nur so den Körper herab.

Als der Tee fertig war, schenkte einer der Männer das Wasser in die Gläser. Das tat er, indem er den rechten Arm mit der

Kanne in die Höhe streckte und den Wasserstrahl gekonnt in die Gläser platzierte – so ähnlich wie Luigi vom Eiscafé Venezia bei mir um die Ecke, der dieses Kunststück allerdings mit Eiskugeln vollbringt.

Wir saßen beisammen und unterhielten uns in gebrochenem Französisch darüber, wie unterschiedlich wir lebten. Die Männer waren Halbnomaden. Sie erzählten, dass sie nur im Sommer mit der ganzen Familie und den typischen Berberzelten umherziehen und dort Station machen, wo die Ziegen und Schafe gut weiden könnten. Alle drei sprachen mit größter Ruhe und sehr bedächtig, ihre Bewegungen waren gemächlich. Kein Anflug von Hektik oder Unruhe. Ich spürte sehr deutlich, dass sie in einer Welt lebten, in der es auf eine Stunde nicht ankommt, erst recht nicht auf eine Minute oder gar Sekunde. Sie denken in Jahreszeiten. Wenn es kälter wird hier in Marokkos Süden, dann gehen sie zurück ins traute Heim, in ihr Steinhaus in einem kleinen Dorf. Dort überwintern sie, bevor sie sich im Sommer wieder mit Sack und Pack auf den Weg machen.

Nachdem wir den Tee getrunken und noch einige Zeit miteinander geredet hatten, bedankten wir uns sehr herzlich für den unerwarteten Umtrunk und verabschiedeten uns voneinander. Langsamen Schrittes gingen sie zurück zu ihren Schafen und Ziegen, die mehrere hundert Meter von uns entfernt auf karger Fläche grasten.

Ein Herz für Radler

All diese Einladungen erfüllen das Klischee, das ungefähr so geht: »Wer wenig Geld hat, der teilt gerne und lädt andere zum Essen ein.« Das tun Reiche in der Regel nicht, sagt man. Ausnahmen bestätigen aber die Regel. Als ich 2008 allein von Nizza nach Basel durch die Alpen radelte, hatte eine Familie offenbar Mitleid mit mir. Es war ein heißer Junitag und ich kämpfte mich auf meinem Rad den steilen Anstieg ins Dorf Billiat in Frankreich hinauf. Neben mir fuhr ein Auto zu mir auf, die Fensterscheibe wurde heruntergedreht und die Frau auf dem Beifahrersitz sagte: »Hallo, wenn Sie möchten, laden wir Sie zu uns auf ein kaltes Getränk und ein Stück Kuchen ein. Haben Sie Lust mit uns zu kommen?«

»Sehr gern«, erwiderte ich völlig verblüfft, denn das war mir in einem westeuropäischen Land noch nie passiert. Diese Einladung kam gerade recht, denn ich hatte keinen guten Tag erwischt und fühlte mich schon seit Stunden ziemlich erschöpft.

Wie von Zauberhand motiviert, fuhr ich plötzlich recht dynamisch hinter dem Auto her und folgte ihm bis zu einem alten, sehr schönen, frisch restaurierten Haus aus großen hellbraunen Natursteinen – typisch französisch.

»Wir haben das Haus in den vergangenen zwei Jahren mit viel, viel Arbeit wieder auf Vordermann gebracht«, erzählten meine Gastgeber, als wir uns in der geräumigen Küche am großen Holztisch bei einem Glas kühlen Wassers gegenübersaßen.

Ich sah mich um und nickte anerkennend. Mein Blick fiel auf das Panoramafenster, von wo aus ich in den großen Garten mit blühenden, exotischen Pflanzen und Bäumen sehen konnte.

»Nun sind wir fast fertig, es gibt nur noch Kleinigkeiten zu erledigen.« Jack war Amerikaner, der eine Französin geheiratet hatte und nun mit ihr und den beiden kleinen Kindern in diesem Dorf wohnte. Er arbeitete etwa eine Autostunde entfernt im schweizerischen Genf.

»Ich bin früher selbst viel mit dem Fahrrad unterwegs gewesen«, erzählte er. »Und ich weiß, wie das ist. Ich habe mich immer gefreut, wenn ich mal eingeladen wurde und auch, wenn ich Einheimische kennen lernen durfte. Deshalb«, so erzählte er weiter, »dachte ich mir, der Mann auf dem Rad freut sich vielleicht auch.«

Das tat ich wirklich. Etwas später gab es Kaffee und für jeden von uns ein Stück leckeren Apfelkuchen. Damit war es aber noch nicht getan, denn sie boten mir an zu bleiben und mein Zelt in ihrem großen eingewachsenen Garten aufzuschlagen. Es stand ein Fest bevor. Da sollte ich plötzlich auch noch dabei sein. Am Abend wollten Marie und Jack ein Barbecue veranstalten, denn Verwandte aus den USA, aus Dänemark und anderen Regionen Frankreichs sollten gleich zur Party eintreffen, um mit ihnen zu feiern.

Ich war baff über diese Einladung und nahm gerne an. Es wurde ein vergnüglicher Abend mit vielen interessanten Menschen, mit denen ich mich angeregt unterhalten konnte. Welch eine überraschende Wende, nachdem ich zuvor noch hechelnd auf meinem Rad gesessen hatte und mich am liebsten in einem ruhigen Hotel ins Bett gelegt hätte.

Diese Einladung hat mir eines gezeigt: Um solchermaßen offen zu sein für Einladungen an Radler, ist es zumindest hilfreich, wenn man selbst schon einmal solche Reiseerfahrungen gemacht hat.

Eine dubiose Einladung

Ähnliches erlebten wir auf unserer Südafrika-Tour Ende 2005 – allerdings mit Anlaufschwierigkeiten.

Stevie und ich waren auf der Straße nach Middelburg unterwegs. Ehrlich gesagt: eine verdammt öde Ecke, ungefähr 150 Kilometer östlich von Johannesburg. Unsere Radstrecke war eine sanft gewellte Ebene, die sehr geradlinig verlief und durch eine recht karge Landschaft führte, in der kaum etwas wuchs. Abwechslungsreich und spannend ist für mich etwas anderes.

Die Straßen waren immerhin so markiert, dass ein gelber Streifen am Rande der Fahrbahn einen kleinen Bereich abtrennte, den wir Radfahrer als unseren eigenen Raum nutzten. Das war ganz beruhigend, denn die Straße war stark befahren, etwa so wie eine größere Landstraße bei uns in Deutschland.

Einige Kilometer vor Middelburg machten Stevie und ich eine kurze Rast auf einem Parkplatz, um zu beratschlagen, wo wir den nächsten Nachtstopp einlegen sollten, denn es war schon später Nachmittag. Mit Middelburg lag eine größere Stadt vor uns. Somit mussten wir uns überlegen, ob wir dort nach einem Campingplatz Ausschau halten wollten oder uns besser etwas beeilen sollten, um das Menschengewirr hinter uns zu lassen und uns etwas außerhalb der Stadt ein Plätzchen im Grünen zu suchen.

Wir pausierten also und stürzten erst mal das Wasser aus unseren Flaschen nur so herunter, denn es war heiß und wir waren heftig ins Schwitzen geraten. Plötzlich bog ein Motorradfahrer auf den Parkplatz ein, fuhr schnurstracks in unsere Richtung, stoppte und nahm seinen Helm ab. Ich schätzte den schlanken, hellhäutigen Mann mit den dunklen, kurzen Haaren auf etwa 40 Jahre. Auf den ersten Blick eine durchaus sympathische Erscheinung.

Er begrüßte uns mit einem freundlichen »Hello« und plapperte gleich drauflos. »Ihr könnt heute zu mir nach Hause kommen und bei mir übernachten, wenn ihr einen Platz für die Nacht benötigt. Natürlich nur, wenn ihr wollt. Ich wohne übrigens dort in Middelburg.« Er deutete in Richtung Stadt.

Diese knappe und völlig überraschende Einladung verschlug uns die Sprache. Keine langen Worte, woher, wohin, sondern die direkt Einladung eines fremden Mannes in sein Heim.

Ich war irritiert und wusste nicht, wie mir geschah. »Was hat diese Einladung zu bedeuten?«, fragte ich mich.

»Ja, vielen Dank, aber, äh«, druckste ich herum, »wir, also, wir wissen noch nicht genau, was wir machen, vielleicht fahren wir auch noch weiter, aber vielleicht nehmen wir Ihr Angebot an, danke erst mal.«

Bevor er mit seinem Motorrad davonbrauste, zog er noch seine Visitenkarte aus seiner Tasche und überreichte sie uns. »Da steht alles drauf. Also dann, vielleicht bis später. Kommt einfach vorbei, wenn ihr wollt, ich bin auf jeden Fall heute Abend zu Hause.« So schnell, wie er vor uns aufgetaucht war, so schnell hatte er auch schon wieder seinen Helm aufgesetzt und war davongebraust.

Stevie und ich sahen uns verdutzt an. So etwas war uns bisher noch nicht passiert.

»Sind die hier in Südafrika alle so direkt? So ganz ohne Umschweife? Der kennt uns doch überhaupt nicht!«, fragte Stevie.

»Ja, komisch ist das schon. Was meinst du, müssen wir uns Gedanken machen?«

Wir diskutierten hin und her. In Deutschland wäre so eine Einladung ein Ding der Unmöglichkeit. Einfach mit der Tür ins Haus zu fallen, ohne vorher ein Wort miteinander gesprochen zu haben – das geht gar nicht. Erst recht nicht, wenn man aus Norddeutschland kommt, so wie wir. Bis wir mit Fremden warm werden, dauert es so seine Zeit, so sagt man über diesen Menschenschlag. Und dann kommt plötzlich dieser plumpe Südafrikaner …

Ich erinnerte mich plötzlich an Paris. Da habe ich einmal als Student ein paar Nächte auf einer Isomatte schlafend in einer Ecke des großen Bahnhofs Gare du Nord verbracht. Ich war jung und hatte kaum Geld, deshalb wollte ich auf diese Art und Weise das Geld für ein Hotel sparen. Dort kam damals ein älterer Herr auf mich zu, der mir einen Schlafplatz in seiner Wohnung anbot. Ich dachte noch, dass das ja wirklich richtig nett sei. Doch kaum hatten wir uns auf den Weg gemacht, da fragte er mich: »Magst du Männer?« Mir sträubten sich die Nackenhaare. Ja, ich mag Männer – als Kumpels, als Freunde, aber nicht so, wie er es offenbar meinte. Ich machte schnurstracks kehrt. Es war natürlich idiotisch zu glauben, hier am Pariser Bahnhof würde jemand aus purer Freundlichkeit einem Wildfremden ein Schlafgemach anbieten. Ich war gewarnt und wusste spätestens jetzt: Ohne Hintergedanken macht das niemand.

Kurz vor Middelburg zog ich aus diesem Erlebnis meine Schlüsse. Und somit schien mir klar: Der Typ, der uns gerade so freundlich zu sich nach Hause eingeladen hatte, führt etwas im Schilde. Warum sonst sollte er das tun? So etwas macht nur einer, der sich einen flotten Männerdreier wünscht. Ich fand die Einladung zumindest dubios und Stevie sah die Sache ähnlich.

Wir hakten das Angebot kurzerhand als inakzeptabel ab und als wir nach Middelburg hineinfuhren, hatten wir ihn schon fast vergessen. Während Stevie im Supermarkt einen Großeinkauf startete, wartete ich draußen und passte auf unsere Räder samt Gepäck auf. Plötzlich stand er wieder vor mir: der Mann, der sich sicher einen flotten Männerdreier wünschte.

»Habt ihr euch schon entschieden, ob ihr zu mir kommen wollt?« »Nein«, log ich. »Wir wissen noch nicht genau.«

»Kommt doch. Wir können gemeinsam zu meiner Freundin

gehen und bei ihr essen. Wir wollen heute Abend gemeinsam kochen.«

Was ist das denn für eine Masche, war mein erster Gedanke. Jetzt erfindet der Kerl auch noch eine Freundin, um uns zu sich zu locken. Doch dann versuchte ich es mal mit Menschenkenntnis. Bei genauerer Betrachtung wirkte er einfach nicht wie jemand, der uns Böses wollte.

»Überlegt es euch. Eine Stunde bin ich noch zu Hause, dann fahre ich los. Ich freue mich, wenn ihr vorbeischaut. Bye!«

»Bye«, gab ich noch leicht reserviert zurück.

Als Stevie zurückkam, besprachen wir noch einmal ausführlich die Lage. Zu zweit konnte uns eigentlich nicht viel passieren, deshalb kamen wir überein, die Chance zu ergreifen, einen Südafrikaner samt Freundin kennen zu lernen. Im Notfall konnten wir immer noch Reißaus nehmen und irgendwo hinter der Stadt campen.

Stevie schaute auf die Visitenkarte. »Versuchen wir es also mit Kobus Dieleman.«

Neugierig, aber etwas verunsichert, radelten wir zu Kobus' Wohnhaus. Es lag in einer sehr gut gesicherten Siedlung. Hier waren die einzelnen Grundstücke hinter hohen Mauern versteckt, auf denen eng an eng eiserne Spitzen ragten. Wer über diese Mauern klettern wollte, musste schon sehr schmerzunempfindlich sein. Auf Schildern wiesen sich Sicherheitsfirmen als ständige Aufpasser aus. Einbrecher hatten hier kaum eine Chance.

Als wir bei Kobus vor der Tür standen und er uns öffnete, freute er sich, dass wir uns dafür entschieden hatten, zu ihm zu kommen.

»Willkommen«, sagte er. »Wisst ihr, ich fahre auch viel mit dem Fahrrad. Ich finde es toll, dass ihr auf dem Rad euren Urlaub verbringt. Ich bewundere das. Deshalb wollte ich euch gern einladen.«

Wir warteten im Wohnzimmer, während er unsere Betten herrichtete.

»Das hätte er aber auch gleich sagen können, dann wären wir wohl gar nicht erst auf diese abstrusen Gedanken gekommen«, flüsterte ich Stevie zu.

»Das konnte ja keiner ahnen.«

Wir hatten die richtige Entscheidung getroffen, wenn auch erst im zweiten Anlauf. Bevor wir aufbrachen, führte uns Kobus noch im Haus herum und zeigte uns unsere Schlafplätze im geräumigen Gästezimmer.

»Richtet euch hier ein. Wenn ihr fertig seid, können wir noch einen Drink auf der Terrasse nehmen.« Nichts lieber als das.

Gut gelaunt setzten wir uns kurz nach draußen. Wir tranken und plauderten noch etwas, um uns ein wenig besser kennen zu lernen, dann fuhren wir in Kobus' großem Pick-Up zu seiner Freundin Jenny. Sie war eine sehr lustige Frau, die sehr gerne lachte, und sie freute sich über unseren Besuch. Für sie war es überhaupt kein Problem, dass nun noch zwei weitere hungrige Kerle am Tisch Platz nehmen würden. Gemeinsam bereiteten wir ein Festmahl zu: Es gab Lamm mit Kürbis und Reis. Dazu wurde ein trockener südafrikanischer Wein kredenzt.

Es war ein wunderbarer Abend mit Kobus und seiner charmanten Freundin und erst spät in der Nacht und nach reichlich Weingenuss fuhren wir drei Männer zurück nach Middelburg. Nur Kobus hatte sich beim Trinken zurückgehalten, weil er fahren musste.

Spätestens zu diesem Zeitpunkt schämte ich mich ein bisschen, diesen offenen und herzlichen Menschen so falsch eingeschätzt zu haben. Dieses blöde Misstrauen machte das Leben auch nicht einfacher. Na klar, die Sache hätte auch nach hinten losgehen können, aber vielleicht waren wir schon zu sehr darauf gepolt, immer erst mal skeptisch zu sein und alles zu hinterfragen.

Manchmal wäre es gar nicht schlecht, mehr Vertrauen zu haben und nicht gleich alles zu bewerten, schon gar nicht negativ.

Bewundernswert, wie Kobus uns ohne mehr über uns zu wissen, als dass wir mit dem Rad unterwegs sind, ohne zu zögern zu sich und zu einem gemeinsamen Abend mit seiner Freundin eingeladen hatte. Auf solch eine Idee wäre ich an seiner Stelle niemals gekommen. Aber vielleicht konnte ich mir nun eine Scheibe von ihm abschneiden.

Am nächsten Morgen machten wir uns daran, den »Hochsicherheitstrakt« zu verlassen. Eine Siedlung übrigens, in dem nach Kobus' Aussage nur wenige Schwarze wohnten. Die meisten waren Weiße.

Die Apartheid in Südafrika war zwar offiziell schon längst vorbei, doch in der Praxis gab es weiterhin große Unterschiede. Weiß und Schwarz hatten in dem Land immer noch nicht zueinander gefunden, von einer echten Versöhnung schienen sie noch weit entfernt.

Wir waren in Südafrika kaum mit Schwarzen in Kontakt gekommen. Es stand immer eine Mauer zwischen uns. Da half es auch nichts, dass wir mit Fahrrädern unterwegs waren. Uns kam es so vor, als gebe es weiterhin tiefes Misstrauen bei vielen Schwarzen gegenüber den Weißen. Die Rassentrennung schien noch nicht überwunden. Viele wirkten wenig selbstbewusst, es schien kein Selbstverständnis für ein von Schwarzen dominiertes Südafrika zu geben. Es wirkte so, als sei die Apartheid immer noch in den Menschen verankert.

Chinesen aus Tadschikistan

Auch das ist für mich das Spannende an Fahrradtouren: Ich bekomme viel von der Stimmung und den Strukturen mit, die in einem Land herrschen – dazu muss ich nicht einmal besonders gut über die jeweiligen Zustände informiert sein. Vieles spürt man einfach, wenn man die Menschen erlebt, durch ihre Länder radelt und dicht an ihnen dran ist.

Das ist uns immer wieder aufgefallen – auch bei unserer Tour 2001 über den Karakorum-Highway, der Pakistan und China verbindet.

China war für mich das Land mit den Chinesen. So weit, so einfach. Aber dass es noch viele andere Chinesen gab als die, die so aussehen wie der Kellner in meinem China-Restaurant um die Ecke, war mir neu, als ich von Pakistan über die Grenze fuhr.

Die chinesische Provinz, die an Pakistan grenzt, trägt den Namen Xinjiang und ist ein Gebiet, in dem viele unterschiedliche Völker leben, beispielsweise Uiguren, Tadschiken und Kirgisen. Als wir von Pakistan kommend dorthin radelten, war mir überhaupt nicht bewusst, dass es so große Schwierigkeiten in der Provinz gab. Eines aber wurde schon an der Grenze klar: Die hier in der Grenzstadt Tashkurgan vor allem lebenden Tadschiken hatten offenbar nicht viel zu melden. Die Grenzbeamten waren allesamt Han-Chinesen, sahen also so aus wie der Kellner im China-Restaurant.

Egal, ob bei der Durchleuchtung unseres Gepäcks, bei der Kontrolle unserer Pässe oder beim Smalltalk über die Fußball-Bundesliga und darüber, dass mein Kumpel Stevie aussieht wie »Olivel« Kahn – immer waren Han-Chinesen unsere Gegenüber.

Als wir nach der Einreisekontrolle weiter durch die Grenzstadt Tashkurgan fuhren, sahen wir dagegen fast ausschließlich Tadschiken, die recht farbenfroh gekleidet waren und ganz offensichtlich Schmuck liebten. Sie waren es auch, die als Straßenhändler Brot oder Zigaretten verkauften. Han-Chinesen hatten andere Jobs und patrouillierten als Polizisten durch die Straßen.

Mit der Polizei machten wir später auch in einem anderen Ort in Xinjiang Bekanntschaft. Wir schlenderten mit unseren Rädern über einen Markt und schauten uns ein wenig um, was verkauft wurde. Währenddessen scharten sich immer mehr Menschen um unsere Fahrräder. Besonders interessant war für sie das große, schwarze Bügelschloss, auf das sie immer wieder zeigten. »Was ist das?«, schienen sie zu fragen.

Sie fassten die weichen Isomatten auf unseren Gepäckträgern an und drückten darauf herum. Fragend sahen sie uns an und wir erklärten, dass wir darauf schliefen. Schnell hatte sich eine Menschentraube um uns herum gebildet und es wurde diskutiert, gestaunt und gelacht. Doch kurz darauf war das Beisammensein beendet: Plötzlich liefen sechs Polizisten auf uns zu, die mit ihren Schlagstöcken in der Luft herumfuchtelten und in die Menge hineinbrüllten. Die löste sich wie auf Kommando auf und zerstob in alle Himmelsrichtungen, bis wir ganz allein mit unseren Rädern dastanden. Möglich, dass die

Polizisten auch eine lustige Versammlung von Han-Chinesen aufgelöst hätten. Ich hatte jedoch den Eindruck, dass es eine Machtdemonstration gegenüber den Uiguren war.

So erlebten wir noch bevor das Thema im Sommer 2009 in der Tagesschau und in den anderen deutschen Medien aufgegriffen wurde, dass diese Völker in ihrem Land offenbar nicht gleichberechtigt waren. Die Lage in der chinesischen Provinz Xinjiang wurde zu einem wichtigen Thema in unseren Nachrichten, weil Uiguren und Han-Chinesen brutal übereinander herfielen. Auslöser dafür war, dass Han-Chinesen zwei uigurische Arbeiter erschlugen, weil diese angeblich eine Frau vergewaltigt hatten. Menschen beider Volksgruppen gingen in der Provinzhauptstadt Urumqi und in anderen Gegenden aufeinander los. Nach offiziellen Angaben wurden 197 Menschen getötet.

In jenen Tagen hörte und las ich nun die Hintergründe zu dem, was wir vor Ort gesehen hatten. Bei der ARD und anderswo wurde berichtet, dass sich die Uiguren in China unterdrückt fühlten und mehr Selbstbestimmung forderten. Dass sie beklagten, ihre Religion nicht frei ausüben zu dürfen und als muslimisches Volk nach den Terror-Anschlägen vom 11. September in den USA noch mehr Repressalien aus Peking zu spüren bekamen, als dies ohnehin der Fall war.

Die chinesische Staatsmacht versucht, die Han-Chinesen überall zur bestimmenden Volksgruppe werden zu lassen. Das ist in Tibet so und auch in Xinjiang.

Die neue Empathie

Auch ich musste in der Tagesschau mehrfach Meldungen über die Auseinandersetzungen in Xinjiang verlesen. Schreckliches zu vermelden, fällt nie leicht. Nachrichten über heftige Ausschreitungen mit vielen Toten liest niemand von uns gern vor. Aber was Schreckensmeldungen genau bedeuten, darüber mache ich mir immer erst nach der Sendung Gedanken. Während der Tagesschau versuche ich, professionell zu bleiben und nichts an mich herankommen zu lassen. Doch diesmal, bei den

Ausschreitungen in Xinjiang, war es besonders schwierig, diese Haltung zu wahren, denn ich hatte durch die Reise eine besondere Verbindung zu dieser Region und den Menschen.

Als wir auf dem Rückweg aus Kashgar waren, der zweitgrößten Provinzstadt nach Urumqi, hatten wir bei einer uigurischen Familie übernachtet und gefrühstückt.

Wir trafen auf sie, als wir auf dem Karakorum-Highway fuhren, der viel weniger frequentiert war, als sein Name annehmen ließ, denn nur selten überholte uns mal ein Lastwagen oder ein Bus. Schon gar nicht war der Highway eine mehrspurige Autobahn, sondern vielmehr eine schmale Straße, auf der zwei Autos knapp aneinander vorbeikamen.

Er ist fast durchgängig asphaltiert und führt auf seinen 1.300 Kilometern vom chinesischen Kashgar in die pakistanische Hauptstadt Islamabad durch unterschiedlichste Landschaften: durch wüstenhafte Gegenden, fruchtbare Täler, tiefe Schluchten, steppenartige Ebenen und vorbei an vielen sieben- und achttausend Meter hohen, schneebedeckten und spektakulären Gipfeln des Pamir-Gebirges, des Karakorum, Himalaya und Hindukusch.

Frühstück bei Uiguren

Eines Abends wurden wir kalt erwischt: Wir hatten die engen Bergschluchten hinter uns gelassen und fuhren nun durch weite Täler. Der Sommerwind wehte uns sanft um die Nase, doch schnell wuchs sich diese willkommene Abkühlung zu einem Sturm aus. Immer heftiger wehte es, immer mehr Sand nahm der Wind vom Boden auf und schleuderte ihn in die Luft, bis wir die Hand vor Augen nicht mehr erkennen konnten – und die Straße schon gar nicht. Überall diese winzigen Körner. Sie setzten sich in Augen, Mund und Nase. Ein Vorankommen war kaum noch möglich, denn wie in dichtem Nebel sahen wir die Umgebung nur schemenhaft. Wir mussten versuchen, schleunigst einen Platz für die Nacht zu finden, der uns so gut wie möglich schützte. Wir kämpften mit zusammengekniffenen Augen und aufeinandergepressten Lippen gegen Sturm und Sand an, bis wir endlich versteckt zwischen zwei Büschen im Zelt in Sicherheit waren.

Der Morgen danach zeigte sich so, als hätte es den Sandsturm überhaupt nicht gegeben. Es wehte ein laues Lüftchen und ein strahlend blauer Himmel begrüßte mich, als ich aus dem Zelt herausblickte. Für den Abend aber stellten wir uns wieder auf heftigen Sturm ein. Zu Recht!

Wieder legte der Wind los, er kam schräg von vorn. Neben uns tauchte plötzlich ein Haus am Straßenrand auf, gebaut aus dem grauen Stein der hiesigen Berge. Es hatte ein flaches Dach und sah dadurch aus wie ein überdimensionaler Schuhkarton. Vielleicht konnten wir dort um Hilfe bitten.

Wir hielten an und entschieden uns zu fragen, ob wir unser Zelt im Schatten des Hauses aufstellen dürften, um vor dem tosenden Wind geschützt zu sein. Wir stiegen von unseren Rädern, stemmten uns mit nach vorne geneigtem Oberkörper gegen den Sturm und kämpften uns Schritt für Schritt zum Haus vor. Wir klopften an die Tür und da der Wind laut brauste, riefen wir, damit jemand auf uns aufmerksam wurde und herauskam.

Wir wurden erhört, denn kurz darauf öffnete sich die grün gestrichene Holztür und vor uns stand ein altes Mütterchen mit ihrem kleinen Enkel an der Hand, der vielleicht fünf Jahre alt war. Im selben Augenblick drängelten sich zwei Männer hinter sie und schauten neugierig über ihre Schultern. Der eine war in ihrem Alter, der andere vielleicht 30 Jahre. Es war schwer, ihr genaues Alter zu schätzen, denn die raue Wirklichkeit lässt die Menschen hier vermutlich schnell alt werden. Sie dürften jünger gewesen sein, als sie aussahen.

Da wir wieder einmal nicht dieselbe Sprache sprachen, bedienten wir uns der Zeichensprache. Ich machte das Zeichen für Zelt, wobei ich mit den flachen Händen ein Spitzdach andeutete, und dann auf einen Platz direkt neben dem Haus zeigte. Anschließend legte ich die Hände flach aufeinander, bewegte sie zum Kopf und neigte diesen etwas zur Seite. Das sollte heißen: »Wir würden gerne neben dem Haus unser Zelt aufschlagen und hier schlafen. Geht das?«

Sie verstanden und nickten. Wir hatten ein sicheres Nachtlager gefunden. Gerade noch rechtzeitig vor Einbruch der Dämmerung.

Während wir absattelten, kamen weitere Familienangehörige zu uns, um uns zu begutachten und zu begrüßen: unter anderen die vielleicht 10-jährige Schwester des kleinen Jungen und ihre Mutter.

Wir machten uns daran, unser Nachtlager aufzubauen, doch der Wind pfiff um das Haus herum und versuchte, uns das Zelt aus den Händen zu reißen. Der Stoff flatterte wild, die Bänder peitschten durch die Luft. Wir packten fest zu, doch es war erst gebändigt, als wir nach einigen Mühen die neun Heringe endlich im Boden verankert hatten.

Die beiden zotteligen Yaks, die hinter dem Haus grasten, hatten so etwas wie uns und unser Zelt offenbar noch nie gesehen und waren sehr interessiert daran, was neben ihrem angestammten Gebiet geschah. Sie knabberten an unseren Sieben-

sachen und machten uns den Zeltaufbau noch schwerer, als er ohnehin war.

Am nächsten Morgen bat uns die Familie zum Frühstück in ihr Haus, das aus einem einzigen großen Raum bestand. Dort ließen wir uns alle im Schneidersitz auf dem zerschlissenen Teppich nieder. In der Mitte des Raumes stand ein alter schwarzer Ofen, in dem die beiden Frauen das flache Brot gebacken hatten, das sie uns nun anboten. Dazu gab es eine große Schale Joghurt. Er war selbst gemacht aus der Milch der Yaks. Das also war deren typisches Frühstück. Lecker für uns, wenn auch sehr einfach. Einfach war auch die Ausstattung des Hauses. Die Innenwände waren grob mit Lehm verputzt und um den Ofen herum standen mehrere Blechkannen und Kessel. Auf einer Art Kommode aus Holz standen zwei bunte Teekannen sowie mehrere Töpfe und Schüsseln. Matratzen sahen wir nicht und wir deuteten ihre Handzeichen und Erzählungen so, dass sie alle nebeneinander auf einer Decke auf dem Boden schliefen.

An diese Familie musste ich denken, als in der Tagesschau-Redaktion die schrecklichen Agenturmeldungen aus der Provinz Xinjiang einliefen: Tote und Verletzte bei Auseinandersetzungen zwischen Uiguren und Han-Chinesen, die sich gegenseitig erschlugen.

Ich fragte mich in jenen Tagen, als ich diese Meldungen verlesen musste, wie es der uigurischen Hirtenfamilie ging, ob sie auf irgendeine Art und Weise von den Auseinandersetzungen betroffen war, ob sie schikaniert wurde, von den chinesischen Behörden, ob es ihr gut ging. Ich hatte die Hoffnung, dass sie von den Unruhen unberührt geblieben war, denn schließlich wohnte sie in großer Einsamkeit weit entfernt vom nächsten Ort und erst recht weit weg von Städten wie Kashgar und Urumqi.

Afrikaner sind auch nur Menschen

Wäre ich nicht Gast bei der uigurischen Familie gewesen, die Uiguren wären für mich ein Volk geblieben, mit dem mich nichts verband, egal, wie oft ich die Bilder aus Xinjiang im Fernsehen gesehen hätte.

Mitgefühl kommt bei schrecklichen Ereignissen immer auf, aber durch den direkten Bezug zu den Menschen und meine Tour durch die jetzt in den Medien nur noch »Unruhe-Provinz« genannte Region war das Gefühl viel intensiver. Ich habe sie als Menschen kennen gelernt, sodass sie keine bloßen Zahlen in meinem Nachrichtentext sind. So wurde ich plötzlich aufmerksam auf eine Welt, die nur in meinen Tagesschau-Meldungen vorkommt, ansonsten aber weit weg ist und mich in meinem Alltag nicht berührt.

Gleiches gilt bei den Anschlägen, die seit Langem immer wieder im pakistanischen Peschawar begangen werden. Dort haben wir damals auf unserer Karakorum-Radtour ein paar Tage verbracht. Heute würde ich einen weiten Bogen um sie machen – viel zu gefährlich. Aber ich denke an die Menschen, die wir dort getroffen haben und frage mich, wie sie den ständigen Terror bei sich erleben.

Die Reisen zu den verschiedenen Völkern haben bei mir zu mehr Empathie und Verständnis geführt. Die Menschen in weit entfernten Teilen der Welt sind mir näher gerückt. Wenn ich in der Tagesschau erzähle, dass bei Anschlägen viele Pakistaner ums Leben gekommen sind, dann sehe ich dazu Gesichter vor meinem inneren Auge. Genauso ist es bei Berichten über Wahlen in der Ukraine, bei einem Erdbeben in Chile oder Demonstrationen in Südafrika – immer verbinde ich mit solchen Ereignissen konkrete Erlebnisse.

Ich wusste vorher über das Leben in anderen Erdteilen, nur das, was in den Zeitungen, im Radio und Fernsehen berichtet wird. Dadurch entsteht manchmal ein schiefes Bild, auch wenn man meint, informiert zu sein. Vieles wird erst durch eigenes Erleben verständlich. Zumal Afrika, Südamerika, aber auch Osteuropa in den Medien oft nur dann vorkommen, wenn es Katastrophen zu vermelden gibt.

Kaum zu glauben, aber es gibt nicht nur Afrikaner, die in Flüchtlingslagern leben, die hungern, putschen oder als marodierende Banden durch die Gegend ziehen. Die meisten leben ein normales Leben, eben auf afrikanische Art und Weise – andere Völker auf pakistanische, auf uigurische. Sie sind gedanklich nun nicht mehr so weit weg, weil ich erlebt habe, dass sie alle Menschen sind wie du und ich. Das klingt banal, war mir aber nicht immer bewusst.

Kein Appetit auf Hund

Auf unseren Touren müssen wir uns auf neue Sitten und Gebräuche einstellen. Ich finde es selbstverständlich, sich aus Respekt vor anderen Kulturen während einer Reise an gewisse Gepflogenheiten anzupassen. Somit war für Stevie und mich klar, dass wir in Pakistan lange Hosen und langärmelige Shirts tragen, auch wenn es warm wurde. Das gleiche galt für Marokko, denn auch das ist ein islamisch geprägtes Land, in dem nun mal andere Regeln herrschen. Kurze Hosen sind dort verpönt und gelten als unwürdig für einen Mann. Und wenn ein solches Outfit die religiösen und sittlichen Empfindungen der Menschen vor Ort verletzt, dann richte ich mich danach. Kein Problem.

Ich muss natürlich nicht alles mitmachen, was gang und gäbe ist in anderen Ländern. Ich probiere gerne deren kulinarische Spezialitäten, aber nicht alles. Im Gegensatz zu den Vietnamesen esse ich kein Hundefleisch. Das kann ich einfach nicht, obwohl ich weiß, dass dies vor allem kulturell begründet ist, weil wir ein anderes Verhältnis zu unserem »treuen Freund« haben. In Vietnam gab es diverse Hunderestaurants, die an dem Schild mit der Aufschrift »Thit cho« zu identifizieren waren. Wir hatten uns rechtzeitig informiert, dass dies »Hundefleisch« heißt, um nicht aus Versehen in einem solchen Laden zu landen.

Ungewollt doch mal Hundefleisch vorgesetzt zu bekommen, war nicht sehr wahrscheinlich, denn es handelt sich dabei um eine Spezialität und ist entsprechend teuer. Wenn wir uns also in einer Garküche Fleisch aus den Auslagen ausgesucht hatten, konnten wir zum Glück ziemlich sicher sein, dass es sich meistens um Geflügel handelte.

Es war schon merkwürdig, wenn auf Märkten in Vietnam Hunde als Delikatesse angeboten wurden: lebendig oder schon getötet, gehäutet und aufgehängt wie ein Huhn oder ein Schwein.

Ich sah niedliche Hündchen in Käfigen herumlaufen und wusste, dass diese Tiere bald gekocht, gewürzt und verspeist werden. Trocken gesagt: ja, warum eigentlich nicht? Aber in unserer Kultur ist so ein schnuckeliger Vierbeiner nun mal nichts, was man verputzt.

Die Reisen zeigen mir immer wieder, dass es viele andere Sichtweisen gibt, auch in Abhängigkeit vom Kulturkreis. Das sollte eigentlich klar sein, doch ist es das wohl nicht immer. Ich kann andere Ansichten und Verhaltensweisen leichter akzeptieren und vor allem verurteile ich sie nicht sofort.

Früher hätte ich viel eher gesagt: Das kann man so nicht machen, die spinnen, die Vietnamesen.

Denn in Vietnam fiel uns auf, dass die Menschen wenig Distanz zu uns wahrten. Das war neu für mich. Wenn ich jemanden nicht kenne, dann halte ich einen gewissen Abstand – erst recht als Norddeutscher mit der uns eigenen Zurückhaltung.

Wir erlebten, dass Vietnamesen unsere Nähe suchten. Aßen wir in den kleinen einfachen Imbisshütten unsere obligatorische Gemüsesuppe zum Frühstück, setzten sich andere Männer direkt neben uns, obwohl es genügend andere freie Plätze gab.

Merkwürdig und gewöhnungsbedürftig für uns war es auch, wenn sie uns baten, sich zu ihnen zu setzen. Aber wenn wir dann Platz genommen hatten, brachten sie kein Wort heraus. Es schien ihnen zu genügen, einfach nur neben uns ihr Süppchen zu schlürfen. So etwas sind wir natürlich nicht gewöhnt, denn egal, ob in der Bahn, im Kino oder im Restaurant: In Deutschland wird gern ein Sicherheitsabstand von mindestens einem Sitz gewahrt. Man möchte dem anderen auf keinen Fall zu nahe sein. Ich mache das genauso. Aber was ist daran eigentlich schlimm, sich nebeneinander zu setzen, selbst wenn man sich nicht kennt? Ich sage also nicht, dass die Vietnamesen spinnen, sondern dass sie offenbar weniger Angst vor Nähe haben.

Außerdem nahmen sie sich ohne zu fragen unsere Reiseführer, die wir im Restaurant auf dem Tisch liegen hatten, und blätterten darin interessiert herum. Blieben wir mit unseren Rädern stehen, dann kamen sie gelaufen, um sich unsere Drahtesel genauer anzusehen. Das taten sie aber nicht zögerlich und zurückhaltend, sondern sehr direkt. Sie fassten alles an: den Fahrradcomputer, den Lenker, das Bügelschloss, unser Gepäck.

Vielleicht spinnen wir mit unserer großen Zurückhaltung und der Sorge, dem anderen zu sehr auf die Pelle zu rücken. Ich glaube aber, beide Varianten sind völlig in Ordnung. Jedes Volk hat eben seine eigene Verhaltensweise.

Deutsche Vergangenheit im Gepäck

Aber ich kann nicht alles akzeptieren. Auch meine Toleranz, die durch die Reisen sicher größer geworden ist, hört irgendwann auf. Spätestens, wenn Hitler gerühmt wird – so wie in Pakistan.

2001 fuhren wir nach Asien. Erstmals sollte eine Radreise außerhalb Europas stattfinden – und zwar in Pakistan und China. Wohlgemerkt, im Mai 2001. Es waren also noch 4 Monate, bevor islamistische Terroristen in den USA Anschläge verübten und ungefähr 3.000 Menschen ums Leben kamen. Als wir in Pakistan auf Reisen gingen, war wohl nur wenigen Menschen in Deutschland der Name Osama bin Laden sowie das Terrornetzwerk Al Kaida ein Begriff. Afghanistan war noch in der Hand der Taliban, der Steinzeit-Islamisten, wie sie genannt wurden. Nach dem 11. September 2001 wären wir sicher nicht so schnell auf die Idee einer Pakistan-Reise gekommen. Zu gefährlich schien es für einen Westeuropäer, sich dorthin zu wagen. Das war im Mai noch nicht abzusehen, als wir unsere Tour in Islamabad starteten.

Wir waren erst wenige Tage in Pakistan unterwegs und wollten statt der üblichen Spaghetti endlich das typische pakistanische Dhal-Essen probieren, ein Gericht aus gelben Linsen und Kichererbsen. Auf unserem Weg tauchte eine Art Restaurant auf. Man hätte es auch Imbissbude nennen können: ein einfacher flacher Steinbau, weiß getüncht, mit zwei Fenstern auf jeder Längsseite. Darin standen auf nacktem Steinboden sechs Tische, und davor die uns mittlerweile wohlbekannten Betten: Statt Stühle benutzen die Pakistaner gern solche Holzgestelle, deren Sitz- oder Liegefläche geflochten ist. Die standen wirklich überall: vor den Geschäften, an der Straße und auch dort, wo man sich zum Essen niederlassen konnte. Es wirkte so, als nutzten die Menschen jede Gelegenheit, um sich lang auszustrecken. Allerdings wurde meistens doch nur darauf gesessen. Es war zwar etwas merkwürdig, aber für erschöpfte Radler wie uns nicht das Schlechteste. So konnten wir uns ein wenig in der Horizontalen ausruhen, während wir auf das Essen warteten.

In einer Ecke des »Restaurants« stand ein großer schwarzer Topf, daneben ein steinerner Ofen, in dem das Feuer loderte und das Brot gebacken wurde.

Wir bestellten Dhal und Brot und setzten uns an einen der Tische.

Der Wirt sprach etwas englisch und war begeistert, als wir erzählten, dass wir Deutsche sind. »German? Good, very good«, sagte er und lächelte dabei breit.

Das hörte ich natürlich gerne, dass sich der Gastgeber so über uns Deutsche freute. Wir waren froh über dieses herzliche Willkommen.

Er hob den Daumen und sagte: »Germans are very good. Hitler, the war, very good.« Ich dachte, ich höre nicht richtig. Meine Gesichtszüge entglitten. Unsere Freude über seine Freude war schlagartig verschwunden.

»Wie bitte?«, fragte ich verdutzt auf Englisch zurück. »Sie mögen Hitler? Aber das war ein Massenmörder! Deutschland hat einen Weltkrieg entfacht, bei dem Millionen Menschen getötet wurden.«

»Ja«, antwortete der Mann, »Hitler hat etwas gegen die Juden unternommen. Das war gut.«

Stevie und ich waren entsetzt. Das konnten wir natürlich so nicht stehenlassen und versuchten mit dem Verderben und Leid zu argumentieren, das Hitler verursacht hatte. Es half nichts, keines unserer Argumente konnte ihn überzeugen. Er fand Hitler weiterhin ganz hervorragend und lobte ihn als einen Staatsmann, der durchgegriffen hatte.

»Pakistan müsste Krieg gegen Indien führen, aber unsere Regierung traut sich nicht. Hitler dagegen, der würde Indien einfach angreifen. Einer wie der fehlt uns.«

»Aber ein Krieg ist immer schrecklich, auch für die Zivilbevölkerung, die in Mitleidenschaft gezogen wird, unzählige Unschuldige müssen sterben.«

»Sie sterben für eine gute Sache. Krieg gegen Indien wäre eine gute Sache und ich käme ins Paradies, wenn ich dabei mein Leben lassen müsste«, sagte er enthusiastisch. Ich starrte ihn fassungslos an. Dafür kommt man ins Paradies? Ich konnte nicht fassen, was er da sagte, aber es machte keinen Sinn zu diskutieren, das sahen Stevie und ich schnell ein.

Wie konnte man so völlig abstruse Gedanken über Kriege und das Töten hegen? Sein Loblied auf Hitler war widerwärtig, weshalb mir das Dhal leider nicht mehr recht munden wollte.

Menschen, die so dachten, begegneten uns in Pakistan mehrfach. Unfassbar! Schön, wenn man uns mag. Aber bitte nicht wegen eines Massenmörders und Judenhassers. Viele andere Pakistaner begrüßten uns aber freundlich auch ohne unsere Nationalität zu kennen. Besonders überschwänglich waren zwei Offiziere, die wir in fast 4.800 Metern Höhe auf dem Khunjerab-Pass trafen. Wir hatten gerade China hinter uns gelassen und genossen den Ausblick vom höchsten befestigten Pass der Welt, als uns die beiden Männer, die die Grenze inspizieren wollten, freudestrahlend entgegenkamen. Sie fragten, ob es uns gut ging und ob wir irgendeinen Wunsch hätten. Sie schrieben uns sogar eine Telefonnummer auf - für den Fall, dass es ein Problem gab. Dann wünschten uns die Offiziere alles Gute und viel Spaß bei der weiteren Fahrt. Bei so einem Empfang fühlte ich mich fast wie ein Staatsgast. Aber vor allem: es ging auch ohne den Diktator!

Händchen haltende Männer in Pakistan

In einem anderen Punkt, so dachte ich für einen kurzen Moment, waren die Pakistaner sehr fortschrittlich. Doch das stellte sich als Trugschluss heraus.

In Sost hatten wir uns in einem kleinen Hotel einquartiert. Zum Ausklang des Tages gingen wir spazieren und wunderten uns über das, was wir sahen. Uns fielen zwei Männer auf, die Hand in Hand und vergnügt lachend und feixend durch die Straßen flanierten.

»Guck mal«, sagte Stevie, »hättest du gedacht, dass Schwule hier so offen ihre sexuelle Neigung zeigen können?«

Ich schüttelte verwundert den Kopf. »Nein, unglaublich!« Das meinte ich nach einer ersten Sekunde der Überraschung im wahrsten Sinne des Wortes: Ich wunderte mich, dass in einem islamischen Land die Männer so offensichtlich schwul sein dürfen. Daran änderte auch die Tatsache nichts, dass die Religion weniger fundamentalistisch gelebt wurde, je weiter wir in den Nordosten des Landes gekommen waren. Wir konnten das daran festmachen, dass wir von Tag zu Tag mehr Frauen auf den Straßen gesehen hatten. Zunächst sahen wir gar keine, weil sie offenbar das Haus gar nicht verließen, dann begegneten uns immerhin schon Frauen auf der Straße, allerdings verschleiert und schließlich im Hunza-Tal gingen sie sogar ohne Tschador, ohne ihren Schleier, aus dem Haus. Sie mussten sich nicht verkriechen und das offene Alltagsleben auf Straßen den Männern überlassen. Aber homosexuelle Männer dürfte es hier doch gar nicht geben – offiziell zumindest. In diesen Abendstunden liefen allerdings mehrere Händchen haltende oder sich umarmende Paare durch die Gegend. In unserem Kulturkreis assoziieren wir damit meisten: Die zwei sind schwul.

Später bekamen wir von unserem Fahrer Karim, der uns von Islamabad hierher gefahren hatte und den wir am Ende der Tour noch einmal trafen, eine einfache Erklärung: In Pakistan gehen gute Freunde so miteinander um, sagte er, und halten sich auch schon mal an der Hand oder zeigen sich in freundschaftlicher Umarmung. Auch wenn die meisten Männer nur herzlich miteinander umgingen, vermuteten wir doch, dass mancher auf diese verkappte Art und Weise seine Homosexualität auslebt. Nur sich küssende Männer – die würden wir hier ganz sicher nicht sehen.

Die Lust am Feilschen

Eine andere kulturelle Besonderheit lernte ich in Marokko kennen: das Feilschen. Ich hatte in den ersten zwei Wochen der Radtour viele Fotos gemacht. So viele, dass meine Diafilme zur Neige gingen. Damals, im Jahre 2002, hatte ich noch keine Digitalkamera im Gepäck, sondern machte auf althergebrachte Art und Weise meine Erinnerungsbilder mit einer analogen Spiegelreflexkamera.

Um auch an den verbleibenden Tagen Fotos schießen zu können, brauchte ich neue Diafilme. Wir fanden in einem winzigen Nest einen kleinen Laden, der tatsächlich solche Filme verkaufte.

Ich wusste, dass in Marokko Feilschen üblich war. Man darf niemals den erstgenannten Preis akzeptieren, hatte ich gelesen. Ich nahm mir vor, mich nicht übers Ohr hauen zu lassen und glaubte, richtig clever zu sein, als ich den vom Verkäufer genannten Preis für den Film nicht akzeptierte. »Das ist zu viel, ich zahle weniger«, sagte ich entschlossen. Mein Gegenangebot schien den armen Mann allerdings aus der Fassung zu bringen. »Was? So wenig wollt ihr dafür geben?«, polterte er. Wie wütend er aussah. »Ich habe eine Frau und drei Kinder – die muss ich ernähren von dem, was ich hier einnehme.«

Ich schämte mich. Ich konnte doch nicht ahnen, dass mein Angebot so schlecht war. Wir einigten uns auf den Mittelwert, der mir ein guter Kompromiss zu sein schien. Kaum hatte ich bezahlt, da lachte der Verkäufer laut auf und strahlte über beiden Ohren. »Vielen Dank!«, feixte er, »für das Geld kann ich mir zwei Kamele kaufen.«

Wie bitte? Zwei Kamele? Ich kam mir verschaukelt vor. Der Typ hatte mich reingelegt und offenbar ein sehr gutes Geschäft mit mir gemacht. Oder gab es Kamele gerade im Sonderangebot? Ich fürchtete, dass ich ein Vielfaches von dem hingeblättert hatte, was nötig gewesen wäre. Andererseits war es sogar ganz nett von ihm, dass er mich so darauf aufmerksam gemacht hat, dass ich ziemlich stümperhaft vorgegangen war.

So viel also zu meinen Fähigkeiten im Feilschen. Mein erster Versuch war komplett in die Hose gegangen, doch ich schwor mir, diesen Lapsus nicht auf mir sitzen zu lassen. Ich hatte jetzt richtig Lust aufs Handeln bekommen.

Gute Gelegenheit, meine diesbezüglichen Fähigkeiten zu verbessern, bekam ich auf dem Markt des Ortes. Wir hielten an einem Dattelstand, an dem ich meine Ausbildung fortsetzen konnte. Dieses Mal wollte ich mich um keinen Preis über den Tisch ziehen lassen. Als mir der Händler sagte, was er für seine Datteln haben wollte, konterte ich mit einem Angebot von etwa einem Drittel. Er sah erschrocken aus, warf die Hände in die Höhe und stimmte ein Klagelied an.

»Wie soll ich meine Familie, meine Frau, meine Kinder ernähren? Wie soll das gehen, wenn ich meine Ware fast verschenke? Wir müssen doch davon leben können!«

Ich war etwas verunsichert, weil ich dachte: »Vielleicht sagt er die Wahrheit und ich biete wirklich einen miserablen Preis.« Aber wenn nicht, dann lacht er dich am Ende wieder aus. Ich musste also hart bleiben und besserte mein Angebot nur ganz leicht nach. Das besänftigte ihn nicht, im Gegenteil, er wurde langsam richtig wütend.

»Das kann man mit mir nicht machen«, zeterte er. »Meine Familie muss hungern und mein Laden geht zugrunde. Bei diesem Geschäft muss ich ja noch draufzahlen.«

Ich war beeindruckt, wie er den am Rande des Bankrotts und des Nervenzusammenbruchs stehenden Händler spielte. Ich wollte mein Angebot aber nicht erhöhen, was ihn nur noch rasender machte. Ganz wohl war mir nicht in meiner Haut. Hatte ich es vielleicht doch übertrieben? Er fing an, mir leidzutun. Da kommt so ein Typ aus Deutschland, der es sich leisten könnte, auch ein paar Cent mehr für leckere Datteln hinzulegen. Stattdessen treibt er einen armen Dattelverkäufer mit seiner Knauserigkeit in den Ruin. War ich böse und geizig? Nein, redete ich mir ein, und versuchte, standhaft zu bleiben, obwohl es mir nicht leichtfiel.

Wir hörten uns noch ein paar Verwünschungen an und drehten uns unter seinen abfälligen Handbewegungen und einem mürrischen Gesicht schließlich zum Gehen. In unserem Rücken hörten wir noch einige Sekunden Wörter, die nach heftigem Schimpfen klangen, doch urplötzlich änderte sich der Ton.

»Moment, Moment, kommt zurück.« Wir drehten uns um. »In Ordnung, ich verkaufe euch die Datteln zu dem Preis, aber es ist wirklich ein Sonderangebot.«

Na also, geht doch, dachte ich mit einem leichten Triumphgefühl. Allerdings war ich noch leicht verunsichert. Würde er mir gleich erzählen, dass er sich von meinem Geld ein paar Kamele leisten könne?

Aber er lachte uns nicht aus. Im Gegenteil: Er war offenbar beeindruckt von meinem Verhandlungsgeschick, denn plötzlich schüttelte er uns überaus freundlich und mit einem Lächeln die Hand. Was für eine Wandlung!

Für mich war das Verhalten des Mannes unfassbar. Eben schien er noch stinksauer auf uns zu sein und uns zu verteufeln, jetzt waren wir plötzlich die besten Freunde. Wir unterhielten uns bei einem Pfefferminztee und tauschten am Ende sogar unsere E-Mail-Adressen aus. Feilschen war offenbar ein Sport, der die Beteiligten zwar für kurze Zeit zu harten Konkurrenten macht. Doch wenn das Ergebnis feststeht, verträgt man sich wieder. Und Stevie und ich hatten leckeren, süßen Nachtisch für die kommenden Tage.

Kirgisen wollen erblassen

Auf Reisen kann man viele kleinere Besonderheiten beobachten. In China erzählte uns ein dort lebender Kirgise, er und viele andere, die er kennt, hätten sehr gerne einen so hellen Teint wie wir Europäer. Deshalb kaufe er sich auf dem Markt des Öfteren eine Creme, mit der er versucht, sein Gesicht zu bleichen. »Unglaublich«, staunte ich. »Wir blassen Europäer fahren im Urlaub extra in warme Gefilde und legen uns dort den ganzen Tag in die Sonne, um braun zu werden.«

Der Mann, der uns eigentlich nur sagen sollte, wo die nächste Tankstelle war, damit wir den Benzinkocher auffüllen konnten, konnte es nicht fassen. Aber mir ging es umgekehrt ja genauso.

Etwas anderes Überraschendes hatte ich ebenfalls in China beobachtet. Dort spielten viele Kinder gern draußen auf der Straße. Da es offenbar keine Windeln gab, hatten ihre Hosen am Hintern einen Schlitz. So sollten sie ihr großes Geschäft immer komplikationslos direkt vor Ort erledigen. Sehr praktisch!

Faszinierend fand ich, was ich in Pakistan gesehen habe. Wenn ein Pakistaner wartet, dann steht er nicht einfach herum, wie wir. Er lehnt sich auch nicht gegen einen Baum oder an eine Wand, nein, er geht in die Hocke und kann mühelos eine halbe Ewigkeit so verharren.

Ich habe diese Stellung während der Reise ausprobiert, weil ich den Anblick und vor allem die Ausdauer der hiesigen Männer faszinierend fand. Ich aber hielt die Position nur wenige Minuten aus und musste meine Beine bald wieder strecken. Für meine europäischen Knie war das viel zu anstrengend. Die Knie der Pakistaner sind offenbar besonders gut geschmiert.

Eine andere große Leistung hat mich in Afrika beeindruckt. Wie die Frauen dort mit scheinbarer Leichtigkeit selbst schwerste Lasten auf dem Kopf trugen, war faszinierend. Besonders in Lesotho blieb mir eine Frau im Gedächtnis, die einen großen Sack auf ihrem Kopf balancierte. Fantastisch, wie sie ihre schwere Last mühelos im Gleichgewicht hielt und spazieren trug.

OBDACH

Späte Rettung

Unser Reiseführer hatte für Swasiland gutes Wetter versprochen. Zumindest stand da geschrieben, dass Regen in Swasiland nur selten lange andauert. Als wir 2005 durch das Land radelten und den ersten Regen auf der Tour erlebten, waren wir zunächst noch optimistisch, dass der Regen bald aufhören würde. Wir hatten den kleinen Ort Makanyane im Westen des Landes hinter uns gelassen und waren auf dem Weg zur Grenze nach Südafrika.

Angefangen hatte der Tag mit viel Sonne. Erst über Mittag zog sich der Himmel zu und wurde immer dunkler. Nun war alles grau in grau. Der zweitkleinste Staat in Afrika wollte sich einfach nicht an die Worte aus dem Reiseführer halten. Vielleicht sollte das mit den »selten länger andauernden Regenfällen« nur heißen, dass es nicht wochenlang durchregnet. Wie beruhigend! Drei, vier oder fünf Tage sind in Swasiland vielleicht normal. Die Beschreibung »länger andauernd« ist eben relativ. An diesem Tag regnete es ohne Unterlass und der Himmel war so düster, dass Stevie und ich keine Hoffnung auf ein baldiges Ende der Regengüsse hatten.

Schon in Makanyane hatten wir gefragt, ob es dort ein Hotel gab. Ein festes, regendichtes Dach über dem Kopf hätte uns gefallen, aber die Leute vor dem kleinen Supermarkt schüttelten nur den Kopf. So etwas gab es hier nicht. Uns blieb also nichts anderes übrig, als uns im strömenden Regen mühsam voranzukämpfen – in der Hoffnung, bald wenigstens einen geeigneten Campingplatz zu finden.

Aber davon waren wir noch weit entfernt, es fand sich rein gar nichts. Wildcampen war nicht machbar, denn der Boden abseits der Straße war schon komplett aufgeweicht. Alles war matschig. Herrliches Schlammcatchen hätte man hier auf riesiger Fläche veranstalten können. Da dies aber nicht unser Anliegen war, kam langsam Frust auf. Noch dazu waren die Felder durch einen Zaun versperrt. Wir hätten also nicht einmal im Matsch unser Nachtlager errichten können, selbst wenn wir gewollt hätten.

Hinter jeder Kuppe, über die wir fahren mussten, hofften wir, endlich doch noch einen traumhaften Campingplatz zu erblicken. Doch wenn ich den Minigipfel erklommen hatte, war die Enttäuschung immer wieder groß:

»Wieder nichts«, rief ich Stevie zu. »Vor uns sieht es genauso aus wie bisher. Nächster Hügel, nächste Hoffnung«, versuchte ich, optimistisch zu klingen. Aber die Landschaft wollte sich einfach nicht ändern. Alles was wir sahen, waren Matsch und Zäune in welliger Landschaft. Es war der immer gleiche Rhythmus: Einige hundert Meter ging es für uns leicht bergauf, bevor wir abwärts sausten, nur um gleich darauf erneut bergauf zu radeln. Und so weiter. Eintönig. Anstrengend. Ohne Aussicht auf Besserung.

Ich finde es frustrierend, wenn ich mir mühsam etwas erarbeite – in diesem Fall die Höhenmeter – nur um gleich darauf wieder alles herzugeben und von vorn anfangen zu müssen. Da fahre ich doch lieber zwei, drei Stunden stramm den Berg hinauf, genieße die Landschaft, freue mich auf die Aussicht oben auf der Passhöhe und die anschließende Abfahrt, bei der ich über viele Kilometer nur ab und an mal die Bremsen betätigen muss.

Vorerst gab es keinen Unterschlupf für uns und ob wir wollten oder nicht, wir mussten weiterfahren. Auch gab es kaum Bäume zum Unterstellen außer denen, die um die wenigen, weit verstreuten Häuser herum standen. Offenbar zum Schutz vor Wind hatten die Bewohner jeweils ein paar Bäume um ihre Häuser herum gepflanzt.

Links und rechts der gut asphaltierten Straße lag das große Nichts. Es war eine einzige bräunlich-grüne Fläche hinter einem Grauschleier. Es ist nicht schön hier, dachte ich. Aber ich war nicht sicher, ob ich die Landschaft richtig beurteilte oder ob ich gerade schlicht erschöpft und genervt war und deshalb sowieso alles doof fand. Für eventuelle landschaftliche Schönheiten hatte ich in dieser Situation nun wirklich kein Auge.

Nicht nur, dass es unentwegt weiterprasselte und ich einen Feuchtigkeitsgrad erreicht hatte, als wäre ich einem See entstiegen, nein, es dämmerte nun auch schon langsam. Allerhöchste Zeit also, endlich einen Platz für die Nacht zu finden.

Bislang hatten wir auf unserer Touren immer etwas entdeckt, selbst wenn es oft nicht danach aussah. Sollte uns das Glück in Swasiland das erste Mal verlassen haben? Es sah ganz danach aus. Was also sollten wir tun? Einfach die Nacht durchradeln? Das war unvorstellbar, denn wir waren müde und kaputt und lechzten nach einer Pause.

Dann kam mir eine Idee. Hier standen schließlich ein paar Häuser. Warum machen wir in dieser Notsituation nicht etwas, was wir nie zuvor gemacht haben.

»Stevie, was hältst du davon, wenn wir einfach mal an einer der Haustüren klopfen und fragen, ob sie uns reinlassen?«

»Einen Versuch ist es wert. Die Frage ist nur, ob wir jemanden finden, der zwei völlig durchnässte Typen wie uns, Weiße noch dazu, hier in Afrika spätabends in sein Haus lässt.«

Stevies Zweifel waren natürlich berechtigt. Aber welche Alternative hatten wir? Mir fiel nichts anderes ein. Als wir uns einem umzäunten Haus näherten, hinter dem ich einen Stall erkannte, fasste ich den Entschluss zu handeln.

»Lass uns dort mal fragen, ob die uns einen Schlafplatz geben zwischen ihren Hühnern, Schweinen oder was die auch immer in ihrem Stall haben. Es gibt hier sonst einfach keinen Platz für unser Zelt. Ich glaube, uns bleibt nichts anderes übrig.« Stevie stimmte zu, denn so wie ich sah auch er in dem Stall unsere letzte Chance.

Das auserkorene Haus war nicht die einzige feste Behausung hier. Sechs Rundhütten, in denen die Menschen in Swasiland traditionell wohnen, standen außerdem an diesem Flecken. Sie waren klein und wirkten so, als passten dort gerade mal ein Bett und ein Schrank hinein. Diesen wenigen Platz wollten wir den Bewohnern nicht streitig machen, indem wir bei ihnen um Unterschlupf baten.

So fuhren wir mit unseren Rädern an den mannshohen Eisenzaun, der das große Steinhaus mitsamt Stall umgab, und riefen laut: »Hello, Hello.«

Tatsächlich kam schon bald ein junges, dunkelhäutiges Mädchen aus der Haustür. Sie mag 16 oder 17 Jahre alt gewesen sein und trug ihr krauses Haar kurz. Wir erzählten ihr, dass wir hier in der Gegend einfach keinen Campingplatz finden und fragten sie, ob wir im Stall schlafen könnten.

Die hält uns bestimmt für komplett bescheuert, überlegte ich. Ich kam mir ziemlich blöd vor. Hoffentlich ruft sie nicht gleich um Hilfe, weil sie einen fiesen Trick mit anschließendem Überfall wittert. Oder würde sie uns auslachen und sagen, dass wir die Etappe hätten besser planen müssen? Sagte sie vielleicht, dass dieses Haus kein Obdachlosenasyl sei, an dem jeder Hans und Franz vorbeikommen kann? Aber nichts da. Sie hörte uns ganz ruhig zu, dachte nicht lange nach und sagte, wir sollten erst mal reinkommen ins Trockene und warten, bis ihre Eltern zurück sind. Die müssten dann entscheiden, was passiert.

Yippieh! Stevie und ich waren erleichtert. Ich hätte gern einen Freudensprung gemacht und Stevie umarmt – und das Mädchen noch dazu, als sie die Tür im Zaun öffnete und uns hineinließ. Aber dann hätte sie uns vermutlich wirklich für bekloppt gehalten. Ich unterdrückte meinen ersten Impuls der großen Erleichterung und wir folgten ihr.

Wir hatten es also wieder geschafft. Ein Platz für die Nacht war gesichert – gut geschützt vor dem heftigen Regen. Oder würden uns die Eltern noch einen Strich durch die Rechnung machen und uns auf die Straße setzen?

Nachdem wir unsere Räder unter einem Dachvorsprung an die Hauswand gelehnt hatten, bat uns das Mädchen, das sich als Liako vorstellte, durch die Küche ins Wohnzimmer. Der gesamte Boden war gefliest, was hilfreich war, weil wir mit unseren nassen Klamotten ganz schön tropften. In der guten Stube stand ein schwarzes Kunstledersofa, gegenüber eine dunkelbraune Schrankwand, in der ein Fernsehgerät untergebracht war – purer Luxus für die Verhältnisse in Swasiland. Hier lebten ganz offensichtlich Leute, die eine besondere Position innehatten. Und tatsächlich: Der Vater war nach der Beschreibung der Tochter so etwas wie ein Bürgermeister, obwohl das für den kleinen Ort ein etwas zu großes Wort war. Die Mutter war Lehrerin. Wir erfuhren, dass die beiden gerade beim Gottesdienst waren und jeden Augenblick nach Hause kommen würden.

Beim Gottesdienst? Wunderbar, dachte ich, hier leben gläubige Menschen. Was kann da noch passieren? Wie heißt es so schön in der Bibel: »Klopfet, so wird euch aufgetan.«

Lange ließen die Eheleute nicht auf sich warten. Sie begrüßten uns freundlich, aber ich spürte, dass sie skeptisch waren. Vielleicht waren sie aber auch nur entsetzt darüber, dass ihre Tochter so leichtsinnig war, wildfremde Männer ins Haus zu lassen. Ich hoffte inständig, dass sie keinen Ärger deswegen bekam. Ich konnte das Misstrauen verstehen, schließlich konnten sie nicht ahnen, dass sie zwei völlig harmlosen Menschen Obdach gewährten.

Es gab nur einen kurzen Smalltalk mit den Eltern. Woher? Wohin? Wie lange unterwegs? Dann schickte uns der Herr des Hauses auch schon hinaus in den Stall. Da sei es zwar ein bisschen dreckig und es liege auch noch einiges Zeugs herum, aber wir sollten uns einfach Platz schaffen, meinte er. Das war genau das, was wir wollten: nach verzweifelter Suche ein geschütztes Plätzchen, an dem wir ruhigen und trockenen Schlaf finden würden. Wunderbar!

Und doch war ich kurzzeitig etwas enttäuscht. Ich hatte insgeheim gehofft, die Eltern würden uns zu einem gemütlichen Abend in ihrer Stube einladen, bei dem wir die halbe Nacht über Deutschland erzählen und spannende Dinge über das Leben in Swasiland erfahren. Wir hätten uns gut auf Englisch unterhalten können. Hier hätte es endlich mal wieder keine Sprachbarriere gegeben. Na gut, das war denn offenbar doch zu viel verlangt. Aber das Wichtigste war: Wir hatten ein Dach über dem Kopf.

Wenn ich daran denke, wie es im umgekehrten Fall ausgegangen wäre, dann weiß ich umso mehr ihre Hilfe zu schätzen. Ich fragte mich, was ich wohl tun würde, wenn in Deutschland im Dunkeln plötzlich zwei Afrikaner, zwei Osteuropäer oder zwei andere Fremde vor meiner Tür stünden und fragten, ob ich für sie einen Schlafplatz hätte? Nur für eine Nacht, weil das Wetter so miserabel sei und sich sonst nichts finden lasse. Früher hätte ich sie vermutlich abgewiesen, aber jetzt, nachdem ich so viele gute Erfahrungen gemacht habe, lautet meine Antwort ganz klar: Irgendeinen Platz würde ich in meiner Wohnung schon finden. Das hat aber maßgeblich mit meinen Touren zu tun, denn auch ich bin mit der uns eigenen Skepsis gegenüber Fremden groß geworden. Die fällt bei jedem unterschiedlich groß aus, ist aber auch bei mir vorhanden

Meine Enttäuschung darüber, dass kein großer Austausch stattfand, war ganz schnell überwunden, obwohl der Stall nur ein Verschlag war. Er hatte weder Türen noch Fenster, sondern nur große Löcher im Mauerwerk. Es war ziemlich dreckig und staubig, aber das war uns vollkommen egal. Der Regen hämmerte auf das Wellblechdach und konnte uns nichts anhaben. Ein schönes Gefühl, sich im Trockenen zu wissen, während es draußen schrecklich ungemütlich ist. Wir breiteten unsere Isomatten aus und verteilten die nassen Klamotten auf den herumstehenden Eimern und Getreidesäcken.

Die große Freiheit auf einer Radtour ist eben nicht immer ohne Probleme zu bekommen. Manchmal sind wir auf solchen

Reisen auf Hilfe angewiesen. Und die bekamen wir in Swasiland auf beeindruckende Weise. Wir konnten beruhigt in unsere Schlafsäcke schlüpfen.

Beim Einschlafen dachte ich darüber nach, wie großartig es war, dass das Mädchen uns hereingelassen hatte. Oder war es Naivität? Hätten ihre Eltern genauso reagiert?

Mir gefällt es, wenn jemand so offen und positiv auf andere reagiert und sich nichts Böses denkt. Wenn jemand zuerst an das Gute im Menschen glaubt. Aus Westernfilmen kenne ich es anders: Sobald sich jemand einem Haus nähert, kommt ein Cowboy mit einem Gewehr im Anschlag aus der Tür. So ähnlich verhalten sich noch immer die meisten. Natürlich nicht mit einem Gewehr in der Hand, aber erst mal mit einer großen Portion Skepsis. Sie fragen sich, was der Fremde will und ihre Antwort ist eher: »Bestimmt nichts Gutes!« Schön, wenn jemand eine andere Haltung hat und sagt: Mal gucken, was der will; vielleicht kann ich helfen.

Ich hoffe sehr, dass die Eltern dem Mädchen nicht die Leviten gelesen haben und es dazu bekehren, künftig niemanden mehr ins Haus zu lassen. Vielleicht haben sie ihr ans Herz gelegt, von nun an etwas vorsichtiger zu sein und gut zu überlegen, ob sie wirklich das Richtige tut.

Für uns war das Verhalten natürlich perfekt. Dank ihres Vertrauens war dieser Tag für uns gerade noch einmal gut verlaufen. Zum Glück war dies in all den Jahren die prekärste Situation auf der Suche nach einem Dach über dem Kopf.

Der harte Weg ins Paradies

Nur einmal zuvor hatte ich mir Sorgen um einen Schlafplatz gemacht: Als Stevie und ich 1992 eine Tour in Europa unternahmen, die uns unter anderem in die italienischen Alpen führte. Das bedeutete, sechs Wochen lang durch die Berge zu radeln: rauf und wieder runter.

Aus heutiger Sicht muss ich sagen: Wir waren etwas irre, nicht nur weil wir jeden Tag einen neuen Alpenpass in unserer Liste der bewältigten Hindernisse aufnehmen konnten, sondern vor allem wegen unserer Aktion im Aosta-Tal. Wir wollten unbedingt in den dortigen Nationalpark Gran Paradiso und machten dafür im besten Sinne des Wortes eine Radwanderung.

Kaum hatten wir die norditalienische Stadt Aosta hinter uns gelassen, wählten wir eine kleine Straße, die uns näher an das Gran Paradiso heranführen und letztlich zum Colle del Nivolet bringen sollte. Dachten wir zumindest.

Kaum ein Auto fuhr hier, sodass wir in aller Ruhe den Kampf mit dem Berg aufnehmen konnten. Schließlich lag unser Ziel auf etwa 2.600 Höhenmetern. Ich hatte eigentlich keine Lust, mich schon wieder hochzukämpfen, denn der Frust vom Vortag saß noch tief: Bei strömendem Regen und Kälte hatten wir von Norden kommend schon den Großen St. Bernhard Pass überwunden. Er ist mit 2.469 Metern der dritthöchste Pass der Schweiz. Das war kein Spaß, denn oben war es mit etwa 5 Grad richtig kalt, es regnete und Autos waren auch massenhaft unterwegs. Das ist nervig, denn bei heftigem Verkehr heißt es nur, diese Strecke möglichst schnell hinter sich zu bringen. Da hilft auch die Vorstellung nicht viel, man könnte die steilen Abschnitte langsam und gemächlich bewältigen. Nein, die Steigungen sind nicht das Problem, sondern der Trubel um uns herum und das miese Wetter. In solchen Situationen bleibt vom Genuss nicht viel übrig.

Aber das hatten wir überstanden und nun fuhren wir bei strahlendem Sonnenschein in immer höhere Gefilde, bis wir in einem Örtchen namens Pont eintrafen. An einem großen Parkplatz, von dem aus man zu vielen verschiedenen Wanderungen aufbrechen konnte, wunderten wir uns: Unsere Straße war plötzlich zu Ende. Es ging nicht weiter. Wir fragten uns, was wir tun sollten, denn wir hatten damit gerechnet, bis zum Pass durchfahren zu können. Danach hatte es auf unserer Straßenkarte ausgesehen, doch das war offenbar ein Irrtum. Stevie faltete die Straßenkarte auf. Zu sehen war eine gestrichelte Linie, die von hier zu dem Colle del Nivolet führte. Aber das war wohl nur ein kleiner Wanderweg und keine richtige Straße, die man radeln konnte.

»Schade, hier ist für uns Schluss«, seufzte ich. Der ganze Weg von Aosta in etwa 600 Meter Höhe hier hinauf auf etwa 2.000 Meter war also vergebens? Na großartig! Es war eine schöne Strecke, schöne Berge, kaum Autos, sehr ruhig. Es ist frustrierend, wenn wir umkehren müssen.

»Warte mal«, erwiderte er. »Ich würde da schon gerne hinauf. Unser Reiseführer beschreibt das Gran Paradiso geradezu überschwänglich. Es muss dort sehr schön sein.«

»Aber wie sollen wir da hinkommen? Wenn es keine Straße gibt, dann schaffen wir es auch nicht mit Rädern und Gepäck.«

»Und wenn wir die Räder hier lassen und zu Fuß weiter gehen?«

»Es sind noch einige Kilometer bis zum Pass. Das würde Stunden dauern. Wir können doch nicht all unsere Sachen samt Fahrrad hier den ganzen Tag unbewacht stehen lassen. Das geht nicht.«

»Aber jetzt sind wir so kurz vor dem Ziel. Vielleicht schaffen wir den Weg ja auch mit den Fahrrädern. Es sieht nicht sonderlich schwierig aus oder allzu steil«, erwiderte Stevie.

Ich hatte den Eindruck, dass Stevie sich das alles viel zu einfach vorstellte. Auf eine solch komplizierte Aktion hatte ich absolut keine Lust.

»Nee, noch sieht der Weg nicht schlimm aus, aber wer weiß schon, wie es nach ein paar hundert Metern weitergeht. Vielleicht müssen wir umdrehen und alles war für die Katz.«

»Dann könnten wir immer noch die Räder dort irgendwo stehen lassen und von da an zu Fuß weitergehen. Mitten im Wald wären die Räder auch sicherer.«

Stevie wollt sich das Gran Paradiso offenbar wirklich nicht entgehen lassen, jetzt, da er schon mal da war. Ich kämpfte mit mir.

Was für ein Aufwand. Uns standen mühsame Stunden bevor, um uns über Stock und Stein zu kämpfen und den Pass doch noch zu erreichen. Einfacher wäre es, sich aufs Rad zu setzen, den Weg locker herunterzurollen und in aller Ruhe ein schönes Plätzchen für die Nacht zu finden. Es hätte alles so einfach sein können. Aber nicht mit Stevie.

»Lass uns die da drüben mal fragen, wie der Wanderweg aussieht«, schlug er vor, als ein junges Pärchen gerade von dort kam, wohin wir eventuell gehen würden.

»Entschuldigung, könnt ihr uns einen Tipp geben?«, rief Stevie ihnen voller Elan zu. Er erzählte, was wir vorhatten.

»Mit dem Rad? Das wird schwierig, aber nicht unmöglich!«, lautete die Antwort des Mannes.

»Ist es nicht viel zu steil?« fragte ich weiter und hoffte insgeheim, er würde nun endlich sagen, dass es sinnlos sei, das mit den Fahrrädern und all dem Gepäck im Schlepptau versuchen zu wollen.

Den Gefallen tat er mir aber nicht. Er dachte kurz nach und wiegte den Kopf hin und her. »Ein leichter Spaziergang wird es natürlich nicht, aber es geht.« Ich verdrehte bei seinen Worten leicht genervt die Augen.

»Am Anfang mag es etwas steil sein, dann wird es aber irgendwann wieder flacher und das Plateau ist eine richtige Mountainbikestrecke. Drei Stunden haben wir zu Fuß da hoch gebraucht, ihr werdet wohl ein bisschen mehr Zeit benötigen.«

Auf seine Begleiterin konnte ich auch nicht zählen. Sie sagte, dass sich die Strapazen sicher lohnen, denn es sei wunderschön dort oben.

Na klasse! Damit war klar, dass Stevie sich von seinem Vorhaben nur unter heftigem Protest abbringen lassen würde. Sie wünschten uns viel Spaß und viel Glück, gingen zu ihrem Auto auf dem Parkplatz und fuhren davon.

»Also, versuchen wir es«, entschied Stevie. Das hatte ich erwartet.

»Hmmm«, überlegte ich laut. »Wanderer können doch gar nicht einschätzen, was es heißt, mit dem Rad da hoch zu wollen.«

In mir kämpften zwei Seelen miteinander. Die eine scheute den Aufwand, die andere sagte: Tu es! Es lohnt sich, nicht die Beine hochzulegen. Die Mühen zahlen sich sicher aus!

Wir warfen noch einmal einen Blick auf die Karte. Da war zu sehen, dass der Weg hinüber zum Pass noch knapp drei Kilometer lang war.

»Siehst du, der Wanderweg ist nicht lang. Und dann haben wir wieder eine geteerte Straße und können auf der anderen Seite des Berges runterfahren«, versuchte Stevie mich zu überzeugen.

Stevie war scharf auf das Hochplateau. Ich zögerte, gab mir dann aber einen Ruck.

»Schon gut, ich mache ja mit«, lenkte ich zu Stevies Freude ein. »Drei Kilometer sind überschaubar. Lass uns losgehen.«

Wir machten uns auf den Weg und schoben unsere Räder den Pfad entlang, der durch einen Wald zwischen Nadelbäumen hindurchführte. Manchmal mussten wir uns gegenseitig helfen und zu zweit das Rad über besonders steile Stellen, große Steine oder Wurzelwerk wuchten. Solche Hindernisse gab es häufig, aber wir kamen trotzdem gut voran.

Wir hatten bereits einige Höhenmeter geschafft, als wir uns entschlossen, den Rest der Strecke am kommenden Tag ausgeruht in Angriff zu nehmen. Zwischen Kiefern und Tannen bauten wir am Rande des schmalen Wanderweges im Gras unser Zelt auf, umgeben vom nackten, grauen Gestein der Berge. Eine der Bergkuppen war mit Schnee bedeckt und glänzte in der Abendsonne. Nicht weit von unserem Rastplatz entfernt rauschte ein wilder Fluss mit ohrenbetäubendem Lärm hinunter ins Tal.

Unser schöner wilder Zeltplatz passte zu dem Namen »Gran Paradiso«. Allerdings mussten wir uns warm anziehen, um die Nacht zu überstehen, denn hier in mehr als 2.000 Metern Höhe lag die Temperatur nachts nicht sehr weit über null Grad.

Am nächsten Tag ging der Parcours ähnlich weiter wie tags zuvor: Wir konnten nicht immer schieben, sondern mussten unsere Räder auch mal heben und über größere Strecken tragen. Nach zwei Stunden standen wir plötzlich vor einem scheinbar unüberwindlichen Hindernis. Vor uns ragte eine Bergwand auf, an deren Vorderseite ein schmaler Weg in Serpentinen hinaufführte. Das waren die letzten etwa 500 Meter zum Plateau des Gran Paradiso.

Aber wie sollten wir da raufkommen? Der Pfad war so eng, dass man schon ohne viel Gepäck aufpassen musste, nicht abzurutschen und abzustürzen.

»Ich glaube, wir müssen das Gepäck und die Räder einzeln da raufschaffen«, schlug Stevie vor. Er hatte recht, eine andere Möglichkeit gab es nicht. Außer der Umkehr. Aber das wollte jetzt nicht einmal mehr ich. Wir waren so kurz vor unserem Ziel. Also packten wir beherzt zu zweit ein Rad an. Einer griff am Lenker zu, der andere am Hinterrad und so balancierten wir im Schneckentempo die Serpentinen hinauf. Welch ein Service für unsere Räder! Wer sein Rad liebt, der schiebt. Wer sein Rad aber vergöttert, der trägt es. Jetzt wurde der Spieß umgedreht.

So machten wir es schließlich auch mit dem zweiten Rad und den einzelnen Gepäckstücken.

Die Fußwanderer, die uns begegneten, schauten uns wahlweise mitleidig, interessiert oder irritiert an. So etwas hatten sie mit Sicherheit noch nie gesehen. Und wir hatten so etwas noch nie gemacht. Nach vier Stunden und vielem Hin- und Her- und Rauf- und Runtergelatsche hatten wir endlich alle unsere Siebensachen oben auf dem Plateau.

Wir waren froh, als dieser anstrengende Teil, die Pflicht, geschafft war; jetzt folgte die Kür. Nachdem wir unser Gepäck wieder an den Rädern festgezurrt hatten, machten wir das, was man normalerweise mit Fahrrädern macht: sich raufsetzen und fahren.

Das Gran Paradiso trug seinen Namen vollkommen zu Recht. Ich war geradezu verzückt von dem, was sich uns hier oben bot. Es war ein Gefühl, als ginge ich auf dem Dach der Welt spazieren. Wir standen auf einer grasbedeckten Ebene. Schroffe, zum Teil mit Schnee bedeckte Berggipfel ragten empor und rahmten uns ein. Sehr viel höher als unser Plateau waren die Gipfel aber nicht. Wasserfälle stürzten von ihnen herab und durchzogen das grüne Gras mit kleinen Bächen. Murmeltiere huschten vorbei und verschwanden in ihren Erdlöchern. Blumen sorgten für prächtige Farbtupfer: Da wuchsen violette Bergastern, rote Felsenprimeln, rosafarbene Alpenrosen, blauer Enzian und gelber Hauswurz. So könnte es durchaus im Paradies aussehen.

Durch diese schöne Landschaft führte ein Pfad, den wir

gut per Rad befahren konnten. Nur ab und an mussten wir ein kleines steinernes Hindernis überwinden oder durch ein Rinnsal radeln. Es war traumhaft schön. Vereinzelt standen alte, längst verlassene und zerfallene kleine Steinhäuser herum.

Ich musste einsehen, dass die beiden Wanderer und Stevie recht hatten und sich der Weg wirklich sehr gelohnt hatte. Gut, dass wir die Flinte nicht gleich ins Korn geworfen haben, sondern es ausprobiert hatten. Genauer gesagt: Gut, dass Stevie darauf beharrt hatte, es zu wagen und er mich überzeugen konnte.

Strapazen, die sich lohnen

Ich war manchmal geneigt, es mir einfach zu machen und allzu große Anstrengungen zu vermeiden. Ich sagte mir dann, dass es doch gar nicht nötig sei, so viel Kraft aufzuwenden. Aber Situationen wie die im Aosta-Tal zeigten mir, dass es sehr wohl sinnvoll sein kann, auch mal den inneren Schweinehund zu überwinden und etwas auf sich zu nehmen. Es könnte sich lohnen! Dieser Tag im Gran Paradiso war ein einmaliges und unwiederbringliches Erlebnis, um das ich mich fast selbst gebracht hätte.

Ich weiß noch, wie es war, als ich mein erstes Angebot für eine große Diskussionsveranstaltung bekommen habe. »Der Konsum der Zukunft« war das Thema des Events. Vier Experten sollten unter meiner Leitung anderthalb Stunden lang darüber diskutieren. Es ging um das Internet, um Trends, um Globalisierung und darum, ob Geiz wirklich geil ist. Aber es bedeutete für mich eine Menge Arbeit bei der Vorbereitung. Musste das sein? Ich hatte doch meinen Job, für den ich bezahlt wurde. Wozu noch mehr arbeiten? Ich könnte stattdessen mehr Sport machen oder mehr Zeit mit meiner Freundin verbringen oder einfach auf meinem gemütlichen Sofa liegen und Zeitung lesen oder in Büchern schmökern.

Trotz dieser Überlegungen habe ich zugesagt und die Moderation übernommen. Wohl auch, weil ich auf meinen Radtouren erlebt habe, dass man mal etwas investieren muss, um dafür die Früchte zu ernten.

Die Veranstaltung war eine ganz neue Erfahrung. Bisher dauerten die Interviews, die ich im Fernsehen geführt hatte, nur ein paar Minuten. Eine monothematische Gesprächsrunde über eine so lange Strecke zu führen, war damals eine Herausforderung für mich. Aber es funktionierte. Klar, warum auch nicht? Schon bei der Vorbereitung und auch bei der Diskussion selbst habe ich eine Menge gelernt – sowohl über das diskutierte Thema als auch darüber, wie ich ein solches Event leiten und gestalten kann. Als ich die Veranstaltung erfolgreich hinter mich gebracht hatte, war ich erleichtert und vor allem froh, dass ich den Aufwand nicht gescheut hatte.

Ich habe gelernt, auch mal ein paar Strapazen auf mich zu nehmen, wenn ich meine, dass mich etwas voranbringen kann. Nun ist es kein Überwinden mehr, sondern die Vorfreude auf Neues. So sage ich manchmal eher zu schnell zu etwas »Ja«, weil ich denke: Probiere es aus, es könnte eine spannende Erfahrung sein.

Traumplatz gesucht

Die Hochgebirgsnatur im »Gran Paradiso« war auch deshalb so schön, gerade weil sie nicht einfach zu erreichen war; nicht für »normale« Wanderer, erst recht nicht für Radwanderer.

Wir durchfuhren das »Paradies« auf etwas holprigem Weg ganz gemächlich und mussten anschließend noch ein paar hundert Meter bergauf fahren – jetzt wieder auf asphaltiertem Weg – um den Colle del Nivolet zu erreichen. Dann waren wir am Ziel. Vorerst. Denn da der Tag nun schon weit vorangeschritten war, mussten wir uns auf die Suche nach einem Zeltplatz begeben. Das sollte kein Problem sein, dachte ich mir, da es doch in rasanter Abfahrt den Berg hinabging und wir somit in aller Ruhe links und rechts des Weges schauen konnten, ob sich eine hübsche Ecke anbot.

Doch das tat es nicht, denn auf der rechten Seite ging es steil hinunter zum Fluss – leider unerreichbar mit Rad und Sack und Pack –, auf der anderen Seite ging es steil hinauf. Wir waren schließlich im Hochgebirge und fuhren auf einer Straße, die in den Hang hineingebaut war. Da gab es leider nicht viele ebene Flächen für ein Zelt. Eine würde uns reichen, aber nicht einmal die konnten wir entdecken. Jedenfalls keine, die wir nutzen konnten, denn als wir doch ein schönes Stückchen freien Rasens fanden, sahen wir gleich darauf das Schild, das uns sagte, dies sei Privatbesitz. Na gut, also weiter.

Wir fuhren und fuhren, genauer gesagt, wir ließen uns bergab rollen. Es dämmerte bereits und viel Zeit blieb nicht mehr, um noch vor Einbruch der Dunkelheit fündig zu werden.

Glücklicherweise tat sich doch noch etwas auf. Mittlerweile hatten wir eine Ebene erreicht, auf der unsere Straße in etwa auf gleicher Höhe wie der Fluss verlief, der hier nicht mehr rauschend, sondern sanft dahinfloss. Da lag unser lang ersehntes Fleckchen Erde, direkt am Wasser. Wir mussten nur von der Straße abfahren und ein paar Meter auf steinigem Untergrund unsere Räder ans Ufer schieben und schon hätten wir einen traumhaften Platz. Doch ganz so einfach war es nicht, denn auf der gegenüberliegenden Straßenseite stand ein Haus. Hinter dessen erleuchteten Fenstern konnten wir eine Familie erkennen, die gerade beim Abendessen war.

»Stevie, wir müssen dort fragen, ob wir hier bleiben können. Vielleicht gehört denen das Grundstück«, sagte ich.

Stevie legte trichterförmig seine Hände an den Mund und rief »Halloooo!« Kurz darauf sahen wir, wie der Herr des Hauses sich ans Fenster begab. Er schaute kurz suchend heraus, erblickte uns und öffnete es. Er musste wohl erst einmal überlegen, was da für komische Typen mit Rädern stehen, denn erst nach einer kurzen Pause antwortete er mit einem »Bona sera«. Da wir kein Italienisch konnten, versuchten wir es mit Englisch. »Wäre es möglich, für eine Nacht unser Zelt da drüben am Fluss aufzuschlagen? Morgen früh sind wir auch schon wieder weg.«

Die vielleicht 10 bis 12 Jahre alten Kinder des Mannes, beides Jungen, waren neugierig geworden und auch ans Fenster gekommen, um die beiden Überraschungsgäste zu begutachten.

»Ja, kein Problem«, meinte der Mann zu unserer Erleichterung, »das ist ein schöner Platz, ihr könnt dort gerne bleiben. Das ist öffentliches Gelände.«

Wir bedankten uns und er wünschte uns einen schönen Abend. Es hatte also doch noch geklappt. Der Notcampingplatz war ein wahrer Traum, denn zwischen den Steinen gab es genügend Gras, sodass wir das Zelt ohne Probleme befestigen konnten, der Fluss zog sanft direkt an unserem Zelt vorbei und das Wetter war auch sehr gut: zwar etwas kühl, aber trocken. Wir konnten einen geruhsamen Abend mit heißen Spaghetti, Wasser direkt aus der Natur und mit hohen Bergen um uns herum genießen.

Das war nicht das letzte Mal, dass wir solch eine Situation erlebten: Oft sieht es in der Gegend, die wir durchfahren, nicht nach einem möglichen Platz für die Nacht aus, doch immer noch rechtzeitig eröffnet sich doch eine Möglichkeit zum Campen. Nicht immer ist es ein solcher Traumplatz wie hier in Italien in den Alpen, sondern nur ein kleines Stückchen einigermaßen ebener Erde, auf dem wir so gerade eben noch das Zelt aufschlagen können.

Die Entdeckung des Urvertrauens

So wie in Laos. Dort fanden wir erst nach langer abendlicher Suche einen Platz am Rande eines Weges, der zu einem Dorf im Tal führte. Der war exakt so groß wie unser Zeltboden und wir mussten nur leicht abschüssig liegen. Wäre die Grundfläche unseres Zeltes auch nur ein paar Quadratzentimeter größer gewesen, wir hätten weitersuchen müssen.

Es wurde ein recht amüsanter Abend, denn wir kochten an diesem Wegesrand unsere obligatorischen Spaghetti und einige Bewohner kehrten zu später Stunde heim in ihr Dorf und kamen an uns vorbei. Niemand beklagte sich. Alle schauten mit großen Augen zu uns herüber und fragten sich vermutlich, wer wir wohl seien und was wir da machten. Nach dem ersten Erstaunen waren die Leute immer freundlich und grüßten uns.

Aus diesen guten Erfahrungen hat sich im Laufe der Jahre

eine Art Urvertrauen entwickelt, dass es schon klappen wird mit dem Platz für die Nacht. Bislang hatte es auf den Radtouren immer irgendwie funktioniert. Mit diesem Gefühl im Rücken konnte ich mich immer mehr treiben und auf mich zukommen lassen, wie unser Ruheplatz letztlich aussehen würde. Zumal die jahrelange Erfahrung uns schon zu Profis bei der allabendlichen Campingplatzsuche gemacht hat. Unsere Augen sind geschult, die kleinen Wege am Rande zu erspähen, die zu einem geeigneten Nachtlager führen könnten. Wir erkennen, hinter welchen Hecken oder Bäumen und auf welchen Anhöhen sich hübsche Plätze verbergen könnten.

Locker zu bleiben fiel mir zugegebenermaßen anfangs schwer. Vor allem auf meinen ersten Radtouren habe ich mir schon morgens beim Aufstehen meine Gedanken gemacht: Wo werden wir heute Abend, nach 80, 100 oder 120 Kilometern landen? Finden wir einen schönen wilden Campingplatz in der Natur oder wird es ein Notplatz, der so gerade akzeptabel ist? Aber vor allem: Werden wir überhaupt etwas finden oder müssen wir wie die Vagabunden nächtens durch die Gegend streifen?

Bedrückend ist die Vorstellung umherzuirren wie ein Obdachloser – wie einer derjenigen, die auch in Hamburg und in meinem Viertel unterwegs sind. Sie haben allerdings nicht nur ein oder zwei Nächte kein Dach über dem Kopf, sondern dauerhaft. Und ich mache mir schon über eine einzige Nacht Sorgen! Wie schlimm muss es sein, nie genau zu wissen, wohin man gehört und ziellos durch die Gegend zu streunen; wenn einem nur der Platz unter der Brücke bleibt oder der Eingangsbereich eines Ladens. Diese Menschen haben all ihr Hab und Gut bei sich, allerdings nicht in wasserdichten Taschen wie wir, sondern in Plastiktüten. Wir führen dieses Vagabundenleben freiwillig und nur für ein paar Wochen im Jahr. Aber ansatzweise bekam ich mit, wie es sich anfühlt, wenn man nicht weiß, wo man die Nacht verbringen kann.

Ich male mir dann aus, wie unangenehm es werden könnte und stelle mir vor, wir suchen im Dunkeln einen Platz, wo wir zumindest ein bisschen Ruhe finden; stellen unsere Räder ab, rollen unsere Isomatten aus, holen unsere wärmsten Pullover heraus und sämtliche Socken, damit wir wenigstens nicht frieren und decken uns mit unseren Schlafsäcken zu. Dann können wir nur noch hoffen, dass es nicht regnet und die Nacht schnell vorübergeht. Schlafen kann immer nur einer von uns, weil der andere auf unsere Sachen aufpassen muss. Denn wenn ein Fremder vorbeikommt, hätte der leichtes Spiel und könnte uns ausrauben.

Erst jetzt wurde mir bewusst, dass ich mich nachts gut aufgehoben und sicher fühlen möchte, denn wer schläft, ist schutzlos und ausgeliefert. Also brauchte ich ein Nachtlager, an dem mir im Normalfall nicht viel passieren konnte.

So wurde ich auf den Radtouren schon beim Aufwachen daran erinnert, dass ich einer war, der Sicherheiten im Leben brauchte. Die nahe Zukunft habe ich so weit wie möglich vorgeplant, nichts sollte mich böse überraschen können. Ich wollte jederzeit auf alles vorbereitet sein.

Dieses manchmal übergroße Sicherheitsdenken kann einem auch im Wege stehen und beim Vorankommen hemmen. Wie anstrengend ist es, sich den Kopf zu zerbrechen über das, was sein kann, aber nicht sein muss? Ich wollte das nicht länger mitmachen und entspannter mit den Ungewissheiten umgehen, die auf einer Radtour jeden Tag aufs Neue groß sind. Denn nicht nur der Schlafplatz ist nicht immer einfach zu finden, auch etwas Essbares und genug zu trinken müssen organisiert werden. Dem übervorsichtigen Teil in mir, der mir auf die Nerven ging, habe ich im Laufe der Zeit erfolgreich Paroli geboten. Denn ich habe verinnerlicht, dass es auf meinen Radtouren immer für alles eine Lösung gab. Also, immer schön locker bleiben.

Improvisierend durchs Leben

Unwägbarkeiten lauern nicht nur auf Radtouren, sie lauern auch im Fernsehjob, obwohl dort nichts dem Zufall überlassen wird. Doch nicht immer läuft alles wie gewünscht und schon steht man vor der Herausforderung, mit einer unvorhergesehenen Situation klarkommen zu müssen. Bis ins Letzte lässt sich eben nicht alles planen, deshalb gilt: Je genauer ich plane, desto härter trifft mich der Zufall.

Das einzusehen, war auch wichtig für meinen Job. Denn wer moderiert, der muss sich auf einiges gefasst machen. Natürlich wird bei Nachrichtenformaten wie dem ARD-Nachtmagazin oder NDR-Aktuell, für die ich arbeite bzw. gearbeitet habe, alles bis ins Detail vorbereitet. Auch bei den unter Zeitdruck gestrickten Sendungen wie NDR-Aktuell-Extra ist das so, doch es kann immer mal vorkommen, dass nicht alles läuft wie vorgesehen. Da ich neben der ARD-Tagesschau auch für den NDR im Nachrichtenbereich tätig bin, moderiere ich diese Extra-Sendung im Wechsel mit Kollegen. Sie wird aus dem Boden gestampft, wenn es in Norddeutschland ein aktuelles Ereignis gibt, das in einer Sondersendung behandelt werden soll – seien es die Pannen am Atomkraftwerk Krümmel, das Ende der Regierungskoalition in Schleswig-Holstein oder der plötzliche Wintereinbruch im Norden.

Unwägbarkeiten gibt es selten, doch gerade hier sind sie nicht gänzlich zu vermeiden. Es kann vorkommen, dass es ein Gesprächspartner nicht mehr rechtzeitig ins Studio schafft, dass es Probleme mit einem Beitrag gibt, der leider nicht rechtzeitig fertig wird oder aus technischen Gründen nicht gezeigt werden kann, sodass die Zeit anderweitig überbrückt werden muss. Wenn in so einem Fall ein Interviewpartner in der Nähe ist, heißt es aus der Regie gerne mal: »Der Film ist noch nicht da, sprich doch bitte zwei Minuten mit unserem Gast.« Dann müssen mir passende Fragen einfallen, die die Lücke sinnvoll füllen. Spontaneität und Improvisieren ist gefragt. Würden die Redakteure, die Kollegen in der Technik oder ich in solchen Situationen den Kopf verlieren, weil es nicht so läuft wie gedacht, gäbe es das große Chaos.

Die Macht der Sekunde

Jeden Tag pünktlich um 20 Uhr beginnt die Hauptausgabe der Tagesschau, keine Sekunde früher, keine Sekunde später.

Sollte ich zu spät zur Arbeit kommen, dann würde eine kurze Entschuldigung à la: »Sorry, ich habe nicht so genau auf die Uhr geguckt, ich bleibe heute dafür etwas länger« überhaupt nichts nützen. Den Zuschauern kann man um 20 Uhr schließlich nur schwer nahebringen, dass sie sich jetzt noch ein paar Minuten gedulden mögen, der Sprecher sei gerade etwas unpässlich und habe erst in 10 oder 20 Minuten Zeit für die Sendung. Pünktlichkeit ist hier so wichtig wie in kaum einem anderen Beruf.

Die Sendung selber ist ebenfalls auf die Sekunde genau durchgeplant. Für jede einzelne Meldung ist eine bestimmte Länge vorgesehen, die ich möglichst einhalten sollte. Bin ich zu langsam, dann weist der zuständige Redakteur mich darauf hin mit den Worten: »Könntest du bitte etwas schneller lesen?« Oder im umgekehrten Fall, der mir deutlich lieber ist, heißt es: »Thorsten, du kannst dir Zeit lassen.«

Wenn ich einen Text zu einem Nachrichtenfilm lese, dann muss ich manchmal besonders genau sein, um zu einer bestimmten Sekunde des Films an einer bestimmten Textstelle zu sein. Denn wenn Bundeskanzlerin Merkel in dem Film erscheint, und ich bin im Text noch an der Stelle, an der wir Barack Obama sehen, dann passen Bild und Text einfach nicht zusammen. Da ist Präzisionsarbeit gefragt.

Die Beiträge stehen fest, die Texte auch und wir müssen dies alles nur noch dem Publikum professionell und möglichst fehlerlos präsentieren.

Natürlich gibt es auch mal unerwartete Entwicklungen, brandaktuelle Meldungen, die in eine Sendung hineingeschoben werden müssen. Es gibt technische Pannen, die urplötzlich auftauchen und verlangen, dass ich spontan und flexibel bin. Einmal hat sich sogar die ferngesteuerte Kamera selbstständig gemacht. Genau in der Sekunde als die Sendung begann und ich die Zuschauer mit dem typischen »Guten Abend, meine Damen und Herren« begrüßen wollte, schwenkte sie um und zeigte nicht mich am Tagesschau-Tisch, sondern die rechte Studiowand. Was tun? Nach einer Schrecksekunde, vielleicht waren es auch zwei, sagte ich trotzdem meinen Begrüßungsspruch auf und erzählte, dass ich jetzt eigentlich gerne die Meldungen verlesen würde, aber die Kamera gerade verrücktspielt. Gefühlt dauerte es eine Minute, aber es waren nur ein paar Sekunden, bis unser Techniker das Gerät unter Kontrolle bekam und ich wieder im Bild war.

Oder es wird wegen einer technischen Panne der falsche Nachrichtenfilm gezeigt. So kündigte ich einmal einen Beitrag über Steuerhinterzieher in Deutschland an, doch der Zuschauer sah anschließend Bilder vom Dalai Lama. Das war eindeutig nicht der dazugehörige Film. In solch einem Fall ist oberstes Gebot, um Verzeihung zu bitten und einen neuen Versuch anzukündigen oder galant zum nächsten Thema überzugehen.

Aber solche Pannen sind die absolute Ausnahme. Eigentlich gilt: Bei der Tagesschau ist alles geregelt. Somit ist es genau das Gegenteil von dem, was ich auf Radtouren erlebe.

Wenn wir uns morgens auf unsere Räder setzen, sind Verlauf und Ausgang des Tages immer unklar. Nichts ist im Detail geplant, wir wissen nie genau, wo wir landen. Schließlich ist so ein Tag auf dem Rad lang und immer kann etwas passieren: Sei es etwas Unangenehmes wie eine Fahrradpanne oder auch etwas Angenehmes wie ein besonders schöner Ort, den wir uns spontan gerne länger und intensiver anschauen als vorgesehen.

Auf unseren Touren gucken wir morgens nur ganz grob auf der Landkarte nach, bis wohin wir es schaffen könnten. Die generelle Richtung ist zwar immer recht klar, weil wir uns natürlich Ziele stecken, doch die Etappen auf dem Weg dorthin sind nicht kilometergenau abgesteckt.

Wir versuchen am Abend gerne mal in einer Gegend zu sein, in der unser Weg an einem Fluss entlangführt und an dessen Ufer wir zelten könnten. Das ist schon fast das Höchste der Gefühle. Zumindest aber sollte das mögliche Ziel einsam sein und keine Ortschaft in der Nähe liegen. Das würde die Chance auf einen ruhigen Wildcampingplatz mindern. Denn wo viele Menschen leben, können wir uns nicht ungestört und möglichst unbeobachtet niederlassen.

Warm anziehen; auch im Hotel

Schon gar nicht sollte der »Radltag« ausgerechnet in einer größeren Stadt für uns enden. Sonst bliebe nur ein Hotel oder eine Pension zur Übernachtung. Und das wollen wir vermeiden. Allerdings ist es ganz spannend, ein Hotel in Swasiland, Pakistan, China, Argentinien oder sonstwo in der Welt kennen zu lernen. Das kann eine ganz neue Erfahrung sein – so wie das Hotel, das wir 1997 in Rumänien erwischt hatten.

Wir waren auf dem Weg hinauf ins Fagaras-Gebirge in den Karpaten, als es heftig regnete und einfach nicht aufhören wollte. Schade eigentlich, denn die Umgebung war wunderschön, soweit wir das durch Nebel und Regen hindurch erkennen konnten: Der schmale Fluss zu unserer Rechten war eingebettet in sattes grünes Gras und immer wieder führte uns die kleine Straße, die sich Richtung Pass in 2.014 Metern Höhe emporschlängelte, zunächst durch Birkenwälder. Erst viel später kam die Baumgrenze und damit die karge, schroffe Gebirgslandschaft. Wichtig für uns Radler war, dass der Autoverkehr hinter dem letzten Dorf vor dem Pass fast völlig aufhörte.

Dennoch wurde die Tour immer unangenehmer, seit wir die Hauptstraße, die nach Sibiu führte, verlassen hatten. Wegen des Wetters. Aus den paar Tropfen vom Morgen war stetiger, heftiger Regen geworden und nach gut 20 Kilometern waren wir bis auf die Haut durchnässt und froren wie die Schneider. Die Temperaturen lagen nur wenig über null Grad und wenn wir den Blick Richtung Gebirgspass schweifen ließen, erkannten wir nicht nur schneebedeckte Gipfel, auch auf der tiefer liegenden Landschaft lag ein weißer Schleier. Aber unsere Rettung stand unten direkt neben dem Fluss: das Hotel Balea Cascada. Wir entschieden ohne lange Diskussion, dort zu übernachten, denn wir wollten trocknen und uns aufwärmen.

Das Hotel war weit und breit das einzige Gebäude in einer ansonsten menschenleeren Gegend. Von außen betrachtet, machte es einen freundlichen Eindruck: Strahlend weiß mit knallrotem Dach stand es in einer wunderschönen Landschaft mitten in den Karpaten.

Von innen allerdings war es weit entfernt von westlichem Standard-Komfort. Aber wir als Camper waren zum Glück nicht sehr anspruchsvoll. Deshalb machte uns der spröde Charme der spärlichen und schlichten Einrichtung ebenso wenig aus wie deren dunkle, nicht gerade aufmunternde Farbe.

Erst als wir merkten, dass die Heizung nicht funktionierte und eiskaltes Wasser floss, waren wir enttäuscht. Schließlich waren wir eingekehrt, weil wir hier wieder auftauen wollten und gehofft hatten, unsere durchnässte Kleidung auf der Heizung zu trocknen.

Ein Gespräch mit einem Angestellten klärte die Sache.

»Haltet euch gegen acht Uhr heute Abend zum Duschen oder Baden bereit, dann gibt es bis etwa halb zehn heißes Wasser«, riet uns der freundliche Mann.

»Und wie steht es mit der Heizung, geht die dann auch an?«, fragte ich.

»Tut mir leid«, bekamen wir zur Antwort, »zum Heizen ist es noch nicht kalt genug.«

Noch nicht kalt genug? Wie kalt sollte es denn noch werden, dachte ich.

»Energie ist einfach zu teuer, als dass wir schon Anfang September die Heizung anstellen könnten. Heizsaison ist erst ab Oktober«, meinte er lakonisch. Schade, denn als der Abend kam, wurde es natürlich noch kühler. Warm eingemummelt saßen wir abends auf unserem Zimmer, noch wärmer eingemummelt ging es ins Bett und am nächsten Morgen ebenso warm eingemummelt runter zum Frühstück. Eine Tour, bei der man den ganzen Tag in der Natur ist, härtet eher ab, als dass sie empfindlich werden lässt. Deshalb überlegte ich, ob wir Weicheier waren, weil wir uns so warm anziehen mussten.

Meine Bedenken waren sofort zerstreut, als wir den Frühstücksraum betraten. Dort bot sich uns ein skurriler Anblick: An den Tischen saßen die Hotelgäste in wärmenden Jacken und Mänteln. Einige trugen sogar ihre Mützen auf dem Kopf, während sie das Standardfrühstück, bestehend aus einem Omelett und einem viel zu süßen Kaffee, zu sich nahmen.

Zurück zur Natur

Wenn ich außerhalb meiner Radtouren unterwegs bin, dann mag ich gute Hotels und genieße den Komfort. Ich kenne mittlerweile einige schicke Häuser und komme dort immer gern unter.

Ich freue mich, wenn ich einen schönen großen Raum für mich habe, ein gemütliches Bett und ein geräumiges Badezimmer. Es ist ein wahres Luxusreich, denn hier kann ich mich bedienen lassen: Wenn meine Schuhe schmutzig sind, kann ich sie putzen lassen. Meine Hemden bügele ich auf solchen Reisen immer selbst, aber Bügelbrett und Bügeleisen werden selbstverständlich aufs Zimmer gebracht und auch wieder abgeholt. Das gehört zum Service dazu. Ich bekomme die Zeitung aufs Zimmer und wenn ich möchte, kann ich erlesene Speisen genießen und morgens ein üppiges Büffet. Eine dicke Jacke und Mütze brauche ich dort schon mal gar nicht.

Was aber ist ein feines Hotel in Berlin, Köln, Frankfurt oder München gegen einen wilden Campingplatz in schöner Landschaft weit weg von der Zivilisation? Was ist ein schickes Hotelzimmer gegen einen Schlafplatz neben einem Fluss, in dem ich mich nach der schweißtreibenden Tagestour in klarem Wasser waschen, aus dem ich mein Trink- und das Kochwasser schöpfen kann? Was ist ein schickes Hotelzimmer gegen ein Platz in dem Holzhaus einer vietnamesischen Familie, die uns eingeladen hat, den Abend mit ihr zu verbringen; was gegen den Platz in dem Steinhaus einer uigurischen Familie; oder gegen den Platz im Stall einer Familie in Swasiland, die uns Schutz vor miesem Wetter gewährt?

Was ist die Dame am Empfang, die mich morgens per Telefon zur gewünschten Stunde weckt gegen den plätschernden Bach oder die zwitschernden Vögel, die mich sanft aus dem Schlaf holen? Was ist der Kellner, der mir beim Frühstück im Hotel flugs Kaffee nachschenkt, gegen den Bauern, der mir frisch gepflückte Tomaten oder Pflaumen schenkt oder gegen den Hirten, der mit seinen Kühen oder Ziegen über die Weide läuft und uns die frische Milch seiner Tiere anbietet?

Die Entscheidung wäre für mich immer klar. Ich würde den Platz in schöner Natur vorziehen. Auch in dem Hotel in den Karpaten wollte ich nicht lange bleiben. Ich fühle mich nicht rundum wohl damit, in solch fester Behausung zwischen steinernen Wänden zu leben, wenn ich zuvor ständig an der frischen Luft gewesen bin. Ich habe dann den großen Drang, endlich wieder hinauszukommen in die Natur. In einem Hotel fühle ich mich dann wie eingesperrt. Ich möchte mir viel lieber den Wind um die Nase wehen lassen, durch schöne Landschaften radeln und statt Mauern Wiesen, Wälder, Berge und Täler um mich herum haben.

Auf Radtouren bin ich Kulturbanause. Viele schöne Städte waren Start, Zwischenstation oder Ziel einer Tour: Budapest, Sofia, Johannesburg, Buenos Aires, Paris. Keine Sorge, in Paris war ich schon öfter auch mehrere Tage lang, aber eben nicht im Rahmen einer Radtour. Dann suche immer den schnellsten Weg raus aus der Stadt. Nur Danzig habe ich auf einer Fahrradtour 1991 durch einen Stadtrundgang gut kennen gelernt. Aber nur deshalb, weil es keine bessere Alternative gab. Wir hatten unsere Fahrräder mit dem Zug von Hamburg nach Danzig gesondert transportieren lassen, doch leider waren die beiden noch nicht angekommen, als wir in Danzig eintrafen und unsere Polentour starten wollten. Welch ein Frust! Es blieb uns nichts anderes übrig, als zu warten und zu hoffen, dass die Bahn es baldmöglichst hinbekommt, uns unsere Räder zu bringen. Letztlich mussten wir drei Tage darauf warten, endlich auf den Drahteseln sitzen zu können und durch Polen, weiter in die damals noch existierende ČSFR, durch Ungarn und schließlich Österreich radeln zu können.

Als wir endlich die Räder in der Gepäckaufbewahrung am Bahnhof sahen, jubelten Stevie und ich vor Erleichterung laut los, fielen uns in die Arme und nahmen unsere Goldstücke in Empfang. Die Leute müssen gedacht haben, die Typen sind komplett bescheuert. Wir wollten einfach raus in die Natur, Rad fahren und wild campen.

Wild und wunderschön

Würde ich solche Touren eigentlich machen, wenn es nicht diese traumhaften Wildcampingplätze gäbe? Es würde etwas Entscheidendes fehlen. Schon mein allererstes Nachtlager auf der Tour 1990 in freier Natur war großartig: In der ungarischen Puszta stellten wir in der untergehenden Sonne auf kargem Feld unser Zelt auf. Nicht weit von uns entfernt graste eine Schafherde vor sich hin, ab und an blökte eines der Tiere. Die kleine Straße, die uns hierher gebracht hatte, wurde immer ruhiger. Je später der Abend, desto weniger die Autos; bis gar keines mehr vorbeifuhr. Um uns herum in dieser steppenartigen Landschaft nur trockenes Gras, ein paar Büsche und Sträucher und wenige Bäume. Schon hier genoss ich die Ruhe und Abgeschiedenheit.

Perfekt wurde es einige Tage später in Rumänien: als wir in den Karpaten zwischen Bäumen, auf grünem Gras und eingerahmt von bewaldeten Hügeln unser Nachtlager fanden. Außerdem galt das Motto »All you can drink and wash«, denn ein Bach rauschte direkt an dem Platz vorbei.

Schön ist auch immer eine kleine Anhöhe, von wo aus wir einen herrlichen Rundumblick haben auf die umliegende Landschaft, insbesondere umliegende Berge und Täler. Die nehmen wir auch deshalb gerne, weil wir uns dadurch sicherer fühlen können. Genauso wie Burgen in lichter Höhe gebaut wurden, so stellen auch wir unser Zelt gerne dort auf, wo uns kein möglicher böser Feind schnell entdecken kann und wir alles im Blick haben.

Wir campen auch gerne auf Wiesen, auf denen Kühe oder Ziegen ihre Arbeit verrichten. Manchmal müssen wir einen Bauern fragen, ob wir dort zelten dürfen, manchmal ist aber weit und breit nichts und niemand zu sehen, sodass wir uns einfach dort niederlassen.

Oft hatte ich abends, wenn ich im Schlafsack lag, direkt neben mir das Schnaufen, Atmen oder das Mit-der-Zunge-Schlecken eines der lieben Viecher am Ohr, weil sich das Tier im Dunkeln neugierig unserem Zelt genähert hat. Wir zwei waren dann zwar durch die Zeltwand getrennt, aber letztlich nur wenige Zentimeter voneinander entfernt. Ein merkwürdiges Gefühl, die Atem- und sonstigen Geräusche eines Tieres direkt neben sich zu haben, aber nichts von ihm sehen zu können. Ansonsten schlafe ich ein mit dem Rauschen der Blätter oder des Flusses. Beim Aufwachen geben dann noch die Vögel ihren Senf dazu. Traumhaft schön!

Oder es wecken uns Stimmen von Bauern, die morgens auf dem Weg zu ihrem Feld sind oder mit ihrer Herde vorbeikommen. Die Begegnungen waren immer freundlich, immer nett. Manchmal sogar sehr nett! So mancher schenkte uns Obst oder Gemüse von seinem Feld oder zapfte uns von seinen Tieren frische Milch – wie der stämmige Hirte mit schütterem Haar und rundem Gesicht in Bulgarien, dessen Schafe und Ziegen den Rasenplatz zum Frühstück mit uns teilten. Leises Rascheln hatte uns geweckt, weil sich seine Herde um unser Zelt versammelt hatte und probierte, wie Zeltschnüre schmeckten. In einer kleinen Melkaktion entnahm er den Eutern seiner Ziegen

eine Milch, wie ich sie noch nie getrunken hatte: sehr fett und noch körperwarm. Sehr lecker!

Und wenn wir mal nicht freudig begrüßt wurden von den Bauern, dann nahmen sie uns wortlos zur Kenntnis. Nie hat uns einer davongescheucht. Bei einigen, die nicht so freundlich dreingeschaut hatten, dachte ich: Der fährt jetzt nach Hause, holt ein paar Kumpels und dann kommen sie hierher zurück, um uns auszunehmen. Doch nie ist dergleichen geschehen.

Der Berg ruft

Tatsächlich sind die Regionen, durch ich am liebsten mit dem Rad fahre, bergig oder zumindest hügelig. Und das sage ich als Norddeutscher, dem die Küste eigentlich näher liegen sollte als die Berge. Ich fahre sehr gerne mal an Nord- und Ostsee, aber spannender find ich die Berge, weil sie mir mehr Abwechslung bieten.

Hinter jeder Kurve sieht es anders aus. Die Landschaft ändert schneller ihr Gesicht, auch wegen unterschiedlicher Vegetationszonen.

Spannend ist es, die Baumgrenze zu erreichen, ab der nichts mehr wächst und wo sich der nackte Stein in unzähligen verschiedenen Formen und Farben zeigt.

Toll finde ich auch, dass in den Bergen das Wasser nur so fließt, rauscht, donnert und plätschert. Da ziehen Flüsse und Bäche ihre Bahnen, gibt es große und kleine Wasserfälle und ab und an entspringt dem Gestein auch nur ein kleines Rinnsal.

Außerdem leben gerade in bergigen Regionen ärmerer Länder Menschen, die sich eher als andere ihre Eigenheiten bewahrt haben. Wohl auch, weil sie immer schwer erreichbar waren und es noch sind und deshalb mehr für sich leben.

Mittlerweile gibt es in fast alle Ecken der Welt Straßen und Wege, aber eben nicht überallhin. In manchen Bergregionen leben die Menschen immer noch sehr abgeschieden.

Zum Beispiel die Bergvölker Chinas und Vietnams, die wir auf unseren Reisen kennen gelernt haben. Hanoi liegt nicht weit entfernt von den Bergen in Nordvietnam, aber Touristen verirrten sich kaum hierhin, als wir 2004 dort hindurchfuhren. Die tummelten sich eher in den flacheren Regionen des Landes und an der Küste. Ich habe gar nichts dagegen, denn so behalten die Bergvölker einen Teil ihrer Ursprünglichkeit und richten sich nicht an Touristen aus. Dann nehme ich gerne die Mühen auf mich, mich in die Berge hinaufzukämpfen, wenn ich dafür auf Menschen treffe, die ihre Traditionen bewahrt haben – und zwar nicht den Touristen zuliebe.

Durch die Berge zu fahren scheint anstrengend zu sein, das ist aber nicht notwendigerweise so. Denn ich fahre nicht mit einem uralten Fahrrad den Berg hinauf, das nur drei Gänge hat oder gar nur einen. Mit jedem normalen Fahrrad kann ich heutzutage in einem kleinen Gang auch größere Steigungen gut bewältigen. Es dauert halt etwas länger als mit dem Auto oder dem Bus, aber auch beim Wandern geht man langsamer den Berg hinauf als hinab und man muss sich etwas mehr anstrengen. Zudem trägt mich das, was ich um mich herum erlebe, den Berg hinauf. Der Blick auf die Landschaft motiviert mich und das Treten geht ganz von allein. Dann verlieren auch zehnprozentige Steigungen ihren Schrecken; plötzlich ist das gar nicht mehr so steil. Dann kurbele ich im kleinsten Gang langsam hinauf und schaue mich um, was die Landschaft zu bieten hat. Wenn ich einen Gebirgspass erreiche, dann gibt es meist noch das Sahnehäubchen oben drauf: eine wunderbare Aussicht auf die umliegende Bergregion und ins Tal. Da lohnt sich das Hochstrampeln.

Zwar waren wir statt in bergigen Gefilden auch schon in der Wüste in Marokko unterwegs, doch das geschah eher notgedrungen. Denn im Atlas-Gebirge gab es zur Zeit unserer Tour völlig untypisch über längere Zeit heftige Regenfälle. Vor dem permanenten Durchnässt-Sein zogen wir es vor, permanent zu schwitzen und durch die Wüste zu radeln.

Ansonsten sind die bevorzugten Urlaubsregionen eher nach Bergen definiert: die Karpaten in Rumänien, der Slowakei und Polen; die Rila-Rhodopen in Bulgarien; die Alpen in der Schweiz, in Italien und Frankreich; die Pyrenäen in Frankreich und Spanien; die Anden in Chile und Argentinien; der Himalaya in Asien; die Drakensberge im Süden Afrikas.

In solchen Regionen leben zudem nicht so viele Menschen auf einem Fleck, was die Suche nach einem Wildcampingplatz einfacher macht und die Chance auf Wasser, das wir direkt aus der Natur entnehmen können, steigt hier auch – ideale Bedingungen für eine Radtour, wie wir sie uns wünschen.

Verfehlte Quartier-Planung

Das dachten wir auch über die Gegend, in der wir eines Tages im Jahre 2004 in Vietnam radelten. Für den Abend hatten wir schon ein Plätzchen zum Wildcampen im Auge: Auf der Landkarte sahen wir, wie über zig Kilometer kein Ort eingetragen war. Na wunderbar, dachten wir uns, da haben wir sicher die freie Auswahl an schönen Nachtlagern.

Am frühen Abend erreichten wir den letzten Ort vor der – laut Landkarte – Einöde und baten in einem kleinen Straßenlokal um Wasser. Wir glaubten, dies sei die letzte Chance an Wasser heranzukommen, bevor wir zelten und machten unsere Flaschen sowie unseren Wassersack voll, der 10 Liter fasst. Das würde fürs Trinken und fürs Kochen reichen und auch für eine Dusche. Das waren zwar auch zehn Kilogramm mehr Gewicht zu schleppen, doch wir wähnten uns ja fast schon am Ziel.

Wir radelten die Straße durch sanfte, grüne Hügel. Wir kamen an Feldern vorbei, in denen die Bauern bis zu den Knien durch schlammiges Wasser wateten und ihre Ochsen antrieben, die den Pflug über die Anbauterrassen zogen. Hier sollte Reis wachsen.

Eine friedliche Abendstimmung machte sich breit und wir würden wohl nur noch wenige hundert Meter radeln müssen, bis wir auch die letzten Häuser des Ortes hinter uns gelassen hatten, so unsere Vorstellung.

Langsam stieg die Straße immer weiter in die Höhe, das Tal aber blieb weit und bot immer noch genug Platz für Menschen, sich hier niederzulassen. Das taten sie leider auch. Die Häuser und die vielen Menschen nahmen einfach kein Ende. Hinter jeder Kurve hofften wir aufs Neue, dass nun endlich kein Haus mehr hier stehen und sich stattdessen die pure Natur vor uns ausbreiten möge, doch immer wieder wurden wir enttäuscht. Es änderte sich nichts: Ein Haus stand neben dem anderen, Kinder spielten auf der Straße und von einsamer Landschaft war nichts zu sehen.

An diesem Abend hatte Stevie das große Los gezogen: Er war derjenige, der den 10-Liter-Wassersack auf seinem Gepäckträger mitschleppte. Das wurde für ihn immer anstrengender, je länger unsere Fahrt dauerte. Wir fragten uns, wozu wir schon so früh Wasser geholt hatten? Prinzipiell läuft es so ab: Etwa drei Stunden bevor es dunkel wird, stellen wir uns auf den Abend ein: Wenn kein Nachtlager an einem Fluss oder See vor uns liegt, müssen wir frühzeitig woanders Wasser besorgen. Das tun wir an einem Fluss, See, Brunnen oder wir fragen an einem Restaurant oder – und so ist es meistens – an einem Haus. Wenn wir genug Wasser fürs Kochen, Trinken und wenn möglich für eine Dusche haben, dann können wir uns auf die Suche nach dem Platz für die Nacht begeben. So wie jetzt in Vietnam.

Aber ein freies Plätzchen war weit und breit nicht zu entdecken. Noch dazu wurde es immer dunkler und unsere Flüche immer derber.

Wie konnten wir uns so täuschen? Wieso war hiervon nichts, aber auch gar nichts, auf der Landkarte zu sehen? Wir hatten schon viele Kilometer zurückgelegt, seit wir jenen angeblich letzten Ort vor der Einsamkeit verlassen hatten, aber von Einsamkeit keine Spur.

Es war nicht zu fassen: Weiterhin überall Hütten und Menschen. Wir wussten nicht, was wir tun sollten und waren der Verzweiflung nahe.

Es dämmerte schon, als plötzlich doch noch die Rettung kam: Rechts von der Straße gab es einen Graben, hinter dem es so aussah, als gebe es dort ein größeres Fleckchen Erde, auf dem keine Hütte und auch nichts anderes von Menschenhand Erbautes stand.

Der Graben war vielleicht 1 Meter 50 breit, sodass ich mit einem Satz hinüberspringen konnte, um die Lage auszukundschaften.

Tatsächlich, der Platz war geradezu ein Traum! Er war vollkommen eben, der Untergrund bestand aus schönstem Gras und um den Platz herum standen dicht an dicht schulterhohe Büsche. Wenn wir hier also unser Zelt aufbauen, dachte ich, wird uns niemand entdecken. Ich fand diese Aussicht wunderbar – und so unerwartet! Jetzt mussten wir nur noch unsere Sachen über den Graben bekommen.

Mit etwas Mühe, Glück und Geschick balancierten wir unsere Räder und die vielen Gepäckstücke über das etwa 2 Meter tiefe Hindernis und schon hatten wir unseren sehr schönen und sicheren Platz für die Nacht erreicht, während in einiger Entfernung von uns das Leben tobte.

NATUR

Das Glück des Einfachen

Ein Platz für die Nacht bringt einen Tag auf dem Fahrrad erst zu einem schönen Abschluss. Es ist ein gutes Gefühl, wenn ich einen Schlafplatz gefunden habe. »Gutes Gefühl« ist dabei oft noch zu schwach ausgedrückt. Es sind sehr oft wahre Glücksgefühle, die aufkommen, wenn ich abends auf meinem Wildcampingplatz in schöner Landschaft den Tag Revue passieren lasse und sagen kann: Heute hatte ich alles, was ich brauchte. Ich bin satt geworden, hatte genug zu trinken, habe mir am Abend den Schweiß vom Körper waschen können und einen Platz zum Schlafen habe ich auch gefunden. Das sind perfekte Tage! Es braucht überaus wenig dafür. Denn was hatte ich an so einem Tag? Jedenfalls nichts, was ich mir mit viel Geld erkaufen musste. Es geht darum, die Grundbedürfnisse zu befriedigen, sich in schöner Landschaft zu bewegen, das Auge zu erfreuen und die täglichen Herausforderungen zu bestehen. Ich bin zurückgeworfen auf die elementarsten Dinge des Lebens: Ich esse, trinke, bewege mich fort, suche ein Nachtlager. Mehr mache ich nicht. Das genügt, um hochzufrieden zu sein, wenn nicht gar Glücksgefühle auszulösen.

Im Hotel passiert mir das sicher nicht. Ein Hotelzimmer kann schön sein, ich kann es genießen, aber überbordende Gefühle kommen nicht auf beim Betrachten eines modernen Badezimmers mit Rundumverspiegelung, eines großen weichen Kingsize-Bettes, eines Schreibtisches, eines gepolsterten Stuhls im Louis XV-Stil, eines Tisches, auf dem frisches Obst steht oder beim Öffnen der Minibar. Es ist schön, mehr nicht.

Auf Entdeckungsreise am Sternenhimmel

Meine erste Radreise hat mir 1990 in Bulgarien in Sachen Natur ein ganz besonderes Erlebnis beschert, als wir mitten im Nichts gelandet waren. Für mich als Stadtmensch war es eine grandiose Entdeckung.

Der Spätsommertag war fast zu Ende, wir hatten gegessen, waren satt und hatten uns zuvor im vorbeirauschenden Fluss unten an der einsamen Straße gewaschen. Nun gab es nichts weiter zu tun, als uns in die Schlafsäcke zu verkrümeln und zu entschlummern. Doch wir vier – Thomas, Markus, Stevie und ich – genossen noch die absolute Ruhe und den lauen Abend und saßen, als es schon dunkel war, vor unseren Zelten und unterhielten uns.

Ich streckte mich auf meiner Isomatte aus und legte mich auf den Rücken, die Arme hinter dem Kopf verschränkt. Zufrieden lag ich da und ließ den zu Ende gehenden Tag auf mich wirken. Als mein Blick hinauf in den schwarzen Himmel ging, machte ich eine für mich damals faszinierende Entdeckung: Ich erblickte ein Meer von weißen Pünktchen. Überall funkelten Sterne, der Himmel war geradezu übersät davon und auch die Milchstraße erkannte ich ganz klar.

Endlich wusste ich, warum es heißt, es gebe unzählige Sterne am Himmel. Bis dahin hatte ich beim Blick nach oben immer enttäuscht gedacht, dass es doch so viele nun auch wieder nicht sind. Jedenfalls nicht sichtbar. Ich hatte noch nie zuvor so viele Sterne erkennen können wie hier von Bulgarien aus, denn noch nie zuvor hatte ich einen solch ungetrübten Blick in den Himmel. Für diese Erkenntnis musste ich erst eine Radtour machen an diesen einsamen Flecken Erde, wo kein künstliches Licht von Häusern, Fabriken oder Autos die meisten Sterne verschwinden lässt. Seit dem Tag gehört Sternegucken zum Programm einer jeden Radtour.

Am Ende eines Radtages stelle ich mich gerne mitten in der Landschaft auf die Wiese, an den Berghang oder an den See, schaue mich um und lausche – lasse die Stille wirken und blühe innerlich auf. Das große Schweigen klingt überall anders. Mal gibt ein rauschender Fluss den Ton an, mal die Blätter der Bäume, die sich im Wind wiegen, mal sind es die Grillen mit ihrem Zirpen, mal ist es tatsächlich totenstill.

Es fühlt sich an wie eine Art der Meditation. Ich kann mich auf die Natur einlassen und mich lösen von den Gedanken, die mit diesem Moment nichts zu tun haben. Die reale Welt ist dann weit weg, die Hektik und die Probleme des Alltags werden unbedeutend und es gibt nur das Hier und Jetzt.

Der Kopf ist wie leer gespült und zurück bleibt das Glücksgefühl. Eine neue Tiefe und mehr Innerlichkeit spüren als im trubeligen Alltag, in dem ich oft an der Oberfläche entlang hetze – das ist die besondere Qualität daran. Ich merke dann, wie ich alle Spannungen abwerfe, abschalte und zur Ruhe komme.

Ein solches Gefühl erleben zu können, ist wahrer Luxus! Nicht das, was ich mir mit Geld kaufen kann, macht das möglich, sondern das Naturerlebnis.

Gerade diese Touren haben dazu beigetragen, dass ich Touristenaufläufe und künstliche Welten im Urlaub nicht mag. Ich habe in meinem Alltag schon mehr als genug von Menschenhand Geschaffenes um mich herum. Da ist eine Radtour durch die Natur wie eine Befreiung. Nicht die Stadtluft macht mich frei, wie es in einem anderen Zusammenhang heißt, sondern die Landluft. Auf einer Radtour fühlt es sich so an, als sei ich wieder ein ebenbürtiger Teil der Natur. In meinem täglichen zivilisierten Umfeld bin ich schließlich weit weg von ihr.

Erst auf diesen Touren habe ich die Natur für mich entdeckt, ihren Wert erkannt und wie viel Kraft und Ruhe sie ausstrahlt; und welch erbauliches Gefühl es ist, nichts als Bäume, Büsche, Steine und Vögel um sich herum zu haben, mit der Gewissheit, dass das nächste Dorf und der nächste Mensch viele Kilometer entfernt sind.

Dafür muss ich nicht einmal in die Ferne schweifen und auch nicht in Ländern wie Chile, Rumänien, Laos, Pakistan oder der Ukraine die Einsamkeit suchen.

Ich kann diese Natur auch in den westeuropäischen Ländern erleben, auch in Deutschland. 1993 fuhr ich erstmals quer durchs Land, von Hamburg nach München, und staunte nicht schlecht über die vielen schönen, einsamen Ecken.

Urlaubsgegenden, die keiner kennt

Es gibt viele Gegenden, die nicht in den Urlaubskatalogen auftauchen und trotzdem schön sind. Oder gerade deswegen. Touristen sind zumeist dort, wo die Infrastruktur auf sie ausgerichtet ist. Da stehen genügend Hotels, Pensionen, Restaurants und es gibt alles, was man als Tourist noch so braucht: entweder einen Strand für die, die den Tag am und im Wasser verbringen wollen und für die Aktiveren gibt es Wandergebiete.

Viele Länder wie Rumänien, Bulgarien oder Frankreich haben neben den ausgewiesenen Touristengebieten weitere Regionen zu bieten, in denen Hotels und Restaurants nicht an jeder Ecke zu finden sind. Das macht den Reiz aus: Wo wenig Touristen sind, meistens im Hinterland, sind die Einheimischen nicht darauf geeicht, dass Besucher vorbeikommen. Die Chance, etwas Ursprüngliches zu erleben, ist umso größer. Das gilt auch für ursprünglichere Natur. Hier ist sie nicht eingezäunt oder für Touristen komfortabel begehbar hergerichtet, und Eintritt muss auch nicht gezahlt werden.

Als ich auf meiner ersten Tour durch Rumänien und Bulgarien fuhr, dachte ich: Wenn die hier den Abschied vom Sozialismus geschafft und sich berappelt haben, werden sie ihr Potenzial als Reiseziel erkennen und Hotels ohne Ende und viele breite Straßen bauen. Denn wo wird einem sonst so viel unverbaute, schöne Landschaft geboten wie hier im Ostblock? Diese traumhafte Natur wird massenweise Menschen anlocken. Gut also, dass wir schon jetzt hier durchradeln, so meinte ich. Wenn erst mal all die Touristenbusse hier durchbrettern, wird mir das keinen Spaß mehr machen.

Ich habe mich getäuscht. Rumänien zieht zwar mittlerweile mit den Karpaten viele Wanderer an und mit den Küstenabschnitten am Schwarzen Meer weitere Touristen, aber das Landesinnere guckt sich kaum jemand an.

In Westeuropa ist Frankreich immer wieder ein schönes Ziel für Radtouren, weil es viele Flüsse, Schluchten, Berge, kleine Dörfer und wenig befahrene Straßen hat, die ideal sind für geruhsame Trips. Ich war in vielen Ländern Europas unterwegs und habe festgestellt, dass es fast überall ausreichend Ecken gibt, in denen ich nicht viel anderes höre als Vogelgezwitscher, das Rauschen der Blätter im Winde und das Plätschern eines Baches. Man muss nur die ausgetretenen Pfade verlassen.

Im Rhythmus der Natur

Wo erlebe ich Natur noch so intensiv? In meinem Alltag jedenfalls nicht. Da freue ich mich schon darüber, dass Hamburg eine für Großstadtverhältnisse sehr schöne, grüne Stadt ist und viele Parks hat. Trotzdem ist sie eine Großstadt mit all dem Trubel, der dazugehört, mit Stahl, Beton, Lärm und Dreck. Dank Heizung und Klimaanlage schwitzen wir im Winter und frieren im Sommer. Natur? Natürlicher Rhythmus? Kaum vorhanden. Hamburg ist Weltstadt und ich genieße all ihre Vorzüge. Ich freue mich aber, wenn ich das alles auf einer Radtour hinter mir lassen kann.

Da liebe ich es, mehr im Rhythmus der Natur zu leben. Das heißt auch: Wenn es dunkel ist, dann bleibt es dunkel. Ich habe auf einer Tour zwar meine Stirnlampe dabei. Das ist die einzige künstliche Lichtquelle, die ich mitnehme. Diese Stirnlampe ist eine kleine Lampe, die ich mit Bändern auf dem Kopf festzurre. Doch ich stelle sie nur im Notfall an. Dann nämlich, wenn wir leider zu spät ein Nachtlager gefunden haben und die notwendigen Dinge im Dunkeln erledigen müssen. Meistens bleibt sie aus, denn wenn die Sonne weg ist, ist der Tag für mich beendet.

Meine Uhr liegt irgendwo tief unten in der Gepäcktasche, ich brauche sie nicht. Sie muss nur herausgeholt werden, wenn wir uns dem Ende der Reise nähern und rechtzeitig das Flugzeug oder die Bahn erreichen müssen. Dann hat das uhrenlose Leben ein Ende. Auf der Tour bestimmt das Tageslicht, was getan wird: Wenn es dunkel wird, dann geht es ins Bett. Wenn es wieder hell wird, erwachen wir und weiter geht es. So einfach ist das – und doch so ungewohnt.

Ich gebe zu: Es ist nicht so, dass ich mit dem ersten Sonnenstrahl aus dem Schlafsack hüpfe, wir die Sachen zusammenpacken und losfahren in einen neuen Tag der Radreise. Ich bin Morgenmuffel und Langschläfer.

Wir nehmen uns oftmals vor, früh aufzustehen, weil wir wissen, dass es grandios schön ist, mit der Morgendämmerung und der aufgehenden Sonne Rad fahrend den Tag begrüßen zu können und zu spüren, wie das Leben langsam erwacht.

Manchmal haben wir es geschafft, dies zu erleben, sind also tatsächlich mal früh von unserem Zeltplatz weggekommen – allerdings passiert das leider sehr selten. Das kostet immer Überwindung.

Natur bietet einen ganz geregelten Rhythmus und somit eine Stabilität, die ansonsten verschwindet. Alles andere im zivilisierten Alltag verändert sich rasant. Dagegen zeigt die Natur etwas sehr Verlässliches – und beschert mir endlich mal wieder ganz geregelte Tagesabläufe.

Tagesschau-Einsatz rund um die Uhr

Zu Hause habe ich diesen Rhythmus nicht annähernd. Das ist zu einem großen Teil meinem Beruf geschuldet, denn die Tagesschau gibt es nun mal rund um die Uhr. Selbstverständlich sind auch die Sendungen zu nachtschlafender Zeit immer live, auch wenn man mir das oft nicht glauben will. Andere Fernsehsender machen das anders und senden Konserven, wir aber sind immer topaktuell.

»Da passiert doch gar nichts, wozu ist das live?«, werde ich manchmal gefragt. Darauf kann ich nur antworten, dass keineswegs nachts nichts passiert. In den USA ist dann schließlich Tag und von dort kommen dann gerne mal aktuelle Neuigkeiten.

Es mag unterm Strich nicht sonderlich viel Berichtenswertes sein, was sich ereignet, jedoch besteht immer die Möglichkeit, dass etwas passiert – und in dem Fall wollen wir blitzschnell darüber berichten können. Also sind wir Sprecher auch zu Nachtschichten im Sender oder zu Frühdiensten, und nicht nur zu Tagesdiensten oder am Abend zur 20-Uhr-Ausgabe und den Tagesthemen.

Von einem geregelten Tagesablauf kann also nicht die Rede sein. Mal muss ich zur Frühschicht um viertel nach vier in der Frühe das Bett verlassen, mal kann ich bis in die Puppen ausschlafen, weil ich erst abends zur Hauptausgabe erscheinen muss. Ein anderes Mal muss ich wiederum um Mitternacht hellwach sein, weil dann meine Nachtschicht mit dem Nachrichtenblock im Nachtmagazin beginnt und ich die Nacht im Sender verbringe.

Wenn ich den abendlichen Dienst habe, dann begrüße ich um 20 Uhr die Tagesschau-Zuschauer, spreche anschließend die Nachrichten in den Tagesthemen und muss manchmal noch für eine späte Tagesschau bis in den späten Abend hinein oder bis in die Nacht im Sender in Hamburg-Lokstedt bleiben – zu einer Zeit, zu der ich auf Reisen längst schlafe.

Statt im Studio sitze ich auf meiner Radtour um Punkt 20 Uhr hoffentlich schon beim Abendessen vor dem Zelt. Und nach Vollbringung des Tagewerkes wird geschlafen – so wie sich das nachts normalerweise gehört.

Das Einschlafen ist meistens kein Problem, denn nach einem Tag auf dem Rad bin ich müde und erschöpft. Dies sind eine andere Müdigkeit und ein anderer Erschöpfungszustand als nach einem Arbeitstag. Es ist eine wohlige Müdigkeit und das gute Gefühl, sich körperlich betätigt und den ganzen Tag an der frischen Luft verbracht zu haben. Das bin ich in diesem Maße natürlich nicht gewöhnt und das macht vor allem zu Beginn einer Tour schneller müde.

Endlich mal abschalten

Besonders erholsam ist, dass ich auf den Reisen in eine völlig andere Welt eintauche, in der mich Unbekanntes und Unvorhersehbares erwartet. Weil alles komplett neu ist und nichts, aber auch gar nichts mit den heimatlichen Gefilden und den Problemen und Angelegenheiten zu tun hat, bin ich mit meinen Gedanken ganz schnell weg von zu Hause, weg von der Arbeit, von all den Dingen, mit denen ich ansonsten tagtäglich zu tun habe. Ich habe keinen Termindruck und kann den Alltag abstreifen.

Die Ablenkung ist perfekt, denn ich muss mich sofort auf neue Gegebenheiten einstellen. Wenn ich in Islamabad in Pakistan am Flughafen ankomme, muss ich organisieren, wie wir weiterkommen. Wir müssen uns überlegen, ob wir mit dem Bus nachhelfen oder wie wir auf andere Art und Weise schleunigst aus dem lärmenden Stadtleben herauskommen, denn bis auf den Flug ist nichts weiter organisiert: Wir kommen an und schauen, wie es weitergeht.

In San Carlos de Bariloche in Argentinien angekommen, musste ich mich erst einmal um mein Rad kümmern, denn das hatte auf dem Flug sehr gelitten und einen verbogenen Rahmen. Was tut man da? Reparieren lassen, ein neues Rad kaufen? Mit solchen Fragen wurde ich konfrontiert. Hamburg, Deutschland, die Arbeit, die Freunde, die Familie – das alles ist in solchen Momenten erst einmal weit weg. Da auf unseren Touren nur wenig geplant ist, tauchen jeden Tag Fragen auf, die je nach Situation unterschiedlich beantwortet werden müssen: Wo schlagen wir unser Zelt auf? Wann holen wir uns wo Wasser? Welche Strecke sollen wir überhaupt ganz genau fahren? Das sind Fragen, die sich in meinem Alltag natürlich niemals stellen. Etwas zu essen und zu trinken bekomme ich dort immer, ein Dach über dem Kopf habe ich auch und meine täglich zurückzulegenden Wege sind auch klar. Plötzlich stehen also Dinge im Vordergrund, die daheim kein Thema sind.

In Patagonien auf der Carretera Austral gab es in Sachen Route jedoch keine Alternativen, da mussten wir nicht diskutieren, ob wir vielleicht mal abbiegen. Da gab es schlichtweg nichts zum Abbiegen, und zwar über Hunderte Kilometer. Immer nur geradeaus. Aber in der Ukraine, in Bulgarien oder in Südafrika hatten wir natürlich jede Menge Möglichkeiten und konnten uns aussuchen, welche Richtung wir einschlagen. Und wo holen wir unser Wasser, wenn das nächste Dorf weit entfernt ist und kein Fluss oder See auf dem Weg liegt?

Ich werde mit immer neuen Situationen konfrontiert – das ist die eine Seite, die mir an meinen Reisen so sehr gefällt. Die andere Seite ist, dass ich viel von der Welt kennen lerne und nicht nur im eigenen Saft schmore. Diese Art zu reisen hilft mir, den Horizont zu erweitern. Das hat mir an den Urlauben davor immer gefehlt.

Im Urlaub daheim

Es gibt ein Kunstwerk von Wolfgang Niedecken, dem Kopf der Kölner Rockgruppe BAP. Zusammen mit Manfred Boecker hat er 16 Fotos von verschiedenen Swimmingpools auf Leinwand gebracht. Unter den Bildern steht jeweils, in welchem Land das Foto geschossen wurde.

Dieses Bild hatte mich schon beeindruckt, als ich es 1985 das erste Mal sah, auch wenn ich damals noch nicht wusste, dass genau dies meine Haltung zum Urlaub ausdrückt und erklärt, warum ich Fahrradtouren mache: Wenn man sowieso nur im Hotel hockt, an den Pool geht oder vielleicht mal ans Meer, dann ist es egal, ob man gerade in Italien, in Brasilien, in Guadeloupe oder in der Türkei ist. Man bekommt dann nicht viel von der Umgebung und von den Menschen vor Ort mit. Man kapselt sich im Hotel samt Pool von der Außenwelt und damit von den Einheimischen ab und hat letztlich sein Zuhause mit in den Urlaub genommen – das alles jedoch bei besserem Wetter und mit Pool vor der Nase. Ich aber möchte nicht einfach nur mein Zuhause in wärmere Gefilde verlagern und den gleichen Komfort genießen. Ich möchte nicht aus dem Alltag fliehen und dann in einer nur leicht abgewandelten Variante landen. Das Urlaubsland mit den dazugehörigen Bewohnern ist dann lediglich eine schöne, exotische Kulisse. Ich will nicht nur relaxen, sondern etwas erleben, Menschen und Landschaften kennen lernen, neue Weg beschreiten.

Ich könnte am Strand liegen und in Ruhe lesen und mich so in eine andere Welt hineindenken und -träumen. Aber ich finde es viel spannender, selbst der Handelnde zu sein, der ein Abenteuer in einer fremden oder zumindest in einer landschaftlich schönen Welt erlebt. Abenteuerromantik hatte ich natürlich auch im Sinn, als ich mit den Radreisen anfing.

Bevor ich erstmals mit Stevie auf Tour gegangen bin, hat er mir mal erzählt, er fühle sich auf solchen Reisen wie Lucky Luke.

»Kennst du das letzte Bild in jedem der Lucky-Luke-Comic-Bände?«, hatte er mich gefragt. »Da reitet der einsame Cowboy auf seinem treuen Pferd dem Sonnenuntergang entgegen – ganz geruhsam und mit dem Wissen, dass der Tag gut endet. Er genießt seine Freiheit und wird irgendwo unter freiem Himmel sein Nachtlager aufschlagen. Genauso fühle ich mich, wenn ich auf Radtour bin. Es ist ein Stück Freiheit.«

Seit ich meine erste Radreise unternommen habe, weiß ich, was er damit meint. Meine Freiheit habe ich auch in einem organisierten Urlaub, im Pauschalurlaub oder bei meinem Strandurlaub in Frankreich: Ich habe endlich einmal keine Termine, an die ich mich halten muss; kein Chef nervt und nörgelt; ich habe meine feste Unterkunft und vielleicht sogar All-Inclusive; ich muss mich um nicht mehr viele Dinge kümmern.

Die Freiheit auf Radtouren ist jedoch eine andere: Ich stehe irgendwo auf einem Flecken Erde mit dem Allernötigsten: Ich habe ein Fortbewegungsmittel und alles, was ich zum Leben brauche, auch wenn es ein einfaches Leben ist. Das heißt, ich habe einen Kocher mit, einen Schlafsack, ein Zelt, ein paar Klamotten. Den Rest organisiere ich selbst. Dabei bin ich frei in meinen Entscheidungen und kann an einer Kreuzung nach links oder nach rechts fahren. Das ist das Grandiose an einem Fahrrad: Ich fahre alle meine Sachen bequem mit mir herum und komme zügig in die unterschiedlichsten Gegenden.

Zur Freiheit gehört, Entscheidungen zu fällen und zu schauen, wie man am besten durch den Tag kommt, ohne sich auf andere zu verlassen. Als Abenteuer habe ich diese Radtouren schon auf der ersten Tour durch Osteuropa empfunden. Kein Wunder, dass ich damals mein Rad nach dem Pferd des Kara Ben Nemsi Effendi aus den Karl-May-Romanen auf den Namen Ri getauft habe. Das treue Tier Ri, das seinen Besitzer nie im Stich gelassen hat. Als Jugendlicher hatte ich die Bücher verschlungen, auch den Band »Durch die Schluchten des Balkan«. Da war ich jetzt selbst unterwegs und erlebte meine eigenen Abenteuer.

Die andere Wahrnehmung

Es ist erstaunlich, wie anders ich die Natur auf dem Fahrrad wahrnehme. Das wurde mir erst 2001 auf der Pakistan-China-Tour über den Karakorum-Highway wirklich klar.

Diese Reise führte uns von Islamabad in Pakistan nach Kashgar in China und wieder zurück. Weil wir dieselbe Strecke nicht komplett zweimal radeln wollten, hatten wir für einen Teil des Hin- und auch des Rückweges einen Fahrer engagiert. Durch einen Zufall waren wir auf Karim getroffen, der mit seinem blauen Jeep gerade von Islamabad in die letzte Stadt vor der Grenze zu China fahren wollte, nach Sost. Er bot sich uns mit seinem Wagen als Mitfahrgelegenheit an und wir willigten gerne ein.

Der kleine Jeep war gerade groß genug, dass Stevie und ich, unsere beiden Räder und die insgesamt acht Packtaschen und zwei Isomatten noch hineinpassten. So wurden wir an den folgenden zwei Tagen mit dem Auto gen Norden in Richtung chinesischer Grenze gefahren. Am zweiten Tag hatten wir die Region verlassen, in der sich noch Ort an Ort reihte und viele Menschen lebten. Hinter der Stadt Gilgit kamen wir immer mehr in die Einöde. Wir fuhren durch eine unwirtliche Gegend, wie ich fand. Die Landschaft war karg und fast baumlos. Das war aber nicht verwunderlich, denn wir waren in etwa 3.000 Metern Höhe unterwegs. Die dominierende Farbe war grau-braun. So sahen hier die schroffen Berge aus – eigentlich recht trist. Aber wenn wir hochschauten, konnten wir immerhin noch das Blau des nahezu wolkenlosen Himmels sehen. Beim Blick hinab ins Tal sahen wir keinen Fluss, nur Sand und Geröll, und es gab über viele Kilometer scheinbar nichts Sehenswertes zu entdecken. Nicht sonderlich prickelnd, dieser Flecken Erde.

Jetzt mit dem Jeep konnten wir diese Gegend zum Glück schnell hinter uns lassen, aber uns stand genau diese Straße auf dem Rückweg mit dem Fahrrad bevor.

Na super, dachte ich mir. Das wird eine verdammt öde Tour zurück. Über zig Kilometer werden wir hier durchradeln müssen. Das wird die reinste Qual und todlangweilig.

Drei Wochen später war es dann so weit. Wir kamen mit unseren Rädern durch diese vermeintlich öde Strecke, doch es war alles ganz anders, als ich erwartet hatte. Denn ich fragte mich die ganze Zeit, wann endlich der langweilige Teil kommt, auf den ich überhaupt keine Lust hatte. Irgendwann merkte ich, dass wir schon länger durch die gefürchtete Gegend fuhren. Aber es war überhaupt nicht öde.

Ich bemerkte, dass die Eindrücke völlig andere sind, wenn ich mit dem Rad unterwegs bin und die Gegend von dort aus betrachte.

Auf dem Rad hatte ich den Rundumblick, sah das Spiel der Wolken und die schneebedeckten Gipfel der riesigen Berge. Ich erspähte die Raubvögel, die am Himmel kreisten und registrierte die unterschiedlichen orangenen und rötlichen Farbtöne der Felsen – all das, was wir auf dem Hinweg im Jeep nicht so genau zu Gesicht bekamen. Dabei waren die Fenster an Karims Auto für den Blick nach draußen schon recht großzügig bemessen gewesen, aber mit dem 360-Grad-Panorama-Erlebnis auf dem Rad konnte der Jeep nicht mithalten.

Außerdem bekam ich auf dem Rad ganz andere Geräusche mit: Ich hörte den Wind durch das Tal pusten, das Kreischen der Vögel – und es war deutlich angenehmer, als dem Motor eines Jeeps zu lauschen. So machte selbst der spröde Charme dieser Gegend Spaß und war ein Erlebnis. So weit die schönen Dinge der Natur.

Schöne Natur, nervige Natur

Es ist natürlich nicht immer eitel Sonnenschein, sondern ab und zu gibt es auch heftigen Regen, nicht nur wie an jenem bereits beschriebenen Tag in Swasiland. Naturgenuss kann auch zum Naturverdruss werden, wenn der Himmel seine Schleusen öffnet und ich unten alles abbekomme. Dann stelle ich mir zumindest kurzzeitig die Frage: Warum bin ich eigentlich mit dem Rad unterwegs und nicht mit dem Auto? Doch dann sage ich mir, dass auch Regen zum Naturerlebnis »Fahrradtour« gehört.

Natur – das ist nicht nur die schöne grüne Wiese, die bunten Blumen, die großen Bäume, der saubere Fluss, der ruhige See, die Vögel mit ihrem Gezwitscher und die zirpenden Grillen, sondern Natur kann auch unfreundlich sein.

Wenn ich Sehnsucht nach Natur habe und zurück zu ihr will, dann kann ich mir nicht nur die schönen und angenehmen Seiten aussuchen, sondern muss auch mit den anstrengenden und vielleicht sogar gefährlichen Naturerscheinungen zurechtkommen. Da lässt uns heftiger Gegenwind kaum vorankommen, Schneeregen macht das Erklimmen des Gebirgspasses zur Qual, wir müssen durch tiefen Schlamm waten und werden auf Schotterpisten durchgerüttelt. Da nerven Mücken ohne Ende, wenn wir es uns abends gemütlich machen wollen, kleine Tierchen versuchen sich ihren Teil von unseren Spaghetti zu klauen und Fliegen und Käfer machen es sich in unserem Zelt gemütlich. Da regnet es natürlich auch und ich kann mich auf einer Radtour nicht immer in ein Hotelzimmer zurückziehen und sagen: »Egal, dann lese ich heute mal ein schönes Buch.«

Das »Rundum-Sorglos-Paket« habe ich schon zu Hause. Das brauche ich nicht auch noch im Urlaub. Da möchte ich etwas erleben, und dazu gehören blöde Tage mit Regen. Ich werde allerdings niemals lässig ausrufen: Der Regen macht mir nichts aus!, sondern ich werde immer bange Blicke gen Himmel richten und hoffen, es möge schnell wieder aufhören mit diesen Tropfen, die da so feucht herunterfallen, oder am besten gar nicht erst damit anfangen.

Auf Touren wünschte ich immer, ich könnte so wie zu Hause die 20-Uhr-Tagesschau sehen – wegen der Wettervorhersage. Auf die Informationen über die Ereignisse in Deutschland und der Welt kann ich mittlerweile im Urlaub ganz gut verzichten. Das hole ich nach, wenn ich zurückgekehrt bin und mich durch den Stapel Zeitungen kämpfe, der sich in den Urlaubswochen angesammelt hat. Aber ich wüsste schon gerne an den Abenden im Urlaub, wie das Wetter am nächsten Tag wird.

In Deutschland freue ich mich natürlich auch mehr über Sonnenschein als über Regen, aber das Motto »Alle reden übers Wetter« gilt für mich daheim nicht. Es ist tatsächlich so: Was für manche Menschen die wichtigste Nachricht in der Tagesschau ist, ist für mich die unbedeutendste. Ich bin bei der Tagesschau 14 Minuten lang sehr interessiert dabei und verfolge, was geschehen ist. Aber während der letzten Tagesschau-Minute, wenn die Wettervorhersage läuft, bin ich nicht mehr voll bei der Sache. Die Aussichten aufs Wetter von morgen interessieren mich nicht sonderlich; nur in Ausnahmefällen, zum Beispiel, wenn ich einen Ausflug plane. Das macht sich sogar bemerkbar, wenn ich selber die Tagesschau-Nachrichten verkünde. Da bekomme ich dann auch nicht immer mit, wie das Wetter vorausgesagt wird.

Das führt manchmal zu skurrilen Dialogen. Ich werde nach meinem Dienst manchmal gefragt: »Thorsten, wie wird denn morgen das Wetter? Du hast doch heute gearbeitet.« Dann muss ich meistens sagen: »Das kann ich nicht sagen, so genau habe ich nicht darauf geachtet.«

Bei allen anderen Meldungen weiß ich sehr gut, was ich vorlese! Wenn mich jemand fragt: »Was gibt es Neues zur Steuerreform?«, dann kann ich das natürlich beantworten, wenn es in der Sendung vorkam. Nur beim Wetter sieht es düster aus. Das registriere ich nicht in allen Einzelheiten, weil es mir nicht so wichtig ist. Denn Regen kann mir zu Hause ja nichts anhaben. Dafür habe ich eine Wohnung und einen überdachten Arbeitsplatz. Da bleibe ich immer trocken und bin geschützt vor noch so heftigem Regen, Sturm und Hagel. Und wenn ich doch raus muss oder will, dann gibt es wetterfeste Kleidung und die hervorragende Erfindung »Regenschirm«.

Oft erzählen mir Leute in Hamburg: »Ich würde am liebsten auswandern – dorthin, wo es nicht so oft regnet wie hier, wo es das ganze Jahr über Sonnenschein und Wärme gibt.« Das sieht bei mir anders aus. Ich antworte dann immer: »Das wäre doch langweilig. Ich finde den Wechsel der Jahreszeiten schön.« Eine etwas kürzere Trübsinnsphase von Oktober bis März wäre nicht übel, aber eigentlich gefällt es mir, wenn sich das Wetter verändert, wenn die Blätter an den Bäumen mal grün, mal gelb, mal braun und mal nicht vorhanden sind; wenn ich mal im T-Shirt, mal im Pullover, mal mit einer Jacke und mal im dicken Mantel durch die Gegend spaziere.

Eine Radtour ist ein grandioses Erlebnis, zu dem auch die Widrigkeiten gehören, mit denen ich klarkommen muss. Allerdings sind es immer nur ein paar Wochen im Jahr, da ist es nicht so schlimm, mal ein paar Regentropfen zu ertragen.

I'm riding in the rain

Ich gebe zu: Manchmal ist das leicht dahingesagt. Nicht immer klappt es, dies zu verinnerlichen, besonders wenn die Regenklamotten den Kampf gegen das Wasser verloren haben und ich von Kopf bis Fuß durchnässt bin.

Sobald es richtig heftig und lange regnet, ist es schwierig, gute Miene zum feuchten Spiel zu machen und ich muss mich zusammenreißen, um nicht wehmütig daran zu denken, dass ich bei einem »normalen« Urlaub jetzt einfach in meinem Hotel bleiben könnte oder in einem Café und bei einem Latte

Macchiato dem Prasseln des Regens auf der Markise lauschen könnte.

Ein bisschen tröpfeln darf es gerne, und es darf auch mal einen kräftigen Regenguss geben, wenn bald danach wieder die Sonne herauskommt. Zur Not akzeptiere ich auch noch tagsüber permanenten Regen, wenn er abends rechtzeitig vorbei ist. Unter einem feucht-fröhlichen Abend stelle ich mir doch etwas anderes vor.

Es ist ziemlich unangenehm, wenn ich am Ende eines regnerischen »Radltages« irgendwo in der Natur einen Platz für das Zelt finden soll und auf der Suche danach durch klatschnasses Gras oder gar durch Matsch waten muss. Dabei werden die Schuhe nass, die Feuchtigkeit dringt unweigerlich durch bis zu den Socken und den Füßen. Dann klebt auch noch der Schlamm an den Schuhen, an dem einzigen Exemplar, das ich auf so einer Reise dabeihabe. Da weiß ich: Morgen früh werde ich wieder in diese feuchten Dinger schlüpfen müssen. Das wird kein großer Spaß.

Es ist alles andere als erbaulich, bei Regen das Zelt aufzubauen, das dabei klatschnass und schlammig wird. Am schlimmsten aber ist es, es am nächsten Morgen wieder feucht einzupacken, denn dann schleppe ich noch drei bis vier Kilogramm mehr mit durch die Gegend – vielleicht auch noch über die Berge –, denn das Wasser wiegt schwer und das Zelt somit auch.

Bei Regen zu versuchen, das abendliche Mahl zu kochen ist auch so eine Sache; das kann man nur im Vorzelt machen. Da wir auf dem Fahrrad Größe und Gewicht sparen wollen, ist das Zelt natürlich möglichst klein. Der überdachte Raum vor dem Innenzelt ist es deshalb auch. Da lagern über Nacht unsere Taschen, denn die haben in unserem Minimalisten-Zelt natürlich keinen Platz. Wenn es aber draußen plätschert, dann wird in diesem Mini-Vorzelt gekocht. Eine überaus schwierige und unbequeme Übung, weshalb an solchen Abenden das Essen lästige Pflicht ist, aber kein freudvolles Ende eines schönen Radtages. Da bleibt nur die Bitte an Petrus: Bitte, bitte, lass es morgen trocken sein.

Unangenehm ist es auch, mit nassen Klamotten ins nasse Zelt zu kriechen, sich der nassen Klamotten zu entledigen und nicht zu wissen, wohin mit diesen nassen Sachen; dann in den noch einigermaßen trockenen Schlafsack zu schlüpfen, sich auf seine nasse Isomatte zu legen und am nächsten Morgen aufzuwachen und zu sehen: Es ist alles immer noch nass, nass, nass. Denn wie soll in einem nassen Zelt irgendetwas trocknen?

Mittlerweile aber bin ich sehr viel entspannter als früher, wenn es wirklich ganz schlimm kommt und einfach nicht aufhören will. Das hat auch damit zu tun, dass ich mir sage: Wenn es diesen Regen nicht gäbe, dann wäre die Landschaft nicht so üppig, wie sie ist. Ganz deutlich habe ich es auf meiner Pyrenäen-Tour 1998 erlebt: In den ersten Tagen fuhr ich auf spanischer Seite vorbei an kargen Hügeln und von der Sonne verbranntem Land. Vorherrschender Farbton: hellbraun. Ich kam an den Pass, den Col du Pourtalet, über den es von Spanien nach Frankreich hinüberging. Oben an der Grenze empfing mich eine dicke Wolke, die über den Gipfel hinüberragte. Während ich noch in der Sonne stand, signalisierte sie mir: Da drüben wartet der Regen auf mich.

Tatsächlich wechselte ich mit dem Land auch das Wetter, aber ebenso die Landschaft: An grünen Wäldern, Flüssen und Bächen kam ich nun plötzlich vorbei – eine Gegend, die mir wesentlich besser gefiel als vertrocknetes Land. Natürlich wäre es mir lieber, wenn es gerade nicht regnet, wenn ich auf dem Rad sitze, aber das lässt sich nun mal nicht immer vermeiden.

In den ersten Jahren unseres gemeinsamen Radelns war Stevie knallhart: Während ich über das miese Wetter fluchte und meinte, wir sollten uns ein Hotel oder eine Pension nehmen, lehnte er das ab. Es war ihm zu teuer. Nun ist eine Radtour eine Art des Reisens, die nicht viel kostet, wenn man nur die An- und Abreise mit Bahn oder mit dem Flugzeug bezahlen muss. Günstig erst recht, wenn wir nicht einmal Geld für eine Unterkunft ausgeben müssen, sondern immer einen Platz im Schoße der Natur nehmen. Deshalb war Stevies Credo: Wir haben doch das Zelt, was sollen wir mit einem Hotel? Und da war es ihm egal, ob es regnet oder nicht. Naja, vielleicht nicht egal, aber er hat sich damit eher arrangiert als ich. Obwohl er über seine Norwegen-Tour auch heute noch stundenlang jammern kann. Da ist er vier Wochen lang bei durchgehendem Regen unterwegs gewesen. »Ich glaube, wir sind immer mit ein und derselben Regenwolke durch Norwegen gezogen. Denn wenn wir andere Menschen getroffen haben, dann fragten die: Wieso hattet ihr Regen? Bei uns schien die Sonne!«, erzählt er dann.

Permanent ein solches Wetter hätte ich nicht durchgehalten, ohne zwischendurch mal ein festes Dach über dem Kopf zu haben. Zum Glück war ich bei der Tour nicht dabei, denn ein Hotel kam damals selbst bei vier Wochen Regen für ihn nicht infrage. Inzwischen aber sind wir uns einig, dass wir durchaus mal Zuflucht in einem Hotel oder einer Pension suchen können, wenn es zu schlimm wird.

Da mir keine Wetterkarte der Tagesschau zur Verfügung steht, spitze ich immer erst mal die Ohren, wenn ich morgens aus dem Schlaf erwache: Tröpfelt es aufs Zelt? Das ist das Erste, was ich wahrnehme an einem neuen Tag. Wenn das typische Plätschern auf dem Zeltstoff nicht zu hören ist, ist das schon mal die halbe Miete. Ein sehr beruhigendes Gefühl. Aber natürlich kann es draußen auch trüb und trist sein und Regen unmittelbar bevorstehen. Deshalb ist dann der Blick aus dem Zelt das nächste, um die Wetterlage zu erfassen.

Permanenter Regen ist auch deshalb keine große Freude, weil ich eine Radtour nicht um des Fahrradfahrens willen unternehme. Wenn ich auf zwei Reifen unterwegs bin, dann möchte ich die Gegend aufsaugen. Ich will den Blick auf die Berge genießen, auf die Wälder, die Flüsse. Ich will mir die Häuser genau ansehen und die Menschen. Ich will die Geräusche hören. Wenn es regnet, gibt es weder viel zu sehen noch zu hören. Der Blick ist stur nach vorne gerichtet, die Augen sind zum Schutz vor den Regentropfen zusammengekniffen.

Was soll man sich schon angucken, wenn die Umgebung in einer grauen Soße verschwindet? Lärm machen nur die Regentropfen, die auf den Boden und auf uns niederprasseln.

Letztlich aber gilt: Auch das gehört dazu, auch da muss ich durch. Und Stevie erst recht, denn wo Stevie ist, ist Regen.

Rainman gegen Sunman

Auf unserer ersten Radtour von Ungarn nach Istanbul sagten wir Mitradler im Scherz zu Stevie: »Du musst mal nach Afrika fahren und dort eine Radreise machen. Die freuen sich, wenn du vorbeikommst und ihnen Regen bringst. Dann können die Menschen dort endlich mal reiche Ernte machen.« Denn auf unserer Fahrt damals regnete es ziemlich oft. So oft, wie es sicher nur höchst selten in jenen südosteuropäischen Gefilden im Sommer regnet.

Wir gaben Stevie eine große Portion Schuld an dem miesen Wetter. Schließlich war er zuvor schon in Norwegen unterwegs, wo er kaum einen Tag erlebte, an dem er nicht durchnässt war wie ein Pudel. Wo Stevie ist, ist Regen. Eine recht unglückliche Gleichung für jemanden, der seinen Urlaub mit Fahrradfahren verbringt.

Stevie war unser »Rainman« – ein Regengott, auf dessen feuchten Einfluss ich gerne verzichtet hätte. Ich dagegen war »Sunman«, denn wenn ich ohne ihn auf Radtour bin, dann kann man fast sicher sein: Das Wetter wird überwiegend schön.

So erlebte ich mit meiner Freundin sensationelle Tage, als wir an der neuseeländischen Westküste unterwegs waren: Eine Region mit dichtem Regenwald, in der kaum eine Menschenseele lebt, weil es dort zu unwirtlich und deprimierend ist – wegen des vielen Regens. Ich hatte erst kurz vor Antritt jener Reise nach Neuseeland in unserem Reiseführer gelesen, dass die dortige Westküste eines der regenreichsten Gebiete der Welt ist. Aha, und da wollten wir mit dem Rad durch? Mehrere Tage lang? Großartige Idee! Aber das miese Wetter macht sicher mal eine Pause, wenn wir zwei dort vorbeikommen, dachte ich mit jeder Menge Zynismus.

Als wir uns dann auf der Neuseeland-Tour der ominösen, gefürchteten Westküste näherten, trafen wir viele Radler, die gerade dort durchgefahren waren, wo wir hinwollten. Alle, aber auch wirklich alle, waren begeistert von der Landschaft, sie klagten aber ebenso unisono über das schreckliche Wetter:

»Regen, Regen, nichts als Regen: Das war kein großer Spaß«, sagten sie. Aber ich sage nur: »Sunman!«

Für uns war es nämlich ein großer Spaß. Das Wetter hatte tatsächlich für uns eine Ausnahme gemacht. Sehr nett! Besten Dank! Wir fuhren dort fünf Tage an der Küste entlang, ohne vom Regen gepeinigt zu werden. Der Genuss der Landschaft war völlig ungetrübt. Was die anderen bloß alle hatten?

Auch auf der Tour durch Patagonien 2009 habe ich meine Stärken ausgespielt und mich gegen Stevie durchgesetzt. Das war bitter nötig, schließlich waren wir die meiste Zeit auf chilenischer Seite in Patagonien unterwegs. Chile erstreckt sich in Nord-Süd-Richtung an der Westküste Südamerikas. Das bedeutet, dass die Wolken von Westen kommend an den Ausläufern der Anden, die die Grenze zu Argentinien bilden, hängen bleiben und sich über Chile abregnen. Deshalb ist Patagonien auf der westlichen Seite landschaftlich so fantastisch: Es gibt dort Regenwälder, Seen, Flüsse, Gletscher, Fjorde. Auf der anderen Seite der Berge in Argentinien gibt es vor allem: Geröll. Denn nach Argentinien kann kaum mal eine Regenwolke durchdringen.

Das also ist der Preis, der zu zahlen ist, wenn ich üppig sprießende Natur erleben will. Ich muss im Normalfall immer mal mit Regen rechnen. Das sagt ja auch schon der Name: Regenwald. Und durch einen solchen fuhren wir permanent in Chile. Aber es regnete nie. Nur der erste Tag auf der Carretera Austral endete mit heftigem Regen. Doch als wir am nächsten Tag aufgestanden waren und von unserer kleinen Anhöhe herüberschauten auf den dichten Regenwald in der Umgebung von La Junta, ließ die Morgensonne schon die Feuchtigkeit verschwinden. Dicker weißer Dampf lag über den in verschiedenen Grüntönen leuchtenden Bäumen und verzog sich. Das war für lange Zeit das letzte Mal, dass wir Regen und Feuchtigkeit um uns erlebten. Nun kam Wasser lediglich in Flüssen und Bächen vor – und das war genau richtig so, darauf waren wir angewiesen. Aber im tiefsten Regenwald Patagoniens zog ich vor lauter Hitze sogar mein Oberteil aus, es war einfach zu heiß. Und wo war der Regen? Wir hatten offenbar Glück gehabt mit dem Wetter. Oder anders gesagt: Ich war ja dabei und hatte mit meinem Einfluss dafür gesorgt, dass der Regenwald für ein paar Tage zum Sonnenwald wurde.

Man muss sich also seine Reisepartner auch nach deren Fähigkeiten aussuchen, das Wetter positiv beeinflussen zu können. Fuhr Stevie etwa nur deshalb so oft mit mir auf Radtour, weil er wusste, dass bei mir meist gutes Wetter angesagt ist? Ich hoffe, es gibt auch noch andere Gründe.

Im afrikanischen Swasiland zeigte ich jedoch ungeahnte Schwächen, als wir verzweifelt nach einem Unterschlupf suchten und ihn letztlich – wie bereits geschildert – bei einer gastfreundlichen Familie fanden. Dieser Landstrich in Afrika profitierte davon: Er konnte sich über satten Regen freuen. »Rainman« Stevie hatte offenbar einen besseren Tag erwischt als ich.

Wenn es abends regnet und wir Station machen, dann heißt es nur noch: Pflichten erfüllen wie Essen kochen, sich waschen und ab ins Bett. Abendliches Ausklingen mit Blick in den Sternenhimmel bei einem schönen Schluck Wasser – das ist nicht drin. Das höchste der Gefühle wäre, einigermaßen satt und trocken ins Zelt zu schlüpfen und beruhigt zu hören, wie der Regen aufs Zelt trommelt mit dem Wissen: Hier drin bleibst du trocken und morgen früh hat dieses Tröpfchengeräusch hoffentlich ein Ende.

Gefährliche Blitze

In Vietnam allerdings dachte ich auf der Tour 2003, dass ich im Zelt nicht sicher bin. Wir hatten an jenem Abend einen Platz für die Nacht gefunden, der akzeptabel war. Mehr nicht. Der Boden war sandig und nicht sonderlich eben. Kleine Huckel drückten von unten in die Isomatte und in den Rücken. Immerhin lag der Platz einige Meter von der kleinen, kaum befahrenen Straße in den Bergen entfernt und war umgeben von Buschwerk und Bäumen.

Während wir unser Zelt aufbauten, zog der Himmel bedrohlich zu und es fing an zu tröpfeln. So blieb uns nichts übrig, als im Vorzelt zu kochen und nach dem Essen ins Bett zu gehen.

Mitten in der Nacht wurde ich plötzlich geweckt – durch Lärm.

Das Tröpfeln des Regens wurde stärker. Es platterte nun auf unser Zelt und das war noch nicht alles. Ich hörte und sah, wie es blitzte und heftig donnerte. Zum Glück noch in einiger Entfernung, doch das Donnern wurde immer lauter und kam näher. So laut hatte ich noch kein Donnern gehört. Es war ohrenbetäubend.

Durch den dunkelgrünen Zeltstoff leuchtete es immer wieder gleißend hell auf. Wir hörten und sahen, wie Blitze in unserer unmittelbaren Nähe einschlugen.

Bei jedem Donner fürchtete ich, der folgende Blitz könnte dieses Mal unser Zelt treffen. Das Gewitter war direkt über uns. Ich kam mir vor wie ein Soldat, der unter schweren Beschuss genommen wird und hofft, nicht getroffen zu werden. Unser Nachteil war allerdings, dass wir uns nicht verstecken konnten. Wir standen wehr- und schutzlos auf freiem Feld und brauchten etwas Glück.

Der Regen krachte und prasselte auf das Zelt. Wir erlebten uns der Gewalt der Natur völlig ausgeliefert. Wir lagen in unserem kleinen Gefängnis und hofften nichts mehr, als aus dieser bedrohlichen Situation irgendwie heil herauszukommen.

Ich weiß nicht mehr, wie lange der Spuk dauerte. Die Zeit kam mir vor wie eine halbe Ewigkeit. Angespannt und mit aufgerissenen Augen lag ich im Schlafsack und hoffte inständig, dass auch der nächste Blitz uns bitte verschonen möge. Er tat es, so wie alle anderen Blitze auch. Stunden später muss der Regen nachgelassen haben und das Gewitter abgezogen sein. Doch daran kann ich mich nicht erinnern. Irgendwann war ich eingeschlafen.

Am Morgen erwachten Stevie und ich in einer totalen Stille. Kein Donner, kein Regen. Ich öffnete den Reißverschluss unseres Zeltes, schaute nach oben und sah in dunklen Himmel, aber immerhin war es trocken. Zumindest über uns. Unter dem Zelt und daneben sah es ganz anders aus.

Wir waren wie auf einer Burg eingeschlossen von einem Wassergraben, der um unser Zelt herumlief. Weil der Boden keinerlei Gras hatte, sondern nur aus Sand bestand, standen wir jetzt knöcheltief im Matsch.

Aber immerhin! Wir hätten auch verschmort daliegen können. Wir hatten das Unwetter heil überstanden. Das war das Wichtigste.

Verzichten und sich wohlfühlen

Ich verlange auf solchen Radtouren etwas von mir, denn Leben in und mit der Natur ist manchmal nicht so einfach. Selbstverständlich will ich mich nicht in Lebensgefahr bringen, so wie in den Bergen Vietnams. Ich möchte mich aber auch mal mit schwierigen Situationen auseinandersetzen, mit ihnen umgehen und sie bewältigen. Verzicht spielt dabei ein Rolle: Ich finde nicht immer Schutz vor Regen, ich finde nicht immer ein traumhaftes Nachtlager, ich habe abends nur so viel zu essen, dass ich gerade mal satt werde, manchmal auch weniger. Ich trinke Wasser statt Wein, ich bin nicht immer porentief sauber, weil ich mich nicht immer und überall waschen kann, ebenso wenig meine Klamotten. Ich kämpfe mich mit eigener Kraft steile Straßen hoch.

Wozu dieser Stress, frage auch ich mich manchmal. Aber es ist kein Stress, der mich nervt und mir nicht guttut, sondern es ist ein Stress, der mir viel Spaß macht und an dem ich nur wachsen kann. Es steigert das gute Gefühl in mir, dass ich mit manchen Widrigkeiten gekämpft habe und damit klargekommen bin, dass ich nicht bei der kleinsten Schwierigkeit genervt war und aufgegeben habe.

Eine solche Radtour ist kein Überlebenstraining, aber sie bedeutet, die großen Annehmlichkeiten einzutauschen gegen ein einfacheres Leben, das zunächst etwas mühsam erscheinen mag. Doch es lohnt sich: Es schafft ein anderes Bewusstsein und lässt mich das schöne Leben daheim anders wertschätzen. Wie bereichernd – im nicht-materiellen Sinne – ist es, ab und an auf einfache Art zu leben! Denn dauernde Annehmlichkeiten werden irgendwann selbstverständlich und langweilig. Ich möchte nicht völlig verwöhnt sein, weil ich in dieser perfekten Konsumgesellschaft vieles kaufen kann, was mir das Leben erleichtert. Das ist schön und auch ich genieße die Möglichkeiten, die ich habe. Doch verlangt mein Innerstes ab und an nach besonderen Aufgaben, die auch mal außerhalb des Berufes liegen. Deshalb: raus aus der Komfortzone, rein in die Einfachheit. Das kann man Abenteuer nennen, man kann auch sagen, es ist eine Flucht aus der Hängematte und der perfekten Bedürfnisbefriedigung.

Natürlich verdient ein Tagesschau-Sprecher und Fernsehmoderator ausreichend Geld, um sich einen Urlaub im Hotel leisten zu können. Darum geht es aber überhaupt nicht. Ich bin alles andere als ein Geld-Fuchs, der spart, wo er nur kann. Es war mir nur wichtig zu erkennen, dass ich zeitweilig verzichten kann. Dass ich Frustrationen wegstecke und aushalte.

Ich suche mir mit den Radtouren zumindest eine kleine Insel der Askese und bin dann mal für ein paar Wochen weg aus der Überflussgesellschaft – zurückgeworfen auf die elementarsten Dinge des Lebens: Essen, Trinken, unterwegs sein und einen Schlafplatz finden. Davon wird der Tag bestimmt.

Tatsächlich will ich mich dabei mal wieder auf Dinge konzentrieren, die ich im Alltag nicht bewusst wahrnehme, weil sie selbstverständlich scheinen. Ich möchte auch herausfinden, wo meine Grenzen liegen und lerne mich selber auf den Touren kennen; was ich mag, wie schnell ich genervt bin, wie kompromissfähig ich bin, denn immer wieder werden wir vor schwierige Situationen gestellt, die ich gemeinsam mit dem Reisepartner lösen muss.

Mit jeder Tour stellte ich fest, dass meine Grenzen weiter weg rücken. Wenn ich zurückdenke, fällt mir nichts ein, worüber ich mich beklage, weil es zu anstrengend war. Naja, höchstens der Regen.

Tückische Kräuterwiesen

Manchmal brockt man sich selbst etwas ein. Ich habe das zumindest einmal getan.

Ich war frisch verliebt, hatte gerade eine neue Freundin. Sie wollte mir damals, im Jahre 1999, offenbar ihre Verliebtheit beweisen, indem sie mit mir auf eine zehntägige Radtour ging. Wir wollten durch das Elsass und die Vogesen in Frankreich, also durchaus ein anspruchsvolles Terrain für Radfahrer.

Zunächst aber kamen wir bei schönem Wetter mit dem Zug in der Rheinebene an und machten uns auf den noch platten Weg, Steigungen waren hier weit und breit nicht zu sehen. Das war ideal zum Warmwerden. Über kleine, einsame Straßen fuhren wir uns langsam ein, es war wie auf einer netten Sonntagnachmittagsradeltour.

Irgendwann musste es natürlich so weit sein, irgendwann musste die erste Steigung kommen. Sie kam, und zwar nicht gerade zimperlich. Plötzlich sahen wir vor uns eine steile Rampe, die auf französischer Seite hinauf in einen Ort in den Vogesen führte. Meine neue Flamme bremste, stoppte das Rad und stieg ab.

»Was ist los?«, fragte ich.

»Da soll ich rauffahren?« meinte sie entsetzt. »Das schaffe ich nie im Leben.«

Ich war überrascht, denn es war doch klar, dass wir nicht durch das platte Holland radeln oder durch norddeutsches Flachland, sondern dass es auch mal hoch hinaus geht.

Doch Liebe macht blind und als wir zu Hause auf die Karte geschaut hatten, muss sie das wohl übersehen, verdrängt oder zumindest nicht wirklich bedacht haben. Jetzt aber war die Steigung nicht mehr zu übersehen.

»Davon gibt es von jetzt an wohl noch ein paar mehr«, sagte ich. »Wenn du darauf doch keine Lust hast, dann lassen wir das und fahren woanders hin. Wir könnten in der Rheinebene bleiben, wenn du möchtest.«

Aber jetzt hatte sie offenbar der Ehrgeiz gepackt.

»Nein, nein, lass nur, ich krieg das schon hin«, meinte sie plötzlich und hatte offenbar ihre Meinung geändert.

»Aber du sollst auch Spaß haben an der Tour und dich nicht quälen. Wir können wirklich auch eine andere Strecke fahren.« Um ehrlich zu sein: Ich hatte natürlich die Hoffnung, sie würde sich überwinden können, bei dem ursprünglichen Plan zu bleiben. Auf die Rheinebene und immer nur am Fluss entlang – darauf hatte ich überhaupt keine Lust.

»Nein, nein, schon gut, ich pack das«, meinte sie schließlich. »Ich fahr dann mal da hoch.«

Gesagt, getan – wenn auch langsam. Sie musste sich etwas mühen und es dauerte seine Zeit, aber das war egal. Wir waren schließlich im Urlaub.

Sie nahm tatsächlich nicht nur diese erste Hürde, sondern auch all die anderen Steigungen, die in den Vogesen nicht immer leicht zu bewältigen sind. Später sagte sie mir, dass sie einfach zu verliebt gewesen sei, als dass sie dort hätte resignieren können. Deshalb hatte sie sich überwunden und sich die Steigung hinaufgekämpft. Nach einer gewissen Zeit der Eingewöhnung machte es ihr sogar Spaß, in den Bergen zu fahren. Ich habe mich für ihren Einsatz auf der Tour revanchiert, denn auch ich nahm körperliche Leiden in Kauf – nur für sie.

Es ging auf den Abend zu und wir fuhren an einer Kräuterwiese vorbei. Meine Freundin war hellauf begeistert: »Ist das schön! Wollen wir hier das Zelt für die Nacht aufschlagen? Das ist doch ein herrlicher Platz!«

Konnte ich ihr diesen Herzenswunsch abschlagen? Nein, natürlich nicht, obwohl schon leichte Befürchtungen in mir aufkamen, dass mir der Platz nicht recht bekommen könnte. Ich war damals noch Allergiker und hatte Heuschnupfen. Ein Abend und eine Nacht auf einer Kräuterwiese – schlimmer ging es nicht. Schon beim Aufbauen des Zeltes mitten auf der so wunderschönen Wiese spürte ich ein Kribbeln in der Nase. Der erste Nieser ließ nicht lange auf sich warten.

»Gesundheit«, rief mir meine Freundin noch zu, aber als die Nieser immer zahlreicher wurden, hatte es keinen Sinn mehr, »Gesundheit« zu wünschen. Gesund war ich diesbezüglich leider nicht und würde es so schnell wohl auch nicht werden. Es war wahrlich keine erholsame Nacht für mich, denn die Nase lief ununterbrochen und die Augen juckten. Deshalb war ich heilfroh, als wir am nächsten Morgen endlich aufbrachen und mich die Pollen nicht mehr massenweise befallen konnten. Was tut man nicht alles aus Liebe.

Patagonien: So kann es bleiben

Auch wenn es manchmal unangenehm und schwierig ist, mit der Natur zu leben, ist es gut, wenn wir Menschen nicht überall eingreifen und uns die Natur so hinbiegen, nur damit sie für uns bequemer ist. Solche Gedanken hegte ich, als wir im Jahre 2009 auf Schotterpisten durch Patagonien fuhren.

Die Entscheidung nach Patagonien zu reisen, hatte ganz klar einen Grund: Wir wollten viel Natur und wenig Mensch. Die Wochen und Monate vor diesem Urlaub waren voll mit Arbeit und ich fühlte mich urlaubsreif, was nicht sehr oft bei mir vorkommt. Diesmal aber war es so und ich wollte abschalten und außer meinem Tourbegleiter Stevie am liebsten niemanden sehen. Die Alternative war ursprünglich Indien, was aber eher bedeutet hätte: viel Mensch und wenig Natur. In diesem dicht besiedelten Land war an eine himmlische Ruhe, wie wir sie uns für Patagonien ausmalten, nicht annähernd zu denken. Indien interessierte uns hauptsächlich wegen der Kultur und weil das Land und seine Menschen so ganz anders waren. Das war auch sehr reizvoll, aber nicht das, was ich jetzt brauchte. Wir entschieden uns, nach Argentinien zu fliegen, auf das Rad zu steigen und weiter nach Chile zu fahren, dorthin, wo Patagonien besonders schön ist. Die vorgesehene Route sollte später wieder zurück nach Argentinien führen auf die östliche Seite der Kordilleren, die die beiden südamerikanischen Länder trennen.

Chile und Argentinien teilen sich die Region Patagonien, in der statistisch gesehen nur ungefähr zwei Menschen auf einem Quadratkilometer leben. Die wenigen Ortschaften sind zwar über Straßen miteinander verbunden, vor allem über die Hauptschlagader »Carretera Austral«, die sich von Nord nach Süd durch Chile schlängelt. Die aber ist zum allergrößten Teil nicht asphaltiert. Bei den wenigen Bewohnern lohnt sich das wohl nicht, aber vielleicht würde es sich wegen der Touristen lohnen?

Vor allem Naturliebhaber zieht es in die Einsamkeit Patagoniens, mit seinen spektakulären Landschaften: Sattgrüne Regenwälder, Fjorde, türkisgrüne Seen, kristallklare Flüsse, schroffe Berge, tiefblaue Gletscher und grüne Wiesen machen die Region zu einem kleinen Paradies. Klar, dass sich die Verantwortlichen des Landes überlegen, daraus mehr Kapital zu schlagen.

Derzeit ist das Reisen schlicht zu unkomfortabel und mühsam, als dass Touristenströme hier durchziehen würden. Die Infrastruktur mit den staubigen Pisten, den weit voneinander entfernten Orten und den wenigen Busverbindungen ist einfach zu dürftig. Wenn aber schon so viele Radfahrer die Mühsal einer Schotterpiste auf sich nehmen, dann muss Patagonien wirklich sehr anziehend sein und würde unter besseren Umständen sicher noch viel mehr Touristen anlocken. Was könnten die Chilenen für einen Reibach machen, wenn sie diese wilde Landschaft erschließen und befestigte Straßen bauen würden? Touristenbusse könnten ohne Probleme durch sie hindurchrasen und Menschenmassen zügig und bequem zum See, an den Fluss, zum Gletscher, in den Regenwald, schließlich ins nächste Restaurant, zum Souvenirstand und in die Hotels fahren.

Wie gut, dass es noch nicht so weit ist. Denn als Radler frage ich mich, ob das wirtschaftlich Optimale herausgeholt werden muss oder ob Patagonien nicht das bleiben kann, was es ist: ein schöner Flecken Erde und ein Paradies für alle möglichen Tiere und Pflanzen sowie für Menschen, die die Ruhe und Einsamkeit lieben. Ich würde es mir wünschen. Aber natürlich spielen wirtschaftliche Interessen eine Rolle. Geld durch Tourismus zu verdienen ist sicher ein Grund, weshalb die Carretera bereits ausgebaut wird, etwa auf einem Abschnitt, der über 30 Kilometer hinter dem Örtchen La Junta in Richtung Süden liegt. Für uns war die Fahrt eine einzige Plackerei. Wenn Straßen mitten im Bau sind, bedeutet das vor allem, dass die Reifen im tiefen Sand versinken und Steine bis zu einer Größe von Tennisbällen das Radfahren erheblich erschweren. Wir mussten oft absteigen und schieben. Wenn wir mal fuhren, war höchste Konzentration gefragt, weil wir genau beobachten mussten, wo wir hinlenken konnten, ohne stecken zu bleiben und ohne komplett durchgerüttelt zu werden. Permanent manövrierten wir von links nach rechts, dann in die Mitte, wieder nach rechts, nach links, in die Mitte und so weiter; der tückische Belag zwang uns ständig zum Hin- und Herlenken. Es war ein einziges Fahren in Schlangenlinien, ganz ohne betrunken zu sein. Deshalb nahmen wir auch kaum die Landschaft richtig wahr, durch die wir uns gerade bewegten. Immer nur kurz konnten wir den Blick vom Boden lösen und sehen, dass es hier traumhaft schön war. Genießen konnten wir die Landschaft jedoch nicht so recht.

Dabei war schon die übrige Schotterpiste außerhalb dieser Baustelle anstrengend genug. Aber das war der Preis, den wir zahlen mussten. Wer Natur will, der bekommt sie – und das auch auf den Straßen.

Bis die gesamte Carretera ausgebaut ist, wird noch viel Zeit ins patagonische Land gehen, doch ein kleiner Teil ist bereits auf der Höhe der modernen Zeit. Gerade als wir den schwierigen Baustellenabschnitt geschafft hatten, trauten wir unseren Augen kaum: Urplötzlich lag eine asphaltierte Straße vor uns. Wir wussten zu dem Zeitpunkt noch nicht, dass uns etwa einhundert Kilometer sanften Dahingleitens auf Asphalt bevorstanden.

Ich gebe zu, dass ich sehr erleichtert war.

Ich stieg vom Rad, spielte Papst und küsste den festen Boden unter unseren Füßen und Rädern und machte vor lauter Freude ein paar Luftsprünge.

»Herrlich«, sagte ich zu Stevie, der mich schon gut genug kannte und wusste, dass dieser Freudenausbruch vorübergehen würde und kein bleibender Schaden war. »Ich hatte wirklich keinen Bock mehr auf diese miese Piste.«

Wir nahmen uns vor, die folgenden Asphalt-Kilometer zu genießen, denn wir wussten, dass sie eine Ausnahme bleiben würden. Der allergrößte Teil der Carretera ist Schotterpiste; zum Glück nicht immer so schlimm wie der Baustellenabschnitt, aber doch nicht ohne. Wir hatten die Schwierigkeiten bei unserer Planung vollkommen unterschätzt und kamen bei Weitem nicht so schnell voran, wie wir geglaubt hatten. Das brachte uns ein wenig in Zeitnot, denn schließlich stand fest, wann uns das Flugzeug von El Calafate aus zurück in die Heimat bringen sollte. Ursprünglich hatten wir etwa 100 Kilometer pro Tag kalkuliert. Wir kamen aber gerade mal auf 60, und wenn es gut lief, waren vielleicht 70 Kilometer drin. Damit war uns frühzeitig klar: Wir mussten uns sputen und konnten uns den Nationalpark im Süden Argentiniens, den Torres del Paine, abschminken. Schade, aber auf dem Schotter waren wir einfach zu langsam.

Trotz der Mühen und trotz der großen Freude über den asphaltierten Streckenabschnitt finde ich die Carretera ungeteert wesentlich schöner. Denn die Gegend bewahrt dadurch einen großen Teil ihres wilden und ursprünglichen Charakters. Die staubige Piste war schmal, Pflanzen wie das Nalka-Gewächs, das unserem Rhabarber ähnlich ist, ragten auf den Weg und Baumkronen wölbten sich wie ein Dach über uns.

Wie die Alternative aussieht, haben wir auf den asphaltierten hundert Kilometern gesehen: Der Regenwald war abgeholzt und dadurch einige Meter zurückgedrängt worden, um Platz zu schaffen für die breite, planierte Straße. Diese vermittelte uns sofort den Eindruck, wieder in der Zivilisation angekommen zu sein.

Schade, denn wir fühlten uns auf der Staubpiste so richtig in der Natur. Und abgesehen von den besonders schwierigen 30 Baustellen-Kilometern hatten wir uns schon an das holprige Fahren gewöhnt.

Auf schlechter Wegstrecke kann ich beim Treten in die Pedale zwar leider nicht komplett abschalten und meinen Gedanken nachhängen oder dem Naturgenuss frönen. Aber ich verdankte dieser Piste, dass nur äußerst selten mal ein Auto in die Idylle hineindröhnte.

Flucht vor Halli Galli

Drei Jahre vor dieser Tour war ich mit meiner Freundin in Neuseeland unterwegs, wo wir eineinhalb Tage lang ebenfalls Schotterpiste fuhren. Schotterpiste bedeutet meistens: kein Autoverkehr, also freie Fahrt für freie Radler durch schöne Landschaft. In Neuseeland war es genau so.

Es gibt dort eine wunderschöne Strecke, die wir umso mehr genossen, weil wir zuvor im lärmenden und tobenden Queenstown einen Abend und eine Nacht verbrachten – und froh waren, am nächsten Morgen den geordneten Rückzug antreten zu können. Als wir in Queenstown einradelten, hatten wir das Gefühl, das eigentliche Neuseeland verlassen zu haben, denn dieser kleine Ort mit den vielen Menschen hatte rein gar nichts mehr mit dem zu tun, was wir an den bisherigen Tagen dieser Tour genossen hatten: die absolute Ruhe und die pure Natur.

In Queenstown war Halli Galli angesagt, dort herrschte heftiger Trubel. Auf den Straßen wimmelte es nur so von Menschen, die Action suchten und ihn in den vielen Geschäften buchen konnten. Bungee jumping, Paragliding, Wasserrafting – all das war hier möglich.

Wir suchten das Weite und fanden es endlich wieder, nachdem wir mit einer Dampf betriebenen Fähre über den Lake Wakatipu nach Walter Peak übergesetzt waren und losradeln konnten. Erstes Ziel waren die Mavora Lakes, dann weiter bis zur geteerten Hauptstraße, die schließlich nach Te Anau führte. Te Anau ist Ausgangsort für Touren zum Milford Sound, dem bekannten Fjord auf der neuseeländischen Südinsel. Dass die vor uns liegenden Kilometer sehr einsam waren, sahen wir nicht nur mit eigenen Augen, wir bekamen es auch zu spüren, kurz nachdem wir den Schiffsanleger verlassen hatten. Wir saßen noch nicht lange im Sattel, als wir ein tiefes Motorendröhnen vernahmen, das nach Lastwagen klang. In der Ferne sahen wir einen kleinen Punkt, der uns eingehüllt von Staub und Sand entgegenkam und immer größer wurde. Als uns der Lastwagen erreicht hatte, wurde er langsamer und kam schließlich zum Stehen. Die Fensterscheibe wurde herunterge-

dreht und ein Mann um die 40 sprach uns freundlich aus dem Führerhaus an: »Tut mir leid, dass ich euch störe, aber ich muss Öl an den Anleger transportieren. Gleich bin ich weg, dann habt ihr wieder eure Ruhe. Wo kommt ihr her?«

Ich war verdutzt, denn mit einer solchen Entschuldigung hatte ich nicht gerechnet. Daher dauerte es ein paar Sekunden, bis ich verstand, was er da gerade sagte, und antworten konnte. Wir unterhielten uns kurz, bevor uns der Fahrer eine gute und von nun an wieder ungestörte Reise wünschte und weiterfuhr.

Auf der zwar flachen, jedoch etwas holprigen Piste schafften wir an diesem Tag ungefähr hundert Kilometer. Dabei waren sogar noch einige Wasserfurten zu durchqueren. Wir zogen Schuhe und Socken aus, krempelten die Hose hoch und schoben das Rad samt Gepäck durch das strömende Wasser. So ähnlich würde es sicher auch in Patagonien sein, dachte ich. Hundert Kilometer am Tag sollten also drin sein. Sollten …

So kann man sich täuschen. Aber für ein grandioses Naturerlebnis nehme ich die Mühen gerne in Kauf.

Wasser und Nahrung

Kampf ums Wasser

In Neuseeland und in Patagonien gibt es keinen Mangel an frischem Wasser, ebenso wenig in den Bergregionen Rumäniens und Bulgariens, durch die ich auf meiner ersten Tour gekommen war. Auch dort konnten wir Wasser direkt aus Flüssen oder Seen nehmen.

»Wasser ist Leben« heißt es so schön. Was das genau bedeutet, ist mir erst auf den Radtouren klargeworden. Zu Hause sprudelt das Wasser auf Befehl und mit einem Handstreich aus den Armaturen. Auf einer Radtour ist solch ein Wasserhahn leider nicht stets in der Nähe, wenn wir mal Wasser benötigen. Wie wichtig etwas ist, wird einem oft erst klar, wenn es nicht mehr vorhanden oder nur schwer zu bekommen ist. Erstmals nahm ich bewusst wahr, dass Wasser das wichtigste Lebensmittel überhaupt ist. Wir brauchten es auf unseren Touren nicht nur zum Trinken, sondern auch um täglich unsere Spaghetti zubereiten zu können. Sehr praktisch waren schon damals die Wassersäcke, in die zehn Liter passten. Da konnten wir allabendlich so viel transportieren, dass wir über den Abend kamen und auch gut versorgt in den neuen Tag starten konnten – mit gefüllten Wasserflaschen am Rad. Sich von Kopf bis Fuß zu waschen war auf der Tour mit insgesamt vier Mann nicht immer möglich, dafür brauchten wir zu viel Wasser für die noch wichtigeren Dinge des Lebens. Waschen war eine schöne Zugabe, die aber meist mangels Wasser ins Wasser fiel.

Es geht um jeden Tropfen, wenn keine unerschöpfliche Quelle in der Nähe ist. Wie viel Wasser würden wir am Abend brauchen, um unseren Durst zu löschen? Wie viel, um am folgenden Tag ausreichend zu trinken zu haben, bevor wir eine neue Wasserquelle auf unserer Fahrt finden? Das mussten wir gut überlegen. Würde es reichen für eine kurze Dusche? »Dusche« trifft es tatsächlich, denn am Wassersack war ein Duschaufsatz angebracht, sodass das Wasser nicht in einem Schwall herausschoss, sondern in einzelnen sanften Strahlen wie unter einer Brause herausplätscherte. Für eine Dusche unter freiem Himmel braucht man entweder den Mitradler, der den Wassersackhalter spielt oder einen Baum. Der muss einen kräftigen Ast in erreichbarer Höhe haben, an den wir den zehn Kilogramm schweren Sack hängen können. Dann heißt es: Wasser Marsch und so schnell wie möglich den Körper reinigen, um den Wasserverbrauch in Grenzen zu halten und nichts zu verschwenden.

Anders ist es, wenn wir direkt an einem Fluss oder einem See unser Nachtlager aufschlagen Da müssen wir das Wasser endlich mal nicht rationieren, sodass wir uns einer ausgiebigen Ganzkörperwäsche hingeben können – inklusive Haare waschen. Vor allem dafür fehlt ansonsten oftmals die nötige Menge. Deshalb ist es immer ein großes Fest, wenn wir mal wieder die Gelegenheit bekommen, auch unsere Haare vom Dreck zu befreien. Nach vier, fünf Tagen auf staubigen Pisten kommt da einiges raus und eine braune Soße rinnt den Körper hinab. Es ist ein Traum, einfach in einen Fluss oder einen See zu steigen und ein kleines Bad nehmen zu können.

Überraschung in der Wüste

Unglaubliches erlebten wir in Marokko in der Einöde. Wir radelten eine einsame Straße entlang durch karge, trockene Gegend, über eine große, weite Ebene. Es war der Weg nach Mhamid ganz im Süden von Marokko, der bald enden würde, weil dann nichts als Wüste kam. Begrenzt war diese Ebene in der Ferne durch braune Tafelberge. Ein tiefblauer Himmel und eine brennende Sonne hatten uns tagsüber zum Schwitzen gebracht. Jetzt, da der Abend nicht mehr fern war, wurde es endlich etwas kühler. Ganz vereinzelt wuchsen aus dem braunen, steinigen Erdboden kleine Sträucher. Es musste hier zumindest ein bisschen Wasser geben. Als wir an einem verfallenen kleinen Lehmhaus vorbeifuhren, dem das Dach abhandengekommen war, trauten wir unseren Augen kaum: Da ragte ein kleines Stück Beton aus dem Boden, an dem ein Wasserhahn angebracht war. Wir waren überrascht, wollten uns aber nicht ins Bockshorn jagen lassen und glaubten nicht daran, dass da tatsächlich Wasser herauskommen könnte. Wahrscheinlich handelte es sich sogar um eine Fata Morgana. Warum bitteschön sollte in dieser gottverlassenen Gegend ein Wasserhahn herumstehen, der auch noch funktioniert? Hier war doch nichts und niemand. Ohne große Erwartung, aber doch gespannt, stiegen wir von unseren Rädern und näherten uns dem Wasserhahn. Immerhin existierte er tatsächlich und war kein Hirngespinst. Wir drehten am Ventil und konnten es kaum glauben: Zunächst hörten wir nur ein Spratzen und Gurgeln, doch gleich darauf quoll klares Wasser heraus. Es hörte gar nicht mehr auf, die Leitung war wirklich funktionstüchtig. Wir konnten unser Glück kaum fassen, denn bis zum nächsten Ort waren es noch 20 Kilometer und unsere Flaschen waren fast leer. Da unser »Radltag« sowieso bald ein Ende haben sollte, beschlossen wir kurzerhand, unser Nachtlager hinter dem verfallenen Haus aufzuschlagen. Denn hier hatten wir das, was wir am dringendsten benötigten: Wasser. Nicht nur zum Trinken und Kochen, sondern auch zum Waschen. Auch für die Haare. Endlich konnten wir den Dreck der vergangenen Tage ausspülen – dem einsamen Wasserhahn in der Ödnis sei Dank!

Die vietnamesische Berg-Dusche

Die originellste Dusche hatte jedoch die vietnamesische Familie zu bieten, deren Fahrradfelge wir auf Vordermann gebracht hatten. Ihr Badezimmer lag an der frischen Luft direkt neben der kleinen Straße vor dem Bretterhäuschen; dort, wo sich der Bergrücken erhob. Zwischen den Steinen an der Böschung trat ein Schlauch heraus, der oben am Berg eine Quelle anzapfte und Wasser hierher zur provisorischen Duschkabine umleitete. Das Schlauchende war der Duschkopf, der allerdings nur auf Hüfthöhe hing. Ein bisschen akrobatisch musste man also sein, wollte man auch oberhalb der Gürtellinie sauber werden. Über den Straßengraben hatte die Familie drei Holzbretter als Boden gelegt und in Viereckform lange, dünne Äste senkrecht in den Boden gerammt. Drumherum war als Kabinenwand rot-weiß-blaue Folie gespannt. Gespannt ist dabei nicht das richtige Wort, denn mittlerweile hing die Folie in Fetzen herunter. Eine sehr erfinderische, vietnamesische Selfmadedusche. Sehr praktisch und immer mit fließendem Wasser ausgestattet. Daniel Düsentrieb würde staunen. Die Temperatur ließ sich allerdings nicht regulieren, was uns nach der schweißtreibenden Felgenreparatur natürlich nicht davon abhielt, diese einmalige Konstruktion für eine Haarwäsche zu nutzen.

Auch in Frankreich spenden die Berge reichlich Wasser. Beeindruckend finde ich, dass in den Cevennen, im Massif Central, in den Alpen, den Vogesen und vielen anderen schönen Ecken immer wieder Brunnen am Wegesrand stehen, aus denen das Wasser nur so sprudelt. Meistens hängt ein Schild mit der Aufschrift »eau potable« dran. Das bedeutet, dass das Wasser trinkbar ist. So kann ich mich immer wieder mit frischem Wasser stärken, wenn ich dort unterwegs bin.

Durstige Pakistaner

Eine Quelle hätten auch die fünf Pakistaner gerne gehabt, die wir am Karakorum-Highway trafen. Weil es auf dem Highway immer wieder Überschwemmungen und Erdrutsche gibt, arbeiten dort Reparaturtrupps, die die Straße instand setzen. Die Männer setzen nur einfachste Geräte ein, nur mit Hacke und Hammer und vor allem mit bloßen Händen und Muskelkraft gehen sie zu Werke. Große Steine werden nicht per Lastwagen, sondern mühsam auf dem Rücken transportiert. Kein Wunder, dass es Wochen dauert, bis ein wenige Meter langes Stück Straße erneuert ist.

Einer solchen Baustelle näherten wir uns auf pakistanischer Seite, als wir von fünf jungen Männern bemerkt wurden, die sich an großen Gesteinsbrocken zu schaffen machten, die halb auf der Straße lagen, halb am Wegesrand. Mit Spitzhacken versuchten sie offenbar, die Steine in tragbare Portionen zu zerkleinern. Sofort unterbrachen sie ihre Arbeit, winkten uns heran und baten uns zu stoppen. Die Männer sahen zerschunden aus und waren äußerlich nicht als Bauarbeiter zu identifizieren. Sie hatten lediglich ihre ganz normale, typisch pakistanische Kleidung am Leib, den Shalwar Kamiz. Das ist ein langes, einfarbiges Hemd, das über der dazugehörigen Hose getragen wird und bis zu den Knien reicht. Sie trugen außerdem Sandalen, mehr nicht. Und sie litten. Ihre gequälten Gesichter zeigten das sehr deutlich. »Water«, sagten sie, deuteten auf unsere Wasserflaschen am Rad und machten das Handzeichen für Trinken. Stevie und ich hatten allerdings auch ein Problem, denn diese Wasserflaschen waren nahezu leer. Wir hatten nicht einmal mehr zwei Liter Wasser dabei und waren ebenfalls durstig. Außerdem deutete an diesem Streckenabschnitt nichts darauf hin, dass wir an den Fluss gelangen konnten, der tief unter uns vorbeirauschte. Ich nahm an, dass er rauschte, aber hören konnte ich ihn nicht, so weit war er weg, einfach unerreichbar.

Trotzdem überlegten wir nicht lange und gaben die Flaschen an die armen Kerle weiter. Gierig stürzten sie das Wasser hinunter. Sie ließen uns sogar noch etwas übrig, was wir ihnen dann aber auch noch anboten. Unsere Vorräte waren aufgebraucht, doch die Männer sahen nun schon viel besser, viel frischer aus. Sie bedankten sich bei uns und wir konnten nur hoffen, dass wir auf den nächsten Kilometern dem Fluss so nahe kommen würden, dass wir uns dort bedienen und dann ebenfalls unseren Durst löschen konnten. Wir hatten in jedem Fall mehr Möglichkeiten noch an Wasser heranzukommen als die fünf Arbeiter, deshalb gaben wir ihnen unsere Vorräte. Allerdings hatten wir nicht mehr viel Zeit, denn es dämmerte schon.

Wir hatten zunächst Pech: Der Fluss blieb unerreichbar und wir fragten uns, woher wir etwas Trinkbares bekommen sollten. Die Rettung nahte in Form einer Pfütze. Sie war alles, was von einem Bach übrig blieb, der einst aus den Bergen hinabfloss in den großen Fluss und nun ausgetrocknet war. Es blieb uns nichts anderes übrig, als daraus Wasser zu entnehmen und es aufzubereiten. Dafür hatten wir einen Filter bei uns, der aus dem vielleicht mit Keimen und Bakterien vollbesetzten Wasser Trinkbares zaubert. So machten wir uns also daran, unser Getränk in spe aus der Pfütze über den Filter in unsere Flaschen zu pumpen. Das dauerte ungefähr eine halbe Stunde, bis wir so viel hatten, dass wir ausreichend versorgt waren. Schon etwas merkwürdig, wenn man sich das, was sonst im Überfluss vorhanden ist, mühsam erkämpfen muss. Waschen war natürlich nicht drin. Aber das war an diesem Tag nicht wichtig. Es ist immer schade, wenn wir kein Wasser für die Köperpflege haben, aber schlimmer wäre es gewesen, wenn wir auch keines zum Kochen oder gar Trinken gehabt hätten. Da lernt man Prioritäten kennen.

Baden in aller Welt

Viel schöner und für mich geradezu faszinierend ist es, wenn ich mich direkt aus einem Fluss bedienen kann. Schon auf meiner ersten Tour in Rumänien war ich beeindruckt von dem Wasser, das in einem kleinen Wäldchen zwischen großen und kleinen Steinen hindurch floss und sauber und klar war. Ich konnte es zunächst nicht glauben, dass ich das Wasser trinken konnte, ohne tot umzufallen oder zumindest überall Pickel zu bekommen. Schließlich war das Wasser vorher durch keine Kläranlage gelaufen. Aus der Elbe würde ich jedenfalls niemals einen Schluck wagen. Aber die rumänischen, bulgarischen und all die anderen noch folgenden Bergflüsse habe ich überlebt. Und nicht nur das; es war sogar ein Hochgenuss und vermutlich auch gesund. Reines Wasser direkt aus der Natur.

Das war so ähnlich wie bei jemandem, der zu seinem Stück Fleisch nicht die Verbindung hinbekommt, dass dieses Lebensmittel ursprünglich in Form eines lebenden Tieres auf der Weide oder im Stall stand. Da fehlen die Zwischenschritte vom Rind auf der Weide oder dem Schwein im Stall bis zum Steak oder Kotelett auf dem Teller. So erging es mir mit dem Trinkwasser, das aus dem Grundwasser oder einem Gewässer entnommen werden muss. So wie vielen Menschen der Bauernhof als Erlebniswelt fehlt, so hatte ich bis zu meinen Radreisen keinen Fluss erlebt, aus dem ich trinken konnte. Das habe ich auf den Reisen nachgeholt.

Es ist in der Theorie natürlich völlig klar, woher das Wasser kommt, das wir aus dem Wasserhahn kriegen. Und doch wurde es mir erst auf den Reisen bewusst. Ich war hin und weg, als ich in den Karpaten an der Wasserquelle saß und sicher sein konnte: das, was da direkt aus der Erde sprudelte, war reinstes, sauberes Wasser.

Die Flüsse in den Karpaten oder im bulgarischen Rila-Gebirge, die von hoch oben aus den Bergen kamen, führten mit großer Sicherheit klarstes Wasser mit sich. Denn dort, wo es herkam, gab es keine Ortschaft und schon gar keine Fabrik, die das Wasser verunreinigen konnte, nicht einmal Tiere. Ich konnte meine Flasche nehmen, sie in das Wasser halten und sie volllaufen lassen, bevor ich mich damit volllaufen lassen konnte. Ich war fasziniert davon, dieses Lebensmittel direkt von Mutter Natur geschenkt zu bekommen.

Flüsse hatten bis dahin für mich überhaupt nichts damit zu tun, dass sie wichtiges Trinkwasser liefern können. Da fuhren Schiffe drauf oder sie flossen als Giftbrühe durch die Gegend. Aber einfach mal eine Hand zu einer Schale formen und einen Schluck zu trinken – darauf wäre ich nicht gekommen. In den Karpaten oder dem Rila-Gebirge war das kein Problem. Man muss nur ein bisschen darauf achten, woher der Fluss kommt, ob an seinen Ufern vielleicht doch Häuser stehen oder eine Fabrik, die den Fluss als Abwasserkanal missbrauchen könnten.

Grandios ist es auch, in einem sauberen Fluss oder in einem schönen See baden zu können – so wie in der Narew in Polen bei Białowieża, in einem Bergbach in den Karpaten, im Saadjärv-See in Estland, im Fluss Ustekveikja in Norwegen, im Lake Alexandrina auf der Südinsel Neuseelands oder auch im Karakul-See in China. Nie zuvor hatte ich vor einer schöneren Kulisse ein Bad genommen als in diesem Gewässer in 3.600 Meter Höhe. Denn in dieser kargen, steppenartigen Region erhoben sich hinter dem Karakul-See der mehr als 7.000 Meter hohe Mutztagh Ata und der Kongur Shan mit ihren schneebedeckten Gipfeln und spiegelten sich im klaren Wasser. Kamele und Yaks weideten am Ufer, an dem auch die Jurten kirgisischer Nomaden standen. Auch wenn es bitter kalt war, ließ ich es mir nicht nehmen, für eine Katzenwäsche ins Wasser zu steigen. Das allerdings erledigte ich im Eiltempo, denn bei den eisigen Wassertemperaturen wurde mir einfach nicht warm – der traumhaft schöne Ausblick allein reichte dafür leider nicht. Trotzdem fühle ich mich nach so einem Bad absolut frisch und fast wie neugeboren. Die kleinen Strapazen des Tages sind abgewaschen und zurück bleibt das Gefühl einer großen Zufriedenheit. Auch da kann kein Hotel mithalten, selbst wenn es einen Whirlpool anbietet und ich mir unter der Dusche aussuchen kann, ob ich die Handbrause auf Massage- oder Pulsatorstrahl einstelle.

Jeden Tag Pasta-Party

Das Essen auf den Touren holen wir uns nicht direkt aus der Natur, wir gehen nicht auf die Jagd und gehen auch nicht fischen. Das Einzige, bei dem wir uns in der Natur bedienen, sind Bäume und Sträucher am Wegesrand, die Äpfel, Birnen oder Beeren tragen. So weit geht unsere Abenteuerlust nicht, dass wir versuchen, essbares Getier zu erlegen. Deswegen sind diese Reisen keineswegs Survival-Urlaube. Wir nehmen gerne etwas Müsli und Haferflocken aus der Heimat mit – in Abhängigkeit davon, wohin unsere Radreise geht. Sind wir in Europa unterwegs, dann ist es nicht nötig, kiloweise Nahrung aus Deutschland mitzuschleppen. Das machen wir nur bei Reisen in ferne Länder, in denen Müsli nicht im Supermarktregal steht. Die Körner geben viel Power für den Tag, ebenso wie unsere obligatorischen Spaghetti. Eine Radtour ohne Spaghetti ist wie ein Tag ohne Tagesschau – das geht einfach nicht. Klar, man kann auch mal Reis zwischendurch essen, aber Nudeln sind nun mal die besten Kohlehydratlieferanten.

Hätte man mich vor meiner ersten Radtour gefragt, ob es möglich ist, bis zu sechs Wochen lang jeden oder fast jeden Abend Spaghetti zu essen, dann hätte ich gesagt: »Niemals! Das ist ja grauenvoll! Man braucht doch Abwechslung. Die Spaghetti würden mir nach ein paar Tagen so was von zum Halse heraushängen, das geht gar nicht.« Jetzt aber kann ich sagen: Doch, es geht. Und nicht nur das. Ich kann sogar ergänzen: Es schmeckt! Meistens jedenfalls. Tatsächlich genieße ich

die Spaghetti nach den vielen Stunden auf dem Rad so wie zu Hause Entenbrustfilet oder Gänsebraten. Doch als auf der Tour 1990 unsere Vorräte aus der Heimat aufgebraucht waren und wir in Rumänien Nudeln nachkaufen mussten, stellten wir fest: Spaghetti sind nicht Spaghetti. Meist sind die Unterscheide fein, aber manchmal auch riesengroß. Die rumänischen Nudeln waren jedenfalls unterirdisch und nahezu ungenießbar. Zunächst glaubten wir, beim Kochen etwas falsch gemacht zu haben, denn die Spaghetti pappten aneinander und hatten eine Konsistenz, die mit Kaugummi nach drei Stunden Kauen vergleichbar war: eine zähe, klebrige Masse. Als es aber am Tag danach wieder genauso schmeckte, wussten wir: Es lag nicht an unserer mangelnder Kochkunst, sondern an der Ware. So gab es zwei Tage in Folge Spaghetti, die wir uns hineinzwängen mussten. Da galt das Motto: Der Hunger treibt es hinein. Ich hätte einiges drum gegeben, ganz normal schmeckende Spaghetti auf dem Teller zu haben. Das wäre ein ähnlich großes Festessen gewesen wie das, was ich manchmal bestelle, wenn ich in Deutschland im Hotel bin.

Einmal saß ich in Berlin in einem Hotelzimmer und wollte mir vom Room-Service etwas bringen lassen. Was stand da alles auf der Speisenkarte! Ich hatte die Wahl zwischen einem Filet vom Weideochsen mit Sauce béarnaise, Broccoli und Thymiankartoffeln, einem asiatischen Gemüsesalat mit gebratenen Tiger-Prawns, Wasabi-Mayonnaise und Mango-Chutney, einem rosa gebratenen Thunfischsteak im Koriander-Pfeffermantel auf Couscous-Gemüse, dazu ein Salat niçoise, marinierten Salatherzen mit weißem Bonito, Keniaböhnchen und Grenaillekartoffeln – was auch immer das im Detail sein mag. Klingt sehr lecker, aber auf Radtouren ist es einfach das größte, abends Spaghetti zu essen. Manchmal auch ohne alles, meistens aber mit Tomatensoße und wenn möglich auch frischen Tomaten. Ein kulinarisches Highlight auf Touren mit Stevie ist eine Thunfisch-Sahne-Soße zu den Nudeln. Wir tragen höchstens drei oder vier solcher Dosen mit uns herum, deshalb gibt es die vielleicht einmal in der Woche, am besten sonntags. Wenn ich in europäischen Landen mit meiner Freundin unterwegs bin, dann gibt es regelrechte Festessen, bei denen auch mal Zwiebeln, Paprika, Auberginen, Zucchini oder was die lokalen Märkte sonst noch hergeben, aufgetischt werden. Nicht immer kommen wir an reichhaltige Zutaten heran, sodass wir uns gerade in exotischeren Ländern auch mal mit weniger zufrieden geben müssen. Aber das ist kein Problem. Es fühlt sich nach einem Tag auf dem Rad trotzdem oftmals an, als hätte ich nie etwas Leckereres gegessen als diese Spaghetti! Das Essen ist dann wie ein Geschenk!

Das gilt auch für das Trinken. Wie grandios lecker schmeckt kühles Wasser, wenn ich durstig bin. Da gebe ich mich mit dem neutralen Geschmack zufrieden. Die Hauptsache ist, der Durst wird gelöscht. Auf Tour freue ich mich also schon über die einfachsten Sachen wie frisches Wasser und leckere Spaghetti – eigentlich absolut banale Dinge, die zu Hause alles andere als beglückend wirken, sondern völlig selbstverständlich sind. Allerdings kenne ich auch die Lust auf mehr. Die befällt mich vor allem dann, wenn wir bei warmem bis heißem Wetter durch einsame Gegend radeln, unsere Reserven nahezu aufgebraucht sind, die nächste Ortschaft meilenweit entfernt ist und ich Durst habe. Dann sehne ich mich manchmal danach, ein kühles Bier, bevorzugt Weißbier, trinken zu können. Ich kann mir den würzigen Geruch vorstellen, der durch meine Nase strömt. Ich spüre in meiner Fantasie den etwas süßlichen Geschmack und die prickelnde Kohlensäure auf der Zunge. Wenn das Bier erfrischend durch meine Kehle rinnt, schicke ich noch ein genüssliches »Aaaaaaah« hinterher und bin zufrieden. Lecker! Herrlich! Das sind die Träume eines Radlers auf Tour. Es ist ziemlich gemein, wenn ich diesem Traum nachhänge und genau weiß: Daraus wird nun wirklich gar nichts, keine Chance. Diese Sehnsucht nach Erfrischung durch ein leckeres, eiskaltes Bier ist aber ganz schnell vorbei, wenn ich bei nächster Gelegenheit an einem Brunnen, einem Fluss oder einem Wasserhahn kühles Wasser bekomme und nach Herzenslust trinken kann. Wieder taucht die Frage auf: Warum quäle ich mich? Warum verzichte ich auf den Genuss? Zu Hause angekommen nach einer mehrwöchigen Fahrt freue ich mich auf ein schönes

Bierchen und auf ein üppiges Mahl jenseits von Spaghetti. Aber ich weiß, dass diese Lust schnell wieder verflogen ist. Es wird ganz schnell wieder völlig normal, dass ich essen und trinken kann, was immer ich möchte. Da ist das Weißbier nichts Besonderes mehr. Da ich das natürlich weiß, während ich auf dem Rad sitze und schwitze, kann ich meine Sehnsucht besser einschätzen und mir sagen: Das vergeht wieder, deswegen musst du jetzt nicht denken, dass es zu Hause am schönsten ist. Nur weil ich kurzzeitig das Bedürfnis habe auf mehr als nur Wasser, Brot und Spaghetti, sollte ich nicht auf Radtouren verzichten, die mich in Gegenden führen, wo ich meine ab und an aufwallenden kulinarischen Gelüste mal nicht befriedigen kann.

Auf Tour gibt es keine dicken Freunde

Radfahren macht hungrig und ich bin froh, nach einem anstrengenden Tag endlich etwas in den Magen zu bekommen. Der Magen könnte allerdings oftmals noch mehr gebrauchen. Wenn alles vertilgt ist, sitzen wir manchmal vor den leeren Töpfen und fragen uns: »Und was gibt es jetzt noch zu essen?« In einen handelsüblichen Topf für Traveller passen gerade so eben 500 Gramm. Diese Menge kriegen wir aber auch nur dank ausgefeilter Technik und mit viel Geschick in den Topf hinein. Wir haben dabei ja schon einige Erfahrung auf dem Buckel.

500 Gramm Spaghetti sind für zwei Kerle, die Hunger haben, eigentlich viel zu wenig. Wenn ich hingegen mit meiner Freundin on tour bin, reicht es meistens. Dann bleiben für mich immer noch ein paar Spaghetti übrig, die ich dankend verschlinge. Mit Stevie ist das Essen oft eine heikle Angelegenheit. Man stelle sich vor: zwei ausgehungerte Kerle und die paar Nudeln. Wie soll man davon satt werden, wenn man gerade 100 Kilometer gestrampelt ist, vielleicht sogar Berge erklommen hat und es nach dem Frühstück zwischendurch lediglich ein bisschen Brot mit Aufschnitt gab und etwas Obst?

Da wir bisher keine Küchenwaage mit auf Reisen genommen haben, müssen wir schätzen, wie viel jedem zusteht, wenn wir die Portionen verteilen. Mit Argusaugen wurde anfangs darauf geachtet, dass auf beiden Tellern möglichst gleich viel landete. Wenn wir aus einem Topf aßen – dabei dürfen wir abwechselnd mit der Gabel eine Ladung Spaghetti aufspießen –, wachten wir gegenseitig darüber, dass keiner seine Gabel übermäßig belud. Sonst durfte der andere noch einmal mehr zuschlagen. So war das, als zwei hungrige Mäuler zu stopfen waren und der Futterneid regierte. Mittlerweile sind wir viel entspannter. Zumal wir beide wissen, dass es keine Freude ist, wenn der andere mit Magenknurren in den Schlafsack steigen muss. Der Kampf um jedes einzelne Gramm gehört der Vergangenheit an. So sind wir zwei vielleicht nicht so satt, wie wir es von zu Hause kennen, aber wir haben meistens doch ausreichend gegessen. Das ist ja das Merkwürdige: Auf einer Radtour verspeisen wir relativ wenig. Mit den drei Mahlzeiten am Tag können wir meistens sagen: Jawohl, wir sind satt geworden. Mehr als das Notwendige nehmen wir aber nicht zu uns. Wir gehen nie mit dem Gefühl ins Bett, so richtig vollgefressen zu sein, auch wenn es als Nachtisch mal ein paar Kekse oder einen Apfel geben sollte.

Genau dieses Gefühl kannte ich aber aus meinem Alltag. Sehr oft schmeckte es mir einfach zu gut, sei es im Restaurant oder wenn wir gekocht haben. Dann aß ich sehr gerne mal deutlich mehr, als nötig gewesen wäre, weil der Hunger zwar weg, der Appetit aber geblieben war. Was das bedeutete, konnte ich natürlich auf der Waage bewundern: Wer mehr isst, als er verbrennt, der wird nun mal dicker. Zum Glück habe ich schon immer viel Sport getrieben, sodass ich das Übermaß an Kalorien schnell abtrainieren konnte.

Auf Reisen ist aber alles anders: Da esse ich längst nicht so viel, wie ich auf den täglich 80 bis 100 Kilometern verbrenne, sodass immer ein paar Kilos verschwinden. Sehr praktisch, so eine Radreise mit der vielen Bewegung: Ich bin im Urlaub und nehme wie von selbst ab. Das ist die beste Diät, die man sich vorstellen kann. Wer Gewicht verlieren will, dem kann ich nur empfehlen auf Tour zu gehen. Am besten in einem dünn besiedelten Land, wo nicht an jeder Ecke Bäckereien leckeren Kuchen verkaufen, Restaurants üppige Menüs anbieten oder Bars

Cocktails ausschenken. Problematisch für eine funktionierende Diät-Radtour könnte ein Land wie Frankreich sein. In den Restaurants wird viel zu gut gekocht!

Die Radtouren erinnern mich auch daran, zu Hause bedachter und bewusster zu essen und die kleinen Zwischenmahlzeiten öfter wegzulassen. Ich bin eben nicht auf Radtour, wo ich die Pfunde locker wegstrampele.

Schade ist nur, dass wir oft landestypische Speisen nicht probieren können. Denn wenn wir abends ein Nachtlager suchen, dann machen wir das möglichst weit weg vom nächsten Dorf und erst recht weit weg von der nächsten Stadt. Also haben wir kaum die Gelegenheit, abends in einem Restaurant essen zu gehen, sondern wir vertilgen unsere heiß geliebten Spaghetti auf dem Wildcampingplatz in freier Natur.

Müsli am Abend, Suppe zum Frühstück

Das war nur auf unserer Tour 2004 in Vietnam anders. Dort essen die Menschen schon zum Frühstück gerne mal eine warme Suppe. Und so haben wir unsere Ernährung für diese Wochen umgestellt. Morgens, nachdem wir unseren Wildcampingplatz verlassen hatten, suchten wir im erstbesten Ort ein Straßenlokal und bestellten uns eine leckere Gemüsesuppe – immer mit einer Extraportion Nudeln oder auch zwei, denn die brauchten wir, um zu Kräften zu kommen und eine Grundlage für die bevorstehenden Kilometer zu erhalten.

Anfangs war es natürlich vollkommen ungewohnt, Suppe zu frühstücken, aber ich hatte ja schon gelernt, dass man sich an sehr vieles gewöhnen kann. Das war hier nicht anders; auch deshalb, weil es sehr, sehr lecker geschmeckt hat und es zudem ein schönes Erlebnis war, mit all den schmatzenden Vietnamesen zusammenzusitzen und zu essen. Dafür gab es dann abends unser Müsli, was viel gewöhnungsbedürftiger war als die morgendliche Suppe. Aber auch das war machbar. Einen Restaurantbesuch gönnen wir uns aber wenigstens am Ende einer jeden Tour. Da bietet es sich an, denn um nach Hause zurückzukommen, müssen wir in der Regel in einer größeren

Stadt Station machen, wo wir in die Bahn oder das Flugzeug steigen. So wird mit genussvollem Essen und Trinken der Abschluss einer tollen Reise gefeiert.

In Argentinien sind wir am Ende der Patagonien-Tour zu einem typischen Asado-Essen in ein Restaurant gegangen. Nichts für Vegetarier, aber genau das Richtige für uns nach all den Wochen mit Spaghetti und nichts als Spaghetti. Fleischberge lagen nun vor uns auf dem Tisch, vom Rind, Lamm und Schwein. Auch deren Innereien wurden angeboten. Ansonsten keine Beilagen, nichts. Vielleicht hätten wir sie extra bestellen müssen, so aber gab es nur Fleisch, Innereien und dazu argentinischen Rotwein.

Natürlich gehört zu einer Radreise, auch das zu essen, was die Einheimischen dort zu sich nehmen. Na gut, nicht alles, die Hunde hatte ich ja schon erwähnt, und »Dschungelratte am Spieß« mit kross gebratenen Eingeweiden in Laos habe ich ebenso verschmäht wie den »Schlangenschnaps« in Vietnam. Lecker waren dagegen der fantastische Schafskäse in Bulgarien, Dhal in Pakistan oder Springbock in Südafrika.

Verschwitzt ins Restaurant

Wie spartanisch wir auf Radtouren auch immer gelebt haben – auf unserer ersten Tour in Osteuropa gönnten wir uns, in Bulgarien in ein Restaurant zu gehen. Ich empfand es als kleines Wunder, dass wir überhaupt hineingelassen wurden. Denn wir kamen am Ende eines langen Tages auf dem Fahrrad durch die Stadt Kjustendil, als wir das Restaurant entdeckten. Wir vier hatten zu dieser fortgeschrittenen Tageszeit mächtigen Kohldampf und entschlossen uns deshalb, schon hier etwas zu essen, weil wir die Stadt hinter uns hätten lassen müssen, um einen Wildcampingplatz zu finden. Erst dann hätten wir endlich unsere Spaghetti kochen können. Da somit noch ein recht weiter Weg vor uns lag, wollten wir die Chance nutzen, die uns das Restaurant bot. Als wir uns näherten, bezweifelte ich allerdings, dass man uns als Gäste akzeptieren würde.

»Die lassen uns da doch gar nicht rein, guckt mal, wie fein

das aussieht«, sagte ich zu meinen Radkumpels. Denn wir trugen natürlich unsere Radlerklamotten: Ich hatte ein altes baumwollenes Hemd an, dazu die schwarze kurze Radlerhose, Thomas trug sogar nur sein rotes Unterhemd mitsamt langer, aber dreckiger Hose, Stevie ein blaues Poloshirt mit weniger schicken weißen Schweißrändern und Markus ein schwarzes T-Shirt, bei dem ein Ärmel aufgerissen war.

»Ich kann mir auch kaum vorstellen, dass wir an dem Türsteher im Livree vorbeikommen. Aber versuchen sollten wir es«, schlug Markus vor.

Als wir uns dem an der Tür auf die Gäste wartenden Herrn etwas zurückhaltend und schüchtern näherten, öffnete uns dieser ganz in Schwarz gewandete Mann ohne zu zögern und bat uns mit einem angedeuteten Diener einzutreten. Ich war überrascht und lächelte ihn an. Wunderbar, dachte ich, aber ich fragte mich doch, warum er uns nicht abwies. Sieht er, dass wir Westeuropäer sind und deshalb sind wir privilegiert?

Das Restaurant war eines für gehobene Ansprüche: Die Tische waren mit schneeweißen Tischtüchern gedeckt, die Stühle mit rotem Samt gepolstert, die Tapeten, Lampen und Gardinen hatten den typisch osteuropäischen Schick und erinnerten mich an unsere 70er-Jahre. An den Tischen saßen Menschen, die sich durchweg fein gemacht hatten. Das waren keine Alltagsklamotten, die sie trugen, und erst recht keine Radlersachen. Die Damen hatten Kleider an, die Herren Anzüge. Wir passten also überhaupt nicht in diese Kulisse. Das war so, als würde ich in einem verdreckten T-Shirt am Tagesschau-Tisch sitzen und die Meldungen vorlesen.

Ich freute mich, dass wir hier sitzen durften, obwohl meine Kumpels und ich ungefähr 100 Kilometer Radtour in den Knochen und jede Menge Schweiß am Körper hatten. Niemand der Gäste schien sich sonderlich für uns zu interessieren. Wir hatten den Eindruck, dass es ihnen egal war, wie wir aussahen und so konnten wir uns ganz dem Essen widmen: dem fetten Schweinekotelett mit Gemüse und anschließend dem »Shopska-Salat« mit Gurken, Tomaten, Petersilie, Paprika und Schafskäse. Und natürlich dem Trinken, denn wir bestellten zwei Flaschen Riesling und genossen nach all den Tagen mit Spaghetti und Wasser die kulinarische Abwechslung. Welch eine Erfahrung, in einem bulgarischen Restaurant zu speisen. Zumal als Beigabe zum Essen laute Musik gespielt wurde. Die schien in bulgarischen Restaurants zum guten Ton dazuzugehören, wie sich später bei einem weiteren Restaurantbesuch herausstellte. Bunte Lichter flackerten dazu und es war gar nicht so einfach, sich bei der Lautstärke zu unterhalten. Je später der Abend, desto mehr zog es die Gäste auf die Tanzfläche, wo sie sich wie bei einem griechischen Sirtaki bei den Schultern fassten und im Kreis tanzten. Wir hätten gerne mitgemacht, aber wir wollten die armen Bulgaren nicht noch weiter belästigen. Bei diesem Tanz wäre unser nicht gerade angenehmer Duft wohl erst so richtig zur Entfaltung gekommen. Deshalb zogen wir es vor, uns auf unsere Räder zu setzen und uns beschwingt und mit vollen Mägen auf die Suche nach einem Nachtlager zu machen.

Knurrende Mägen in Laos

Ein solches Restaurant hätten wir uns gewünscht, als uns in Laos auf der Tour im Jahre 2004 eines Tages die Spaghetti ausgegangen waren. Wir sind immer froh über jedes Gramm, das wir nicht auf dem Rad mitschleppen müssen, doch jetzt hatten wir uns verkalkuliert und zu wenig eingekauft. Vergeblich suchten wir nun nach einem Straßenlokal, von denen in Laos so viele am Wegesrand standen. In dieser Gegend jedoch war das anders.

Für den Notfall hatten wir noch ein paar Kekse im Gepäck, die uns über den allergrößten Hunger hinweggeholfen hätten, aber ein bisschen mehr im Magen durfte es schon sein. Die Rettung kam erst, als wir schon nicht mehr daran geglaubt hatten: Ein kleiner Gemüseladen mit angeschlossener Küche tauchte plötzlich und unerwartet am Wegesrand auf. Unter einem mit Stroh gedeckten Holzgerüst waren auf einer Seite ein Tisch und Bänke aufgestellt. Meistens sind die Sitzgelegenheiten in solchen Lokalen gelbe, blaue oder rote Plastikstühle. Hier aber konnten wir uns auf eine Holzbank setzen. Davor liefen Hühner durch den Staub – sicher die Fleischlieferanten für den Imbiss. In der anderen Hälfte des Raumes lagen im Dunkeln zwei fußballgroße Steine, zwischen denen ein kleines offenes Feuer loderte. Nachdem wir bei dem Laoten im löchrigen T-Shirt unsere Bestellung abgegeben hatten, stellte er auf die Steine einen großen rußgeschwärzten Topf, der merkwürdigerweise einen blitzblanken, silbern glänzenden Deckel hatte. Er warf Tomaten, Kohl und ein paar Stücke Hühnerfleisch hinein und kochte uns ein famoses Süppchen. Als würziger Duft aus der Kochecke zu uns herüberzog, lief uns das Wasser im Munde zusammen. Der Koch garnierte die Suppe anschließend noch mit Kresse und anderem Grün und servierte sie uns. Dazu stellte er den typischen Klebereis in den ebenso typischen Bambusdosen auf den Holztisch. Mit den Fingerspitzen greift man hinein und formt sich daraus einen Klumpen Reis.

Wir bestellten noch einmal nach, orderten dazu jeweils eine Extra-Portion Nudeln und aßen uns satt. Wir waren heilfroh, dass wir nun doch nicht hungrig in die Schlafsäcke kriechen mussten. Wenn die Laoten und Vietnamesen etwas können, dann ist das Gemüsesuppe mit Nudeln. Exzellent und köstlich!

So konnten wir die Kekse unangetastet lassen und sie uns für die Mittagspause am nächsten Tag aufheben – oder für einen Notfall. Wie einige Jahre zuvor in Lettland.

Sand-Spaghetti in Lettland

Es dämmerte schon, als wir an einem Sommertag im Jahre 1995 von Estland kommend über die Grenze nach Lettland radelten. Zum Glück war es in diesen baltischen Ländern kein großes Problem, schnell einen Wildcampingplatz zu finden, denn in den vielen Waldgebieten fand sich immer eine Lichtung, die für ein Nachtlager geeignet war. An diesem Tag war es nicht anders. Hinter dem Ort Valga stiegen wir, noch bevor die Dunkelheit hereinbrach, erschöpft von den Rädern, bauten das Zelt auf und warfen die Spaghetti ins kochende Wasser. Nicht mehr lange, dann konnten wir unsere leeren Mägen nach anstrengender Fahrt endlich füllen. Als die Nudeln die richtige

Konsistenz hatten, musste ich nur noch das Wasser abgießen. Ich versuchte das zu bewerkstelligen, indem ich mich etwas vom Platz entfernte, mit einem T-Shirt als Hitzeschutz zwischen den Fingern einen Deckel auf den Topf presste und diesen so weit neigte, dass das Wasser abfließen konnte. Topflappen und Sieb hatten wir nicht im Gepäck. Schließlich können wir keine komplette Küchenausrüstung mitschleppen. Deshalb ist diese etwas unkomfortable Methode nötig, um das Wasser loszuwerden.

Dann aber passierte das Malheur: Für einen kurzen Augenblick war ich unaufmerksam und presste den Deckel nicht stark genug auf den Topf. Der rutschte weg und die Spaghetti fielen mit einem lauten »Platsch« auf den Waldboden. Unser Abendessen lag im Dreck. Ein paar Nudeln konnte ich noch retten, indem ich den Topf mit einem Ruck zurück in die Horizontale bewegte, aber das meiste lag auf dem Boden verstreut und dampfte vor sich hin. Die Spaghetti – servierfertig leider nur für die Ameisen und anderes Getier. Natürlich hoben wir so viele Nudeln wie möglich auf und packten sie zurück in den Topf, aber letztlich waren wir froh, wenigstens noch Kekse zu haben.

Was soll man tun, wenn man nicht einfach zum Kühlschrank gehen oder den Pizza-Service anrufen kann und auch sonst nichts Essbares auffindbar ist? Als unsere Kekspackung verschlungen war, haben wir zusätzlich viel Wasser getrunken, um die Mägen zu füllen. Dann gingen wir schon bald ins Zelt und in die Schlafsäcke, um am nächsten Morgen frühzeitig zum nächsten Laden zu kommen und – mit was auch immer – die hungrigen Mäuler zu stopfen.

Schwierige Suche nach Brot und Milch

Keineswegs selbstverständlich war es für uns 1996 auf der Tour durch Bulgarien, etwas so Simples wie ein Stück Brot zu ergattern. Dort standen wir regelmäßig in langen Schlangen vor kleinen Bäckereien an, aber immerhin: Das Brot gab es nicht nur auf Lebensmittelkarte, sondern auch wir bekamen etwas ab. Das mit der Lebensmittelkarte hatten wir zuvor noch zu Hause in der Zeitung gelesen und waren deswegen mit einigen Sorgen nach Bulgarien gefahren. Wir kamen an unser Brot, wenn auch nur mit etwas Geduld. Was wir eines Morgens in einem kleinen Ort aber nicht kaufen konnten, war Milch. Wir hatten noch etwas von den von zu Hause mitgebrachten Müsli und Haferflocken übrig und wollten uns damit stärken für einen weiteren Tag auf dem Rad. Wir waren davon ausgegangen, auf dem Lande in Bulgarien überall Milch zu bekommen. Aber Pustekuchen. Es tat der Verkäuferin offensichtlich leid, unseren Wunsch nicht erfüllen zu können, als wir in ihrem Laden danach fragten. Hier hatte nun einmal jeder seine eigene Kuh und damit seine eigene Milch, erklärte sie uns – wozu also welche anbieten? Doch die Verkäuferin wollte uns helfen und fragte einen alten Mann, der gerade sein frisches Brot in eine Tüte steckte, ob er nicht etwas für uns hätte. Und tatsächlich: Der Alte in seinen abgewetzten braunen Hosen, der löchrigen

braunen Jacke und mit einem pfennig-großen schwarzen Geschwür auf der Nasenspitze führte uns zu seinem Holzhäuschen gleich gegenüber und zu seiner Frau, die in der Küche stand. Ein kurzer Wortwechsel zwischen den beiden, den wir nicht verstanden – und aus einer großen Kanne schüttete die alte Dame lauwarme Milch in zwei Tassen. Dazu schnitt sie uns einen Laib Brot auf und schenkte immer wieder nach, bis die rote Emaillekanne leer war. Eigentlich wollten wir nur, dass sie uns vielleicht einen halben Liter Milch in unsere Flasche schüttet, doch wir bekamen noch dazu ein sehr einfaches Frühstück serviert. Zwischendurch erledigte sie den Abwasch in einer Schüssel. Offenbar war dieser kleine Raum Küche und Schlafzimmer zugleich. Wir saßen auf Hockern an einem Holztisch in der Ecke, daneben stand die »Küchenzeile«: eine Ablage für Töpfe und Besteck mit einer Schüssel für den Abwasch. An der Wand gegenüber ein altes Bett aus Eisen, über das sorgfältig eine bunte Decke gelegt war. Beim Abschied zeigte die Frau in Richtung eines kleinen Stalls. Darin stand ihre Kuh, der wir die köstliche Milch zu verdanken haben. Mit vollem Bauch stiegen wir auf unsere Räder.

Frühstück für einen hohlen Zahn

Aber ich musste gar nicht nach Osteuropa fahren, um mir mein Frühstück zu erkämpfen. Das passierte mir auch in westeuropäischen Ländern, vor allem in Frankreich und Spanien. Als ich dort allein unterwegs war und in Jugendherbergen schlief, bekam ich zu spüren, welch dürftiges Frühstück in diesen Ländern traditionell aufgetischt wird.

Als ich 1997 auf meiner Radfahrt quer durch die spanischen und französischen Pyrenäen eines Morgens mein Bett in der Jugendherberge von La Molina in Spanien verlassen hatte und in den Speisesaal kam, durfte ich mir mein Frühstückstablett abholen. Was ich darauf erblickte, hielt ich zunächst für einen Scherz. Aber die meinten es bitterernst. Auch die weiteren Gäste hatten nichts anderes vor sich stehen: Auf einem Teller lagen acht Kekse, daneben ein Croissant. Außerdem ein winzig kleines Stück Butter und eine Mini-Packung Marmelade. Insgesamt also eine Menge, die gerade für einen hohlen Zahn reichte. Dazu gab es einen Kaffee mit Milch. Ganz toll, dieses sehr übersichtliche Mahl. Wer soll davon satt werden? Ich jedenfalls nicht. Ich war entsetzt. Tags zuvor war ich immerhin hierher auf 1.700 Meter Höhe mit dem Rad gefahren, hatte mich hoch gekämpft. Dabei verbrennt man viele Kalorien, die wieder reingeholt werden müssen. Zwar hatte ich am Abend zuvor meine Fahrradtourlieblingsspeise gegessen, also Spaghetti, aber die war längst verdaut und ein neuer Tag begann.

Heute wollte ich wieder ein paar Pyrenäen-Pässe erklimmen. Wie bitteschön soll ich das hinbekommen, wenn ich nur Marmelade und Kekse in den Beinen habe. Wo soll die Kraft herkommen? Ich konnte es nicht fassen. Franzosen und Spanier sind solch ein dürftiges Frühstück zwar gewöhnt, doch ich hätte nun ein kräftiges Müsli mit Obst gebrauchen können. Ich musste also versuchen, von Brot satt zu werden. An der Durchreiche zur Küche stand eine kräftige, vielleicht 50 Jahre alte Frau mit weißer Kittelschürze, die meine Bitte um Nachschlag gerne erfüllte. Das musste sie anschließend aber noch zwei weitere Male machen, weil ich kaum eine Sättigung verspürte. Als ich mich ein drittes Mal auf den Weg zu der Frau machte und wieder mein Sprüchlein aufsagte – »mas pan, por favor«, was so viel heißt wie »etwas Brot noch, bitte« –, zog sie die Augenbrauen hoch und starrte mich an, als hätte ich ihr gerade ein unsittliches Angebot unterbreitet. Sie konnte offenbar nicht recht glauben, was sie da hörte. »Mas pan?«, fragte sie, um sich zu vergewissern, ob sie sich verhört hatte. Dabei schaute sie hinüber an meinen Tisch – offenbar, um zu überprüfen, ob da noch zwei, drei andere saßen. Als sie dort niemanden entdecken konnte, brummelte sie irgendetwas vor sich hin, was ich nicht verstand, und reichte mir mit verständnislosem Blick weitere zwei Scheiben Brot. Ich dankte ihr und setzte mich. Wieder war das Brot ganz fix verschlungen, und ich hätte schon noch das ein oder andere Scheibchen verdrücken können. Doch ich gab mich zufrieden, weil ich der Frau an der Durchreiche weitere Aufregung ersparen wollte. Es würde schon irgendeine Bäckerei auf dem Weg geben, bei der ich nachlegen und endlich richtig satt werden konnte.

Hungersnot in Afrika

Dies war ein kleines Problem im Vergleich zu dem, was viele Menschen in Lesotho und Swasiland im Jahre 2005 durchmachen mussten. Als ich mich auf die Tour im Süden Afrikas vorbereitete, schaute ich bei meiner Arbeit in der Redaktion in den Nachrichtenagenturen nach, was sie über die aktuelle Lage dort zu berichten hatten. Was ich da las, schockierte mich: In Swasiland und Lesotho herrschte eine Hungersnot, stand da. Wegen Missernten hätten viele Menschen in der Region nichts zu essen. Welch ein Reiseziel! Wir wollten dort fröhlich Urlaub machen, während die Menschen ums Überleben kämpfen? Keine schönen Aussichten. Mir war nicht wohl bei dem Gedanken, Sightseeing zu machen und um uns herum verhungerten Menschen. Unweigerlich hatte ich grausame Bilder vor Augen: Nackte afrikanische Kinder mit aufgeblähten Hungerbäuchen sah ich vor mir und abgemagerte Erwachsene, die sich kaum auf den Beinen halten können, weil sie zu schwach sind. Aber wie schlimm war es in den beiden Ländern tatsächlich? Das war schwer einzuschätzen. In den Medien, auch bei der Tagesschau, kam dieses Thema nicht vor. Bedeutete das, dass es doch nicht ganz so schrecklich war, wie befürchtet? Auch auf den Internetseiten des Auswärtigen Amtes gab es keine Hinweise.

So fuhren wir von Südafrika aus sowohl nach Swasiland als auch nach Lesotho. In den ersten Tagen deutete nichts darauf hin, dass tatsächlich Mangel herrschen könnte. In Swasiland und Lesotho war zwar augenfällig, dass die Menschen keine großen Reichtümer besaßen. Aber Hunger? Sichtbar war es für uns zunächst nicht. Erst als wir den dritten Tag in Lesotho unterwegs waren, erschrak ich.

Stevie und ich saßen gerade am Wegesrand im Gras und machten uns daran, eine Mittagspause einzulegen und uns zu stärken. Wir hatten Brot gekauft und außerdem noch Käse und Wurst übrig, die wir in Südafrika und in der Hauptstadt Maseru besorgt hatten. Wir hatten die Sachen ausgepackt und wollten gerade loslegen, als eine ältere Frau, ich schätzte sie auf etwa Mitte 50, vorbeikam. Als sie uns sah, lief sie geradewegs über die Straße zu uns herüber. Als sie vor uns stand, sagte sie etwas in ihrer Sprache, was wir nicht verstanden, aber das Handzeichen war eindeutig. Sie zeigte auf das Brot und wollte offensichtlich etwas davon abhaben. Die Frau war zwar groß und schlank, aber von der Vorstellung, die ich mir damals spontan machte, als ich von einer Hungersnot las, war ihr Äußeres noch weit entfernt. Sie trug ein rotes T-Shirt, dazu einen grauschwarz gemusterten Rock und war barfuß. Sie sah leidend aus. Hatte sie diesen Gesichtsausdruck nur aufgesetzt, um uns eine Gabe zu entlocken oder ging es ihr wirklich schlecht? Wir hatten nicht mehr viel übrig, schnitten aber mit dem Taschenmesser zwei Scheiben von dem Brot ab und gaben sie ihr. Unsere Hoffnung, dass die Frau damit zufrieden war, erfüllte sich nicht. Sie wollte mehr, sie wollte das ganze Brot.

»Was tun wir?«, fragte ich Stevie ratlos.

»Wir haben ihr schon den größten Teil gegeben, ein bisschen brauchen wir auch.«

Sie stand vor uns, während wir beratschlagten, was zu tun ist, und schaute uns mit erwartungsvollen Augen und ausgestreckter Hand an, als wartete sie nur darauf, dass wir ihr auch den Rest Brot übergaben.

»Sie scheint wirklich zu hungern, oder? Sonst würde sie doch nicht so auf dieses Stückchen Brot bestehen.«

»Wir können ihr noch von der Salami und dem Käse geben, aber ein bisschen sollten wir auch behalten.«

Ich stimmte zu, aber es war eine bedrückende Situation. Denn mir fielen nun wieder die Artikel der Nachrichtenagenturen ein und ich war überzeugt, vor mir eine Betroffene der Hungersnot zu sehen.

Wir bestanden aber darauf, dass wir noch etwas von unserem Essen behalten. Wir hatten mit der Frau geteilt und ihr das meiste gegeben. War es unmenschlich, ihr den Rest zu verweigern? Wir waren hier nur auf der Durchreise und bald wieder in Südafrika, wo es gut gefüllte Supermarktregale gab. Und das Geld, dort nach Lust und Laune einzukaufen, hatten wir auch. Diese Frau hatte diese Möglichkeit nicht. Als sie merkte, dass ihr Flehen uns nicht weiter erweichen konnte, ging sie mit dem Brot und dem Aufschnitt in der Hand weiter.

Nun bekamen wir offenbar doch etwas mit von der Notsituation einiger Menschen in Lesotho. Dabei hatten wir in der Hauptstadt Maseru am Tag zuvor noch ohne Probleme Lebensmittel kaufen können. Doch hier auf dem Land war die Situation vielleicht wirklich bedrohlich. Unfassbar: Bei mir zu Hause gibt es in der näheren Umgebung meiner Wohnung zehn Läden, in denen ich verschiedenste Brotsorten bekommen kann. Aber Deutschland war nun einmal weit und wir konnten der Frau nicht mehr helfen, als wir es getan haben. Aber auch das gehört für mich zu einer Fahrradtour: konfrontiert zu sein mit den Problemen vor Ort, um wenigstens den Ansatz eines Gefühls für die Lage und einen Einblick in das Leben der Menschen zu bekommen.

Erlebnisse für die Ewigkeit

Sehr vieles nehme ich von meinen Reisen mit nach Hause. Damit meine ich natürlich nicht die Souvenirs für die Schrankwand, zumal ich auch den kleinen geschnitzten Elefanten bei der schönen Souvenirverkäuferin in Lesotho nicht für mich gekauft habe, sondern für meine Eltern. Ich meine all die Erlebnisse, die ich während der vielen Touren durch 40 Länder mit mehreren zehntausend zurückgelegten Fahrrad-Kilometern gemacht habe. Sie sind faszinierend und bleiben ein Leben lang in Erinnerung. Die schönen Erlebnisse, aber auch die weniger schönen haben mich weitergebracht. Sowohl meine Erfahrungen im Kampf mit mir selbst als auch die Erfahrungen mit Menschen auf verschiedenen Kontinenten haben mich verändert und mir eine neue Wertigkeit vermittelt für das, was wirklich zählt. Durch sie habe ich eine kritische Distanz zu unserer Lebensweise bekommen und hinterfrage eher, ob wir so leben müssen, wie wir es tun.

Als mich meine Neugierde und Abenteuerlust erstmals zu einer Fahrradtour abseits ausgetretener Pfade verleiteten, da ahnte ich noch nicht, welchen Einfluss die ungeahnten Einblicke auf mich haben würden. Sie hinterließen Spuren wie die Stempel im Reisepass.

Und immer versuche ich, zu Hause etwas davon umzusetzen, geduldiger zu sein, entspannter, maßvoller, genügsamer und achtsamer.

Nach einer Radtour sind die ersten Tage immer zwiespältig. Ich freue mich auf die großen und kleinen Dinge in meinem Leben in Deutschland: auf meinen morgendlichen Latte Macchiato, auf meinen Fußballverein, mein Klavier, aufs Haarewaschen, wann immer ich möchte, aufs Kino und natürlich auf Freundin, Freunde und Familie.

Doch gleichzeitig muss ich mich zunächst an all den Trubel und den Lärm der Großstadt gewöhnen. Und daran, statt in verschwitzte Radlerkleidung zu schlüpfen, in schicken Anzügen mit Hemd und Krawatte vor der Kamera aufzutreten. Ich stehe zwar immer sehr gerne am Tagesschau-Tisch und verkünde die Nachrichten. Doch wenn wir Berichte aus Kasachstan, Tansania, Frankreich, Peru oder irgendeinem anderen landschaftlich oder kulturell interessanten Land in der Sendung haben, dann denke ich oft wehmütig: Das wäre ein spannendes Ziel für meine nächste Fahrradreise.

Danksagung

Ich danke Wiebke für ihre Unterstützung, Rücksichtnahme und Geduld,

Mirja Rumpf und Christiane Laszig für wertvolle Tipps,

Johannes Altincioglu und Karin Graf, ohne die das Buch immer nur eine Idee geblieben wäre,

und Stevie für die gemeinsamen Radtouren.